DE

L'ÉDUCATION PUBLIQUE

EN FRANCE

AU XIXE SIÈCLE

ABBEVILLE. — TYP ET STÉR. GUSTAVE RETAUX.

DE
L'ÉDUCATION PUBLIQUE
EN FRANCE
AU XIXe SIÈCLE

AVANT-PROPOS

L'ouvrage que nous éditons en ce moment avait
été écrit par M. l'abbé Bautain en 1850, au
moment où paraissait la Loi sur la liberté de l'Enseignement secondaire ; et l'auteur en avait même
commencé la publication dans un journal, qui eut
une existence éphémère, *le Moniteur catholique*.
Ce fut par discrétion, paraît-il, que M. Bautain
interrompit la communication de ses articles, pour
ne point troubler d'une manière inopportune la
paix qui s'annonçait sur la question de l'enseignement libre, dont il avait toujours été l'un des
champions les plus constants.

Ayant recueilli et les articles du journal et tout
le restant du manuscrit, parmi les papiers qui
nous furent légués par M. Bautain, nous étions
engagés par d'honorables amis à donner cet ouvrage au public, à l'époque où l'on élaborait la loi
sur l'Enseignement supérieur. Mais deux considé-
rations nous arrêtèrent : d'une part, nous nous
disions que les catholiques ont toujours eu et
ont aujourd'hui plus que jamais d'illustres défen-
seurs de leurs droits, lesquels réunissent à leur

haute position et à leur ardeur toutes les ressources de la science et de la parole. Un livre de
plus, quelque bien fait qu'il fût, n'aurait pas apporté un secours sensible à la cause. D'une autre
part nous éprouvions une certaine répugnance,
chacun peut le comprendre, à faire rentrer dans
une polémique toute vivante et passionnée, un
homme qui, après avoir noblement accompli sa
tâche militante tandis qu'il était au milieu de nous
ici-bas, jouit à présent, nous en avons l'espoir, du
repos bienheureux dans le ciel. Le succès obtenu
par la plus noble éloquence dans la récente lutte
sur l'instruction supérieure semblait donner raison à notre réserve.

Mais voici que la lutte recommence. Les libertés, si modérées cependant, que nous avions
obtenues pour l'Église, effraient encore nos adversaires, et la loi, à peine édictée, est en butte à leurs
attaques. Quel que soit le résultat de ce combat
partiel au sujet de la collation des grades, on ne
nous laisse pas ignorer que ce n'est là qu'un début,
et que c'est à toute influence de la foi chrétienne
sur la jeunesse de la France que l'on fait la guerre.
il faudra donc renouveler nos efforts, réunir toutes
nos forces, combattre avec toutes nos ressources,
et aucun concours n'est à négliger pour mettre en
lumière nos droits, pour exprimer nos aspirations.
L'écrit de l'abbé Bautain, la parole d'un homme
si convaincu et si compétent en ces matières,
viendra donc se joindre utilement aux paroles,
aux écrits de tant d'autres catholiques de tous
rangs et de toutes conditions, prélats, prêtres ou

simples fidèles, qui combattent le bon combat.

Un mot maintenant sur l'à-propos de la publication d'un ouvrage de polémique, qui par la date
de sa composition paraîtrait ne plus être de
saison.

L'auteur déclare tout d'abord qu'il s'adresse à
une société profondément malade, et que l'éducation de la jeunesse, seul espoir de régénération
pour la France, est elle-même viciée. Certes nous
ne devons pas méconnaître le mouvement que
l'action divine a bien voulu opérer depuis quelques années dans un grand nombre d'âmes catholiques, mais nous sommes malheureusement obligés de convenir que notre patrie bien-aimée est
encore grandement malade, et que l'éducation de
la jeunesse, par quoi la France pourrait être
sauvée, a besoin de sérieuses réformes. Sous ce
rapport l'ouvrage n'a pas vieilli.

Entrant ensuite en matière, M. Bautain trace
d'une main nette et ferme l'histoire de l'Université
de France, Université impériale d'abord, puis
royale, puis nationale. Il en montre l'esprit, il en
raconte les diverses évolutions, il en constate les
effets. Ces chapitres historiques, écrits par un
penseur sérieux et perspicace, par un témoin mêlé
lui-même aux événements, ont une importance
qui n'échappera à personne, et qui est de tous les
temps.

L'examen critique de la loi de 1850, qui vient à
la suite, n'occupe que trois chapitres sur trente
qui forment l'ouvrage, et c'est la seule partie qui
aurait pu être modifiée par suite des changements

qui ont été introduits dans la loi ; mais cette partie même conserve un intérêt véritable, quoique rétrospectif en quelques points.

Enfin, une troisième partie, beaucoup plus développée, expose tout ce que les catholiques réclament, à tous les degrés de l'enseignement, pour que leur conscience religieuse soit satisfaite en fait d'éducation, à savoir : distinction réelle entre l'État et l'Université protégée par l'État ; suppression des internats de l'Université ; surveillance, et non pas inspection de l'enseignement libre ; liberté de l'enseignement supérieur ; jury d'État pour la collation des grades, etc. Toutes ces réclamations sont malheureusement aussi nécessaires aujourd'hui qu'en 1850. L'auteur ne se borne pas à présenter sur ces divers sujets des vues détachées, mais il les coordonne, et il prend enfin la liberté de formuler un projet de loi complet sur l'enseignement en France. C'est une utopie, si l'on veut, mais qui montre ce qu'il serait possible et désirable d'obtenir. M. Bautain termine, sans se faire d'illusions, mais aussi sans découragement, comptant plus sur la puissance et sur la miséricorde de Dieu que sur les efforts de l'homme pour atteindre le but.

Il nous a semblé qu'on pouvait publier avec avantage, au milieu de la lutte d'aujourd'hui, ce livre écrit il y a plus d'un quart de siècle.

E. de RÉGNY,

Aumônier des dames de Saint-Louis, à Juilly,
Chanoine honoraire de Verdun.

Juilly, (Seine-et-Marne), 25 mai 1876. Fête de l'Ascension.

DE

L'ÉDUCATION EN FRANCE

AU XIXE SIÈCLE.

I

INTRODUCTION. — LA SOCIÉTÉ EST MALADE. — LE REMÈDE SERAIT
L'ÉDUCATION DE LA JEUNESSE. — L'ÉDUCATION EST VICIÉE.

La société actuelle est bien malade ; tout le monde
le croit et le dit aujourd'hui ; et la seule réponse qui se
fait partout à cette question, pleine d'anxiété, qui vous
arrive de toutes parts : Que pensez-vous de notre situation? c'est que nous sommes bien malades. Hélas !
nous sommes encore plus mal que ne le croient la plupart. Car le plus grand nombre ne voit que la situation
extérieure, les affaires du dehors, l'état politique surtout,
qui, n'étant fondé sur rien, n'offre aucune garantie d'a-
venir, ne donne aucune espérance. La vie de la société
est comme suspendue parce qu'elle n'ose se porter en
avant, ne sachant point si le pas qu'elle va faire trouvera
un terrain solide, une base. Aussi elle vit de la journée,
et n'a pas même confiance au lendemain. De là une souffrance générale, et par l'agitation sourde de forces vives
qui se dévorent en retombant sur elles-mêmes, et par le
refoulement incessant d'un espoir chaque jour renaissant

et trompé chaque jour, et par le mécompte des intérêts et des passions même les plus légitimes, qui restent sans objet et sans pâture, et enfin par cette immobilité forcée de tout un peuple qui ne demande qu'à marcher et s'use à ne rien faire, ou, ce qui est plus pénible encore, par la conscience fiévreuse et vide d'une rotation factice sur lui-même, qui l'épuise sans le faire avancer et l'agite sans cesse, sans qu'il change de place : semblable à ces vertiges qui, montant de l'estomac au cerveau, semblent lancer le malade dans l'espace et l'y faire tourbillonner, pendant qu'il reste effectivement immobile et incapable de se tenir debout ni de se mouvoir.

Et cependant, il faut bien le dire, ce n'est pas là notre plus grand mal. Les faits que nous venons d'indiquer, si tristes qu'ils soient, sont des symptômes de la maladie, des phénomènes extérieurs, et comme une éruption à la surface. Le siége est au dedans. Le virus essentiel, principe et foyer de toutes nos misères, est au cœur même de la société, au centre de sa vie, d'où il se répand dans l'organisme, dans tous les membres. Le cœur, la tête, la poitrine, tous les organes les plus nobles sont attaqués, altérés, gâtés ; et la vie, viciée avec le sang et à sa source, va et se débat péniblement dans des luttes continuelles et dans des crises répétées, qui l'affaiblissent chaque jour.

Les nations sont comme les hommes qui les forment. Elles ne vivent pas seulement du pain matériel et par le corps. Elles vivent encore et surtout de toute parole de vérité qui sort de la bouche de Dieu. Elles vivent d'un pain vivant, que la terre ne produit pas, mais qui descend du ciel ; et, quand ce pain vient à leur manquer, parce qu'il ne leur est pas donné, ou qu'elles ne veulent

pas le recevoir, elles perdent peu à peu leur vie intérieure, la vie morale et intellectuelle, la vie de l'esprit ;
elles perdent le sel, qui seul empêche les choses de la
terre de se corrompre ; elles perdent la vraie lumière
qui illumine toutes les autres et sans laquelle il n'y a que
ténèbres ; elles perdent la vertu d'en haut qui fonde et
maintient toutes les vertus d'en bas ; en sorte qu'elles
vivent abandonnées aux instincts de l'animalité, aux entraînements des sens, aux illusions de l'imagination, aux
emportements des passions, aux incertitudes de la raison,
à l'inconstance des cœurs et aux caprices de la volonté
propre.

Voilà où nous en sommes et ce que nous sommes
aujourd'hui, en général, peuple et individu. Nous ne
vivons plus qu'au dehors et par la superficie de notre
être. Nous avons repoussé le pain de vie. La manne,
qui tombe du ciel, nous est devenue insipide, fastidieuse.
Nous ne nous donnons pas même la peine de la ramasser
quand elle tombe à nos pieds. Nous la foulons en passant sans la regarder. Nous n'espérons même plus en la
terre promise pendant notre marche au désert ; nous
regrettons, nous désirons, nous aimons de préférence la
terre d'Égypte et ses productions, et notre âme s'emploie tout entière à leur recherche et dans leur jouissance.
En un mot, notre société, qui n'est plus presque chrétienne
dans son ensemble et dans le plus grand nombre de ses
membres, est complétement désorientée, dévoyée.
Comme un vaisseau sans gouvernail ou sans boussole,
elle ne sait plus même où se diriger ; elle flotte au gré
des vents et des flots, attendant du hasard ou de la Providence un moyen de salut ou sa ruine. Toutes nos
misères actuelles viennent donc de notre désorganisation

sociale ; celle-ci vient de notre démoralisation ; et nous sommes démoralisés, parce que, comme peuple, nous ne sommes plus chrétiens.

Voilà le mal ! quel sera le remède ? On en propose beaucoup depuis quelque temps, et vraiment, si nous périssons ce ne sera pas faute de médecins. Malheureusement la plupart des médecins de la société, ou ceux qui voudraient l'être, sont tout aussi malades que ceux qu'ils prétendent guérir, et jusqu'à présent leurs recettes politiques, économiques, philosophiques ou autres, ont peu profité et ne paraissent pas inspirer une grande confiance aux patients. On ne guérit pas une maladie organique qui a son siége dans la profondeur des tissus par des applications externes. Il faut à un mal profond et invétéré un remède pénétrant et vif, qui aille chercher le principe du mal dans l'intérieur pour le combattre, le neutraliser ou le détruire. Il faut que le traitement auquel nous serons soumis nous fasse sortir des complications funestes où nous sommes engagés, des habitudes vicieuses contractées depuis longtemps, et nous ramène à l'état sain, s'il est possible, par un régime vigoureux qui nous remonte et redresse toutes nos voies.

La société est désorganisée parce qu'elle est démoralisée : donc il faut la moraliser de nouveau ; elle a perdu sa moralité, parce qu'elle a perdu sa religion : donc il faut la re-christianiser. Elle redeviendra chrétienne, catholique, ou elle est perdue.

Mais comment opérer ce miracle ? car dans l'état où elle se trouve, ce serait un vrai miracle, puisque tous les moyens naturels du raisonnement et de la persuasion semblent être devenus impuissants. Dieu seul fait des miracles, et certes il peut bien faire pour notre civilisation mourante ce qu'il a fait pour elle à sa naissance. Il est maître du berceau comme de la tombe, et de tous deux il peut faire jaillir la vie, quand il lui plaît. L'humanité, dégradée par les violences et les abominations de l'empire romain, était dans une situation épouvantable sous tous les rapports, quand l'Évangile a été annoncé au monde, et l'Évangile a fait sortir de cet abîme de corruption une civilisation nouvelle, qui a régénéré les hommes, individus et peuples, et produit, avec les siècles, toutes les vertus et toutes les grandeurs dont l'humanité est capable. Et si le travail de la vertu d'en haut dans le monde moderne n'avait point été entravé et comme interrompu par la recrudescence de l'esprit païen, et la prédominance passagère de l'incrédulité, à partir du xvie siècle, la civilisation chrétienne serait arrivée à son plein développement, et elle aurait réalisé et déployé avec magnificence sur la terre tous les trésors de vie, de vérité et de beauté qui sont enfermés dans la parole de Dieu. L'ennemi de Dieu et des hommes a prévalu pour un temps, par la faute des hommes; il est venu, pendant la nuit, semer l'ivraie à pleines mains dans le champ du père de famille; l'ivraie a monté avec le bon grain, et nous recueillons maintenant les fruits de cet ensemencement funeste, qui sont partout la haine de l'autorité et de la loi, l'esprit d'indépendance, la révolte, le désordre, la confusion, la misère et la mort. Cependant le bras de Dieu n'est point raccourci et il pourra, quand il le voudra, — et pour cette fin la prière fervente et assidue du juste a une grande force, — il pourra nous retirer du bord de l'abîme où nos fautes nous ont entraînés, comme il a pu, il y a dix-huit siècles, tirer le monde moderne du chaos de l'ancien monde.

Mais qui sommes-nous pour demander à Dieu des miracles? Après avoir violé sa loi, méprisé ses commandements, dédaigné sa parole, blasphémé son Évangile et repoussé toutes ses grâces, avons-nous quelque droit de compter sur sa miséricorde et pouvons-nous attendre son secours avec confiance? Au moins faudrait-il d'abord sentir et reconnaître notre mal et notre faute, puis nous frapper la poitrine à la face du ciel et de la terre, en confessant notre misère, notre démérite, et nous écriant, comme le fils rebelle mais repentant de l'Évangile : Mon Père, j'ai péché contre le ciel et contre vous! Au moins faudrait-il, à son exemple, nous lever du milieu de notre dégradation et faire quelques efforts, quelques pas pour aller trouver celui qui peut seul nous guérir et nous relever ! Comment amener les hommes d'aujourd'hui, si pleins d'eux-mêmes, si infatués de leur raison propre, à cette disposition humble, condition première de leur amendement et de toute amélioration sociale? C'est de leur cœur que ce bon mouvement devrait partir, et ainsi c'est leur cœur qu'il faudrait toucher, remuer par la vertu de l'esprit, par la parole de la persuasion et de la vérité. Mais, hélas ! le plus grand nombre des hommes de nos jours sont devenus insensibles à cette parole ; ils se sont endurcis contre elle. Les uns ne vont plus l'entendre, par manque de foi; les autres, par légèreté, par indifférence ; d'autres, par orgueil, pour n'avoir pas l'air de reconnaître une autorité supérieure à leur raison, ou parce qu'ils croient savoir tout ce qu'elle enseigne. D'autres enfin l'écoutent, la lisent, la citent même dans leurs discours et dans leurs écrits, et prétendent y trouver les principes et la sanction de leurs théories, de leurs utopies; mais ils la corrompent par leur esprit propre, et la blasphèment en croyant l'exalter. Comme au temps du déluge toute chair avait corrompu ses voies, on peut dire qu'aujourd'hui toute raison a gâté les siennes. Les systèmes d'une vaine science, les spéculations d'une fausse philosophie, les préjugés et les opinions d'une raison idolâtre d'elle-même, en un mot les illusions du rationalisme occupent tous les accès des esprits les plus distingués du siècle, de ceux qui passent pour les plus savants ou les plus éclairés. Rien n'entre plus en eux qu'à travers ce prisme menteur, et tout ce qui en sort est teint de ses couleurs.

C'est donc à la génération nouvelle qu'il faudrait s'adresser, aux âmes vierges que le doute n'a point encore flétries, pures du souffle de l'esprit du monde, libres de ses entraves, et dont les voies n'ont point encore été altérées par les préjugés du siècle. Il faudrait la prendre au berceau, et insinuer dans son cœur avec la première parole, la semence de l'éternelle vérité, la parole de la foi, le germe de la vie chrétienne ; puis cultiver ce germe, le développer avec les années à travers toutes les phases de l'accroissement intellectuel et moral, jusqu'à la plénitude de l'homme régénéré, ou la stature complète du vrai chrétien. En un mot, humainement parlant, le seul remède à nos maux qui semble efficace aujourd'hui, et capable de les guérir ou au moins de les diminuer, serait l'éducation chrétienne.

Mais, pour que le remède soit salutaire au malade, il faut d'abord qu'il l'accepte et consente à le prendre ; il faut qu'il ait confiance au médecin, au traitement, et qu'il en suive exactement les prescriptions. En vain l'Église a dans sa main de quoi guérir ou soulager toutes les misères du monde, si l'on n'écoute pas sa voix, si l'on repousse son autorité et sa sollicitude. Comment donner une éducation chrétienne à un peuple qui a oublié, blasphémé ou renié sa foi, qui sait à peine ce que c'est que le christianisme, qui s'est moqué de l'Évangile et de ses ministres, et qui se croit plus fort, plus éclairé, plus entendu que ses précepteurs? « Et vous aussi voulez-vous me quitter? » demandait Jésus à ses apôtres, quand plusieurs disciples venaient de s'éloigner de lui, parce qu'ils ne comprenaient point sa parole; et Pierre, le chef des apôtres, lui répondit : « Seigneur, à qui irions-nous? vous avez la parole de la vie éternelle. » A l'encontre des apôtres, les hommes du siècle ont abandonné Jésus-Christ parce qu'ils ne croient plus qu'il ait les paroles de l'éternelle vie, et ils sont allés les demander à d'autres de tous les côtés, ils se sont fait toute sorte de maîtres et de pédagogues, qui les instruisent et les conduisent selon les pensées de leur esprit et les passions de leur cœur. L'éducation a subi le sort de toutes les institutions de notre temps. L'esprit du siècle y a remplacé l'esprit chrétien, ou, pour parler le langage du jour, elle a été aussi sécularisée, elle est devenue laïque; et afin de l'empêcher de redevenir ecclésiastique, on a fait tout ce qu'on a pu pour qu'elle ne fût pas même chrétienne. L'éducation, le seul remède humain à la terrible maladie qui nous dévore, a été pervertie comme le reste, en sorte que, si nous voulons nous en servir dans le traitement moral de la société, et pour qu'elle exerce une action salutaire, il faut commencer par l'assainir elle-même, et l'épurer, la vivifier, la redresser, et lui rendre sa vertu et sa force, en la délivrant des mauvaises in fluences qui la vicient au dedans, et des entraves qui l'embarrassent au dehors. Cependant, comme la connaissance exacte du mal est nécessaire pour trouver et indiquer le remède, nous exposerons d'abord les causes principales qui ont faussé l'éducation au XIXe siècle, et nous chercherons ensuite s'il est possible de les vaincre et d'en détruire les funestes effets.

II

L'ÉDUCATION EST VICIÉE PAR LA SUBSTITUTION D'UN BUT HUMAIN
AU BUT DIVIN.

L'éducation, comme toute autre institution morale ou
politique, n'a de valeur que par la fin qu'elle se propose, et la manière dont elle y parvient. Il est bien
d'élever les hommes ; mais à quoi les élève-t-on ? Et
quand il s'agit de les former et de les diriger, ne doit-
on pas demander avant tout: Qu'en voulez-vous faire,
et où prétendez-vous les mener ? Instruire les hommes
est assurément une excellente chose, tout à fait conforme à leur nature, puisque leur intelligence a l'instinct
de la vérité et le besoin de connaître ; mais assurément
aussi il faut leur apprendre ce qu'ils doivent savoir, ce
qui leur sera vraiment utile, et non ce qui est futile,
faux ou pernicieux. Si l'on veut discipliner et régler les
volontés humaines, c'est à coup sûr pour les rendre
plus capables de choisir le bien et de fuir le mal.

Toute la question de l'éducation est donc primordiale-
ment dans le but où elle vise et dans la fin dernière
qu'elle assigne à l'homme ; car, évidemment, tous les
moyens employés seront en raison de la fin, et n'au-

ront de sens et de valeur que par elle. Or le christianisme seul détermine nettement la destination de l'homme ici-bas. Il lui enseigne que la terre n'est point sa patrie, mais un lieu de passage qui y mène ; qu'il est voyageur en ce monde, VIATOR, et que le terme de sa route, le terme qu'il faut atteindre à travers les difficultés et les périls de la vie actuelle, est au delà des bornes terrestres, et qu'il n'y arrivera que par la mort, s'il a pris le vrai chemin qui y conduit. Il lui enseigne que la vie présente est une épreuve imposée à sa liberté, un combat entre le bien et le mal que sa volonté doit décider, et qu'ainsi, l'épreuve n'étant accomplie et le combat terminé qu'à la mort, il aura sa rémunération après cette vie en raison de ses œuvres : récompense et bonheur s'il a bien agi, peine et malheur s'il a mal fait. Il lui enseigne encore que Dieu, son créateur, dans sa miséricorde et par son amour, a daigné l'appeler à un bonheur qui surpasse sa nature en l'élevant par la grâce à l'état surnaturel, c'est-à-dire, à la participation de sa vie divine, et que ce qui est commencé ici-bas en lui par la grâce sera consommé un jour dans la gloire, s'il répond à l'amour par l'amour, et si les actes de son libre arbitre correspondent à la bonne volonté de Dieu à son égard. En un mot, selon la doctrine chrétienne, l'homme est de Dieu, par Dieu et pour Dieu. Il a été fait intelligent et libre pour apprendre à le connaître, à l'aimer et à le servir ; et sa fin dernière est de trouver une éternelle félicité dans l'amour et la vision du Bien souverain et de l'infinie Vérité.

Le but ainsi posé, les moyens sont clairement indiqués, et l'éducation en est un des plus importants : si elle est chrétienne, elle doit se proposer avant tout de former des hommes pour le ciel. Aussi, tant que l'instruction publique a reçu ses inspirations de l'Évangile, elle s'est préoccupée principalement de faire des chrétiens, parce qu'elle avait foi dans l'avenir de l'humanité, comme la religion l'enseigne, et que l'intérêt le plus grave des hommes qu'elle avait à préparer était évidemment à ses yeux le salut de leur âme. C'est pourquoi tout dans ses enseignements et dans sa discipline se subordonnait à cette fin ; et l'esprit chrétien, âme de sa vie, animait de son souffle et de ses aspirations toutes les leçons, les méthodes et les pratiques employées alors pour instruire et diriger la jeunesse. Le reste n'était pas négligé pour cela. En faisant des chrétiens ou des hommes pour le ciel, on formait aussi les membres de la famille et de l'État. L'accomplissement des devoirs envers Dieu n'a jamais empêché de rendre aux hommes ce qui leur est dû, et la meilleure préparation à la justice, à la charité envers ses semblables, a toujours été la fidélité et l'amour envers Dieu. Alors la morale humaine avait son fondement dans la morale divine, et toutes les obligations qui ressortent de nos rapports humains prenaient leurs racines et trouvaient leur sanction dans l'autorité suprême. Rien de plus clair, de plus simple et en même temps de plus large et de plus profond que le système chrétien, si on peut se servir de cette expression. Il est clair, simple, large et profond comme la vérité même, et parce qu'il est la vérité. Toutes les grandes questions de notre destinée y sont posées et résolues, autant qu'il importe à la pratique et pour la direction de la vie ; et, en même temps, non-seulement tous les moyens qui mènent au but, mais encore la force et la vertu pour l'atteindre, nous sont mis à la main et dans le cœur. C'est la voie véritable, la voie unique de la vérité et de la vie.

Mais, on le comprend, cette vue sublime de la fin dernière de l'humanité, et la compréhension des moyens qui y conduisent, tout cet ensemble d'institutions religieuses, politiques, morales, pédagogiques, qui conspiraient à ce but avec l'ardeur, la persévérance et l'unité de l'esprit chrétien, tout cela émanait de la foi catholique, et vivait d'elle et par elle.

Quand on a commencé à mettre en doute l'institution divine de l'Église, en protestant contre son autorité, quand par suite on a été entraîné peu à peu à nier ou altérer les dogmes chrétiens, quand la raison humaine, se faisant l'interprète et le juge de la parole sacrée, a substitué ses opinions aux oracles divins, lé monde moral et avec lui le monde social a été ébranlé dans ses fondements. La sanction divine a été comme retirée aux dictées de la conscience naturelle, et même à celles du bon sens. En s'efforçant d'abattre le surnaturel, qui l'affermissait si merveilleusement à son sommet, la raison de l'homme a recommencé à vaciller sur sa base; elle est descendue de la position sublime que la miséricorde de Dieu lui avait faite, et au lieu de voir et de diriger toutes choses du point de vue de l'éternité et par son esprit, abjurant la vertu qui lui venait d'en haut et les grandes destinées que la grâce lui avait accordées, elle s'est rabattue à l'horizon de la terre, où elle a borné son regard, son intelligence, sa puissance, son espérance et son amour. L'éducation a donc aussi changé de point de vue, comme l'humanité. Elle est devenue terrestre, comme la doctrine dont elle a été l'instrument; et ainsi à partir de ce moment, et partout où elle a subi l'influence du rationalisme, elle a dû être inspirée, dirigée et maîtrisée par l'esprit des temps et des lieux où elle agissait, c'est-à-dire qu'en cessant d'être une institution chrétienne, elle est devenue une chose purement humaine, subordonnée, comme toutes les choses de ce monde, aux vicissitudes du siècle.

Or, telle est, à notre sens, la cause principale et la plus profonde de la perversion de l'éducation en France depuis le commencement de ce siècle, et nous allons essayer de le démontrer par l'exposition rapide de ce qu'elle a été à travers les phases les plus remarquables de notre époque, et sous l'influence des gouvernements divers qui l'ont dominée et pliée à leurs vues.

Dès que la pensée chrétienne eut cessé d'animer l'instruction publique en France, l'Église et la doctrine catholique n'y exerçant plus la principale influence, l'éducation, comme on dit aujourd'hui, fut sécularisée, et devint laïque, c'est-à-dire qu'elle tomba sous l'empire de l'esprit du siècle et fut dirigée par les hommes du monde. Or, l'esprit du siècle est l'expression des intérêts, des passions et des opinions du temps, et les hommes du monde ne comprennent et n'aiment que les choses du monde. L'éducation se trouva donc soumise à ce qui dominait le monde de cette époque; on lui donna pour but ce qui convenait le mieux au monde de son temps; et comme en définitive le mouvement et la direction de la société est dans son gouvernement, la pensée gouvernementale de chaque période est devenue la pensée directrice de l'éducation française. Il ne s'est plus agi de former des hommes pour Dieu, pour le ciel ou de faire des chrétiens; il s'est agi de former des hommes pour le pays, ou plutôt pour son gouvernement.

Il ne s'est plus agi de les instruire et de les perfectionner
pour les rendre capables de voir un jour l'éternelle
vérité, et de jouir d'un bonheur sans fin dans le sein de
Dieu ; il s'est agi de les préparer, de les façonner à devenir des instruments dociles et efficaces de la pensée
gouvernementale du pays, afin qu'ils contribuassent pour
leur part de force, de talent, d'argent ou de sang, à ce
qu'on appelle la gloire et la grandeur de la France ; et pour
réduire les choses à leur plus simple expression, et les
nommer de leur nom (car sous tous ces grands mots se
cachent toujours des questions de personnes), sous le
prétexte spécieux de former des citoyens, des Français,
des hommes de leur pays et de leur temps, on n'a voulu
au fond qu'une chose, savoir: préparer et façonner à un
homme, à une famille, à une dynastie, ou à un parti, des
partisans et des instruments. Exploitation de l'homme
par l'homme, et pour l'homme, tel est le véritable résultat
de l'éducation qui a cessé d'être chrétienne, de l'éducation sécularisée ou devenue gouvernementale, et il ne
peut en être autrement ; car évidemment, si Dieu n'est
plus la fin dernière, c'est l'homme qui est mis à sa
place.

Nous ne voulons pas discuter en ce moment la question grave qui se présente ici, savoir si l'on a jamais le
droit d'exploiter l'homme pour l'homme, soit pour un
individu, roi, monarque, pouvoir absolu, ce que les
libéraux du jour repousseront tout d'une voix, soit pour
l'homme collectif, peuple, nation, patrie, ce qu'ils admet-
traient volontiers, à la condition de confondre leur parti
avec l'État. Pour nous la négative n'est douteuse en
aucun cas ; car l'individu n'est pas fait pour la société,
mais la société pour l'individu ; elle n'est qu'un moyen

de son développement, de son perfectionnement et de son bonheur. Les sociétés politiques sont de ce monde, pour ce monde, et ne vont pas plus loin. Leur royaume est uniquement de ce monde.

Les âmes des individus sont impérissables, inexterminables, et elles continueront au delà de ce monde leurs immortelles destinées. Il est donc insensé de subordonner le plus au moins, de sacrifier des âmes faites pour l'éternité aux convenances d'un ordre de choses qui va périr ; et, tout en admettant la condition de l'État social, avec toutes les exigences et les obligations morales qui en dérivent pour tous ceux qui en font partie, en raison de la place qu'ils y occupent, des fonctions qu'ils y exercent et des avantages qu'ils en retirent, toujours est-il vrai que l'État ne doit point absorber la vie entière d'un chrétien, parce qu'il n'épuise point sa destinée, pas plus qu'il ne peut la compléter, et qu'il reste encore au citoyen des devoirs plus élevés à remplir, des intérêts plus graves à soigner, un avenir bien autrement important à assurer. Soumettre entièrement la vie des individus à celle de l'État, la dévouer, la sacrifier comme une chose, comme une propriété, à l'intérêt, à la grandeur, à la gloire du pays ou de ce qui le représente, en disposer, comme d'une chose lui appartenant, âme, corps et biens, et la tourner par l'éducation en instrument du bon plaisir d'un homme ou d'une collection d'hommes qu'on appelle peuple ; c'est là le despotisme pur, la tyrannie par excellence, qu'elle soit exercée par un seul, par plusieurs ou par tous, par une majorité ou par une minorité, et de quelque nom qu'on l'appelle, monarchie ou république, aristocratie ou démocratie. C'est la servitude pour les peuples, de quelque apparence glorieuse qu'on la décore, même pour ceux dont on nous a le plus vanté la grandeur et la liberté, comme les républiques anciennes et celles qu'on a voulu faire à leur image chez les modernes, et qui, au fond et dans le fait, n'ont jamais compris la dignité de l'homme et la vraie liberté politique, dont l'idée est toute chrétienne, ainsi que nous l'avons démontré ailleurs [1]. C'est enfin une espèce d'idolâtrie, car c'est imposer à l'homme comme l'objet de son dévouement, comme la fin du sacrifice de sa personne, à la place de Dieu qui l'a fait et à qui seul il se doit, un homme ou des hommes comme lui.

Cependant tout cela nous est arrivé en France au commencement de ce siècle, quand la société, dissoute par l'esprit révolutionnaire et par l'anarchie, a été saisie, relevée, réorganisée et comme fondue d'un seul jet par l'homme de génie, qui s'en est emparé par le droit du plus fort et du plus habile. Napoléon, il faut l'avouer, et c'est à mon sens sa plus belle gloire, parce que c'était sa mission, a fait un monde de ce chaos de la révolution française. Mais, il faut le dire aussi, il a fait un monde à son image, et il l'a organisé pour sa puissance et pour sa gloire. OMNIA FECIT PROPTER SEMETIPSUM ; il a tout fait pour lui, à cause de lui, et c'est pourquoi son œuvre si grande, si magnifique qu'elle ait paru, parodie de l'œuvre divine, n'a point duré et ne pouvait durer, parce que celui-là seul qui est le bien souverain doit aussi être la fin dernière des choses.

1. La Religion et la Liberté considérées dans leurs rapports. Conférences de Notre-Dame de 1848. Paris, chez Périsse.

III

DE L'ÉDUCATION EN FRANCE SOUS L'EMPIRE. — CRÉATION DE
L'UNIVERSITÉ. — SON ESPRIT. — PART QU'ON Y FAIT A LA
RELIGION.

Quand Napoléon se mit à réorganiser la France ruinée
et désolée par l'anarchie, il comprit du premier coup
qu'on ne fonde pas une société sans religion, sans moralité. Alors il eut le courage de rétablir le culte catholique.
Il rouvrit les églises, releva les autels, rappela les
prêtres, et par un concordat avec le Saint-Siége, il
assura la stabilité de ce qu'il venait de restaurer. Il y
avait certainement du courage dans une telle entreprise,
au milieu des circonstances d'alors et de la disposition
générale des esprits, surtout parmi les hommes les plus
influents de cette époque, tout remplis d'irréligion, de
haine, de préventions contre l'Église, ou pour le moins
dédaigneux et indifférents. Napoléon passa outre, parce
qu'il était convaincu que, sans cette pierre fondamentale,
il ne pouvait fonder l'État, ni l'édifice de sa puissance.
Il avait raison. La législation, la police, la surveillance
armée n'ont jamais suffi à tenir un peuple dans l'ordre
et dans le calme. Il faut une autre influence, plus péné-

trante et plus profonde, qui ne maintienne pas seulement les bras et les corps, mais qui persuade et dompte les âmes. C'est la force morale, qui n'est jamais plus puissante, plus efficace, que si elle est religieuse, parce qu'alors l'action divine s'ajoute aux moyens humains.

Mais il ne suffisait pas d'avoir rétabli l'ordre extérieur, il fallait le conserver et le consolider, et pour cela il fallait habituer de rechef les populations à l'aimer et à s'y tenir. Il fallait aussi les discipliner au régime nouveau, et cela ne pouvait se faire que lentement, en les dressant par l'éducation, en les préparant de longue main par l'instruction. Il fallait donc ajouter à l'institution religieuse une institution d'instruction publique, qui formât les générations nouvelles, comme le demandait l'état actuel du pays, ou plutôt la volonté de celui qui s'était mis à la place du pays et le représentait. Ici le génie de Napoléon fut plus à l'aise. En réorganisant l'Église de France, il avait devant lui le roc du Saint-Siége, qu'il ne pouvait ni ébranler, ni changer, et il avait dû accepter des conditions inévitables. Il s'y résigna dans le concordat, bien qu'il ait tâché de se dédommager dans les articles organiques, qui semblent avoir été faits pour reprendre d'une main ce qu'il était forcé d'accorder de l'autre. La suite a montré qu'il aurait organisé la religion à sa manière, comme tout le reste, s'il l'eût osé ou pu. Quant à l'instruction publique, il ne rencontra pas les mêmes obstacles. La place était entièrement vide. Rien ne subsistait, pas même des ruines, de ce qui avait existé autrefois : toutes les traditions des écoles étaient brisées. Il était donc pleinement maître du terrain, et là, se plaçant au milieu, et se faisant le centre de l'œuvre, il put en tracer le plan librement, et le réaliser sans beaucoup de peine. Il n'y avait alors en France aucune force morale capable de le gêner ou de lutter avec lui. Le clergé seul eût pu le faire ; mais il sortait de la persécution, de l'exil ou des catacombes, et il était trop heureux à ce moment de revoir le jour, de respirer l'air de la patrie et de rentrer dans ses temples. Il avait à pourvoir au plus essentiel, au plus pressé, le service des autels et le ministère des âmes. Il n'était alors en mesure sous aucun rapport d'exercer une grande influence sur l'instruction publique. Plus tard, quand il eut retrouvé sa force et la liberté de son action, il protesta contre l'œuvre du despotisme, et la combattit sans relâche et par tous ses moyens.

L'Université est une création de l'empereur. Napoléon, soldat couronné, ne pouvait conserver la couronne que comme il l'avait acquise, par la puissance et par la gloire des armes. Il fut forcé d'être conquérant pour se maintenir, et en cela la force des choses s'accordait merveilleusement avec son ambition. La guerre était donc pour lui un moyen de conservation, et par conséquent la nation qu'il dominait dut être surtout guerrière et la France dut devenir un camp. Elle n'y avait aussi que trop de penchant, et ses instincts répondaient parfaitement aux vues de son nouveau maître. La pensée napoléonienne fut donc d'organiser et de façonner le peuple par la discipline militaire, pour qu'il marchât à son ordre et sous sa main comme un seul homme ; d'exciter en lui dès l'enfance par cette discipline et tous les enseignements qui s'y rattachent, la passion de la guerre, afin de le jeter au dehors, quand il lui plairait, sur les pays qu'il lui conviendrait d'envahir. Cette pensée fut l'âme de son système d'instruction publique, et la réalisation de ce système produisit l'Université impériale.

Ainsi s'explique la constitution de l'Université, qui, une et indivisible comme l'empire français, étend son action du centre à tous les points de la circonférence. Au centre siége un grand maître qui gouverne tout avec l'assistance d'un conseil purement consultatif, comme l'empereur avec son conseil d'État ; et cet empereur de l'instruction publique est présent dans toutes les provinces, soit par un délégué permanent qu'on appelle recteur, révocable à la volonté comme un préfet, soit par des délégués temporaires appelés inspecteurs généraux et qui vont voir partout si les ordres du grand maître sont accomplis et ses règlements observés. L'Université est taillée sur le même patron que le gouvernement lui-même, que toutes les administrations, des finances, des droits réunis, des douanes, des postes, etc. Il faut que la volonté de l'empereur soit partout, et tout est fait à son image. Il en résulta cet inconvénient, qu'on regardait alors comme un avantage, mais dont les tristes effets parurent plus tard, quand la main puissante du fondateur ne fut plus là pour soutenir son œuvre, c'est que l'institution de l'instruction publique ou l'Université, qui, en raison de sa destination et par son caractère, devait former un corps moral, ne devint qu'une administration; et alors tous les hommes qui y furent employés, les fonctionnaires de tous les degrés ne pouvant s'unir par des liens moraux, par des attaches spirituelles, en participant à une même pensée, à un même sentiment, à une foi commune, ne furent liés ou plutôt agrégés entre eux et au système que par des intérêts et toutes les passions qui en sortent ; ce qui donne un esprit de parti ou de coterie, à la place du véritable esprit de corps. En un mot, l'Université impériale n'est point le fruit d'une pensée religieuse, ni même d'une pensée morale. Elle est la fille de l'ambition, du génie de la domination, et elle ressemble parfaitement à son père. Elle n'a pas été fondée principalement en vue d'instruire les hommes, de les élever, de les rendre meilleurs, mais pour les dresser, les façonner, les discipliner et les faire marcher dans un cadre gouvernemental par l'éducation et l'instruction ; et ainsi la fin est devenue le moyen. Les choses les plus sacrées, le développement intellectuel et moral des hommes, la discipline des générations et de l'humanité, ont été faussées dans un intérêt particulier. La volonté d'un homme ou d'un gouvernement humain a été mise à la place de la volonté de Dieu. La puissance, la gloire d'un individu a été substituée, comme fin, à la dignité, au bonheur de tous. L'Université a été, dans l'esprit et dans la main de son fondateur, l'instrument énergique de l'exploitation morale de l'homme par l'homme ; et c'est pourquoi sa constitution, œuvre de génie, si l'on veut, dans l'ordre des idées impériales, est en contradiction avec la droite raison, avec la conscience morale, avec l'ordre divin. C'est là un vice originel, qui lui a été implanté dans sa génération même, qui a vicié sa constitution, gâté son tempérament, infecté ses principaux organes et presque tous ses membres ; vice constitutionnel qu'aucun remède, si énergique qu'il soit, n'a pu guérir jusqu'à présent, et qui la travaillera, l'agitera et pervertira son action sur les peuples, tant qu'elle subsistera comme son auteur l'a faite.

La pensée napoléonienne étant l'âme de l'Université, et par conséquent le principe et la fin de l'instruction publique en France, il est clair que la religion ne pouvait plus y avoir la place qui lui convient et y exercer l'action qui lui est propre. Aussi non-seulement, l'influence religieuse y fut tout à fait subordonnée, mais même toute autre influence morale qui, ne s'accordant pas entièrement avec celle du maître, ne servait pas ses vues ou pouvait les contrarier. Cependant, comme, après tout, l'éducation est une chose morale, comme elle s'adresse aux âmes et aux intelligences, comme elle doit dresser et gouverner les volontés, et que tout cela ne peut se faire, surtout dans l'enfance et la jeunesse, sans la religion, on lui fit aussi sa part, comme on la lui avait faite dans l'État, avec une grande prudence, beaucoup de réserve, de précautions, et en tâchant le plus qu'on pouvait, de dominer le spirituel par le temporel. Il y eut des aumôniers dans les lycées parce qu'il fallait une chapelle, et le culte y fut établi mesquinement, étroitement, de manière à occuper le moins d'espace et de temps qu'il se pourrait, et presque à la condition qu'on ne s'en apercevrait pas. Peu de prières, peu d'instructions, presque point de sacrements, le catéchisme de l'empire récité par cœur, et surtout le chapitre qui commandait l'obéissance à Napoléon Ier, empereur des Français par la grâce de Dieu et les constitutions de l'empire, voilà ce que les hommes de mon âge ont appris du christianisme et de l'Église pendant leur enfance, avec quelques formes religieuses qui apparaissaient tous les dimanches, et dont on ne s'occupait plus pendant le reste de la semaine, à moins de se disposer à la première communion. A ce moment solennel, il se faisait encore quelque bien, quand on avait le bonheur de rencontrer un bon prêtre qui aimait et respectait l'enfance. Je me souviens avec reconnaissance, et je ne l'oublierai jamais, d'en avoir trouvé un de ce genre, qui a su ouvrir le rocher de mon cœur au milieu de ce désert, et en faire sortir de bien douces larmes, eaux salutaires, qui jailliront, je l'espère, jusqu'à la vie éternelle. La religion est comme la lumière, elle se glisse par tous les passages, et là où s'insinue un de ses rayons, il introduit la clarté, la chaleur et la vie.

Cependant, qu'on ne se trompe pas sur mes intentions, je ne viens point ici reprocher à l'empire ce que peut-être il ne pouvait pas faire au sortir des révolutions. Je lui tiens compte de ce qu'il a fait et même de tout le bien qui s'est accompli sous lui et peut-être sans lui. Je veux seulement constater, pour notre instruction et celle de la génération qui nous suivra, qu'une éducation qui n'a que la forme de la religion ne peut ni vivifier, ni développer les âmes, et que malheureusement l'esprit chrétien n'a point été implanté dans l'Université à son origine. Et comment cela aurait-il pu se faire ? Napoléon ne souffrait pas de rival ; sa pensée, sa volonté n'admettait pas de contradiction, pas même de la part de Dieu ; il prétendait conduire les hommes comme les choses ; tout génie devait trembler devant le sien. Il voulait la religion, mais à son service, comme l'instrument de ses desseins ; et telle il la voulait dans son empire, parce qu'il en avait besoin et justement autant qu'il en avait besoin, telle il la fit dans son Université, pour concourir à ses vues sur la jeunesse, et former les générations dans son sens. Comment cela aurait-il pu se faire, quand, à la fondation de l'Université, soit avec intention, soit par manque d'hommes capables, je ne le sais, un grand nombre de fonctionnaires de l'instruction publique, et les plus haut placés, conseillers, inspecteurs géné-

raux, recteurs, professeurs de Faculté et de premier
ordre dans les lycées, furent des religieux défroqués ou
des prêtres mariés ? De tels hommes pouvaient-ils inspirer à la jeunesse le respect, l'amour d'une religion
qu'ils avaient reniée, apostasiée, pour le moins abandonnée ? C'était beaucoup pour eux d'y paraître indifférents, et de ne laisser point percer dans leurs discours
la haine ou le remords qu'ils avaient au cœur ; au moins
conviendra-t-on qu'ils n'étaient pas en mesure de nous
en parler dans l'occasion, de manière à exciter ou à
augmenter notre foi. Les meilleurs ne nous en parlaient
jamais.

IV

DE L'ÉDUCATION SOUS L'EMPIRE (*suite*) : LA PHILOSOPHIE, LES
LETTRES ET LES SCIENCES DANS L'UNIVERSITÉ.

Ce n'était pas seulement de la religion que l'empereur se défiait, tout en la tolérant et même en s'en servant ; il craignait encore toute influence morale qui pût s'emparer des esprits d'une manière quelconque, les dominer, les pousser dans un autre sens que le sien, ou susciter une opposition à sa volonté. Aussi la philosophie n'avait pas plus de faveur que la religion dans l'Université impériale. Napoléon appelait les philosophes des idéologues, et il ne manquait pas une occasion de montrer son dédain, son mauvais vouloir à leur égard. Ses serviteurs pensaient, ou du moins faisaient et parlaient comme lui, et de là le discrédit des études philosophiques en ce temps-là. A la vérité, il y avait une classe de philosophie dans chaque lycée, mais d'élèves presque point ; il était convenu que c'était perdre une année que de s'occuper de logique, de morale et de métaphysique, car cela ne menait à rien dans la voie de l'époque ; et je me rappelle qu'après ma rhétorique, voulant compléter mes études par la philosophie, je fus obligé de quitter mon collége, qui était cependant l'un des grands colléges de Paris, pour aller au lycée impérial chercher un professeur qui eût quelque réputation et des élèves. Les Facultés n'étaient pas plus florissantes sous ce rapport. Dans les provinces, les cours de philosophie n'étaient point suivis et en général méritaient peu de l'être, et à Paris un seul homme attirait la foule à ses leçons, non par la profondeur de son enseignement, emprunté à Condillac et superficiel comme lui, mais par une parole facile, élégante, toujours spirituelle et de bon goût. On allait entendre M. de la Romiguière, non pour l'amour de la philosophie, mais pour lui. M. Royer-Collard fut le premier qui, dans l'enseignement public de cette époque, fit entendre une parole grave et vraiment philosophique ; et, chose remarquable, le seul philosophe qui ait marqué dans l'Université sous l'empire (et encore sa voix était perdue comme dans un désert) fut un adversaire de Napoléon, et l'un de ceux qui travaillèrent le plus puissamment à la ruine du despotisme et à la fondation d'un gouvernement libéral. Tout l'esprit de l'Empire et de l'Université impériale était en contradiction avec toute pensée sérieuse, profonde, avec toute influence morale, énergique et sincère, de quelque côté qu'elle vînt et sous quelque forme qu'elle se présentât !

A l'École normale-elle-même, l'école mère et maîtresse de l'Université, on ne s'occupait de philosophie que pour la forme. Le conseiller chef de l'école, ancien professeur de rhétorique de l'Université de Paris et prêtre marié, n'aimait pas plus les idéologues que son auguste maître. La philosophie n'était pas plus en faveur auprès de lui que la religion. Nous avions pour professeur de métaphysique un Genévois calviniste, homme d'esprit, qui nous faisait de l'économie politique, de la statistique, et surtout de la politique, quand l'empire commença à chanceler. Des études philosophiques proprement dites, c'est-à-dire de la logique, de la morale, de la métaphysique, il n'en était point question, au moins dans l'enseignement officiel de l'école. Nous étions censés savoir tout cela, et personne ne nous l'aurait jamais appris. Les gracieuses leçons de M. de la Romiguière à la Faculté des lettres ne pouvaient nous donner l'idée ni le goût de la philosophie, et le cours plus sérieux de M. Royer-Collard, peu apprécié par la direction toute classique de l'école, n'était permis qu'à un petit nombre d'élèves. Aussi, je me rappelle encore avec quelle joie je vis tomber le sceptre impérial, qui pesait si lourdement sur notre conscience et sur notre pensée. C'était pour nous la fin d'un despotisme étroit et dur, qui étouffait nos esprits comme sous une cloche pneumatique, en nous retirant l'air respirable, tant on avait peur de l'intelligence et de tout ce qui pouvait ressembler à une idée philosophique ! Du latin, du grec, de la grammaire, de la rhétorique, des traductions et des amplifications, voilà ce qu'estimaient, ce que voulaient ceux qui disposaient de notre vie, de notre avenir ; et nous étions mieux notés, plus vantés et mieux placés, à mesure que nous avions moins de pensée et plus de phrase. Ce n'était pas même une école de sophistes, c'était une classe de grammairiens et de rhéteurs. L'autorité morale et disciplinaire était en raison de ces vues mesquines, et tout était parfaitement à l'unisson, pour faire de nous des pédants de collége, incapables d'en dépasser jamais le niveau. La Providence brisa ce joug avec tant d'autres en 1814, et le gouvernement constitutionnel, établi par la Restauration, nous donna au moins un peu d'air et de lumière.

Cependant, il faut l'avouer, Napoléon avait de bonnes raisons pour ne pas aimer les philosophes de son temps et pour s'en défier. C'était la mauvaise queue de la philosophie du dix—huitième siècle qui venait de tout détruire, religion, état politique, mœurs, discipline, autorité, sans rien pouvoir édifier, sans rien mettre à la place. Après avoir promis tant de merveilles, elle ne s'était montrée forte que pour ruiner, et il n'en restait à cette époque, après les cruelles épreuves qu'on venait de traverser, qu'un grossier matérialisme, un sensualisme superficiel dans la science et dans la pratique, un scepticisme frondeur et moqueur qui lâchait la bride à toutes les passions. Napoléon sentait par instinct qu'on ne fonde rien avec un tel esprit, et comme il avait hâte de sortir des décombres de la révolution et de relever l'édifice social pour y asseoir celui de sa puissance, il ne voulait plus de ces prétendus métaphysiciens qui, sous prétexte de tout expliquer par la génération des idées, confondaient et ébranlaient tout. Avec le bon sens de son génie et le sentiment de sa vieille foi catholique, il comprenait qu'on ne peut rien édifier ni consolider sans la religion, et, la philosophie du jour lui étant contraire, il fallait éloigner de son œuvre ce dissolvant et ne pas le laisser pénétrer dans le ciment de la construction nouvelle. Alors il fit comme on fait presque toujours en France; il alla d'un extrême à l'autre, et, pour se préserver des fautes et des dangers de la philosophie du dernier siècle, il proscrivit ou au moins il éloigna, il découragea toute philosophie. D'ailleurs, comme il se chargeait de penser et de vouloir pour tout le monde, il ne croyait pas nécessaire, pas même utile, d'exciter les hommes de son temps, ses sujets, à réfléchir et à délibérer sur toutes sortes de choses ; ce à quoi mène inévitablement l'étude de la philosophie. Peut-être avait-il raison, au sortir de la tempête révolutionnaire et de l'anarchie. On n'avait que trop pensé, discuté, délibéré, décrété et parlé dans les dernières années, et la France, ruinée et presque perdue par les prétendus penseurs et les parleurs, avait été sauvée par le génie et la main d'un seul homme. Les esprits avaient besoin de calme et même de sommeil après tant d'agitation et d'effervescence, et ce que nous éprouvons aujourd'hui, depuis l'éruption de février et tout ce qu'elle a entraîné de manifestations désordonnées, de licences intellectuelles et morales, de discussions confuses et bouleversées, peut nous faire comprendre ce repos par l'autorité et sous l'autorité, nécessaire à la France d'alors.

Mais si l'empereur n'aimait pas la philosophie, qui excite la liberté de penser et d'agir, il encourageait volontiers la littérature, qui se complaît dans la forme et se préoccupe plus de la correction et de la beauté du style, que de la nouveauté ou de la profondeur des idées. Les poètes, les orateurs, tous les écrivains qui célébraient sa gloire et sa puissance, recevaient des places, des honneurs, des décorations, des pensions. Mais malheur à l'homme de génie qui s'avisait de ne pas trouver le régime impérial admirable, et qui osait rappeler des souvenirs importuns ou murmurer à côté

de la gloire quelques mots de liberté ! Il restait pour le
moins à la porte de l'Académie, s'il n'était exilé ou mis
à Vincennes. Aussi la littérature de l'Empire, sans âme,
sans élévation, fut d'une élégance froide et guindée.
Tout y parlait du grand homme, directement ou par
allusion. Le plus grand effort du talent était de vanter
convenablement le pouvoir, et pour le reste, c'étaient
de pâles imitations de l'antiquité grecque et latine, ou
cette phraséologie élégante et vide qui s'épuise à bien
dire des choses communes dans un discours d'apparat,
et qu'on appelle l'éloquence académique. Un homme se
distingua dans ce genre, sinon par la profondeur de la
pensée, au moins par une certaine élévation de sentiments, qui lui fit mettre un peu de vérité dans la
louange, et de la dignité dans la flatterie. C'était le
grand maître de l'Université impériale, M. de Fontanes,
qui eut le courage de rester l'ami de Châteaubriand,
que l'empereur n'aimait pas. M. de Fontanes avait le
cœur noble et le don de l'éloquence. Il avait l'instinct
du talent, et savait le découvrir dans les hommes
ignorés, qu'il se plaisait à protéger et à encourager.
Il fit tout le bien qu'on pouvait faire alors, et il em-
pêcha beaucoup de mal. Il fallut toute son influence
personnelle, toute l'autorité de son talent, pour préserver l'instruction publique de l'invasion complète des
mathématiques et des sciences naturelles. C'était beaucoup en ce temps-là d'obtenir encore des études de
grammaire, d'humanités, de rhétorique et de littérature. La toge le cédait aux armes. L'empereur voulait
des soldats, des officiers, des généraux, et chaque
année devait lui fournir sa provision d'hommes pour
être consommée par la victoire. Aussi les sciences qu·

préparent à l'art militaire avaient hautement la prédominance dans les lycées. On élevait la plus grande
partie de la jeunesse avec des abstractions et de la matière ; ce qui donnait peu de chose à l'intelligence et
rien au cœur. La plupart voulaient entrer à Saint-Cyr
ou à l'École polytechnique, pour ne pas être soldats ;
car, sous le régime toujours plus dévorant de la conscription, il devenait presque impossible d'échapper à la
guerre. Il y en avait très-peu qui fissent des études com-
plètes, même en rhétorique : ceux-là seuls allaient jusqu'au
bout, qui, par vocation ou pour se sauver de la conscription, se vouaient à l'enseignement par l'École normale.

Il est donc évident que, dans la pensée de Napoléon,
l'Université fut surtout une grande école préparatoire
aux écoles militaires. Tout y fut combiné et organisé
pour cette fin, l'instruction, le régime et la discipline.
L'enseignement des lettres fut subordonné à celui des
sciences, et pour former la jeunesse, le tambour,
l'exercice et les arrêts eurent plus d'influence que la
religion et la morale. Il devait sortir de là des générations d'hommes, tout préparés à servir les desseins
du maître, à comprendre sa pensée, à exécuter militai-
rement sa volonté ; et, avec ces générations accumulées
sous ses drapeaux, et dont la plus grande partie alla
engraisser de cadavres tous les champs de l'Europe,
l'empereur fit de grandes choses dans la guerre, et des
choses déplorables pour le bonheur des peuples. La
plus triste, selon nous, la plus lamentable, c'est que
tous ces milliers d'hommes qui avaient été élevés sans
foi religieuse, sans convictions morales, sans même ces
sentiments vagues d'humanité et de perfectionnement
spirituel qu'inspire encore la culture des lettres et de

la philosophie ; ces hommes qui, déjà au collége, puis à l'école militaire, et bien plus encore au régiment, ne connaissaient de Dieu que l'empereur, de morale que l'avancement, et de fin dernière que la croix d'honneur, une épaulette ou la mort ; tous ces hommes si braves en face de l'ennemi, héros sur le champ de bataille, vivaient et mouraient comme des animaux dépourvus de raison, sans conscience aucune de leur nature immortelle, sans souci du bien et du mal, du juste et de l'injuste, sans retour sur leur vie passée, sans prévision de la vie future, et de leur destinée éternelle au delà de cette existence d'un moment où ils plaçaient toute leur gloire, tout leur bonheur, tout leur amour. Ainsi la vie spirituelle, la vie de l'âme qui naît et s'entretient par les enseignements et les inspirations de la religion, et par suite la conscience morale, étaient presque éteintes dans ces hommes. Tout était bien pour eux, s'ils avaient la faveur du maître, de l'avancement et de l'argent. La victoire absolvait tout, et chaque soldat de l'empereur se baptisait dans sa gloire. Voilà les hommes que Napoléon nous a faits, ou plutôt s'est faits à lui-même par son Université, par ses écoles militaires, par ses conquêtes. Il les a faits, comme il les a voulus, dans l'intérêt de sa puissance. Malheureusement après sa chute, la France a hérité de tous ces produits de l'Empire, générations et institutions ; et celui qui l'avait tant exaltée par la guerre, qui l'avait fait paraître si grande, si terrible aux yeux de l'Europe écrasée par la conquête, l'a laissée en proie à toutes les armées et à toutes les représailles de cette Europe, victorieuse à son tour et indignée ; il l'a laissée plus étroite qu'il ne l'avait trouvée, presque mourante par l'effusion si pro—

longée de son sang, et portant dans son sein déchiré des enfants divisés par les partis, et abâtardis par le despotisme. Tel est le résultat de l'éducation de l'Empire.

V

La Restauration, en s'établissant, trouva devant elle
es hommes et les institutions de l'Empire. Elle vint se
poser au milieu d'un monde nouveau qu'elle comprenait
peu et qu'elle ne pouvait aimer. Toute remplie des souvenirs de ce qu'elle avait laissé en France vingt-cinq
ans auparavant, il lui était difficile de s'accoutumer à ce
qu'elle avait sous les yeux ; et l'esprit de la révolution
vivant dans toutes les institutions, politiques, civiles,
morales et même religieuses, et dont le sceau apparais-
sait partout, même dans le palais des rois, était en opposition directe avec l'esprit du passé, qui avait survécu
dans le cœur de la famille royale et de ses fidèles serviteurs. Cependant on ne pouvait rentrer en France qu'en
acceptant la France telle qu'elle était, la France de 1814,
avec ses conditions actuelles d'existence et d'organisation. Force fut donc à la légitimité de composer avec le
principe révolutionnaire, et le droit divin dut pactiser
implicitement avec la volonté du peuple.

La Charte de 1814 fut le résultat de ce compromis.
Louis XVIII devint l'homme de la situation. Il y avait

été préparé par ses antécédents et par ses études ; son esprit fin et délié l'en rendait plus capable qu'aucun prince de sa famille. Le principe légitimiste se réfugia et prit ses réserves dans le mot OCTROYER, qui supposait un droit antérieur et supérieur à la liberté et une concession volontaire et de bon plaisir faite au peuple. Le peuple, de son côté, sous les droits à lui reconnus par la Charte, qui l'appelait à prendre part au gouvernement dans une certaine mesure et selon certaines conditions, posa l'arrière-pensée de la souveraineté nationale, et ainsi des deux parts on sous-entendit ce qu'on n'osait ou ne voulait pas dire. Au fond, dans cette espèce d'accommodement imposée par la nécessité, et qui sauva la France de l'étranger en garantissant son unité, des deux côtés on ne céda que des mots. On garda les choses au fond du cœur, et ainsi les deux partis ennemis, en se tendant la main et en paraissant se réconcilier, conservèrent dans l'âme leur pensée, leurs prétentions et leurs haines réciproques. La légitimité et la révolution s'embrassèrent pour s'étouffer.

La Restauration ne pouvait pas voir de bon œil l'Université. D'abord il n'existait rien de pareil sous l'ancien régime. Ensuite elle était la création de l'usurpateur, qui l'avait faite à son image, et lui avait inspiré son esprit, sa pensée, toute sa vie. Elle avait été dans sa main l'instrument le plus actif, le plus efficace, de sa domination ; il l'avait établie comme une espèce d'Église laïque, assez semblable au clergé protestant, pour contre-balancer l'autorité de l'Église catholique, et peut-être la suppléer au besoin. Elle était remplie de religieux, de prêtres, infidèles à leurs vœux, d'anciens révolutionnaires et d'hommes sans religion. Par son enseignement

et par sa discipline, elle excitait et nourrissait dans la
jeunesse française, qui n'y est que trop portée, cet esprit militaire qui venait de conquérir et de bouleverser
l'Europe. Avec l'éducation et l'instruction qu'elle donnait, elle avait dans ses mains les clefs de l'avenir ; et
ainsi la première chose à faire, pour consolider la Restauration, était de détruire une institution complétement
opposée à l'esprit du nouveau gouvernement, et de la
remplacer par une autre, plus en harmonie avec les besoins du trône, et qui répondît mieux aux exigences du
présent et aux espérances de l'avenir. L'Université impériale avait en outre contre elle tous ceux qui avaient
détesté le despotisme de Napoléon. Elle fut donc attaquée à la fois par les légitimistes et par les libéraux
d'alors. Haïe des uns comme l'instrument de l'usurpation, elle était abhorrée par les autres comme l'arme de
la tyrannie. Ce fut pour elle le moment le plus critique
de son existence ; sa perte était résolue. Une ordonnance royale fut rendue, qui la brisait en morceaux, et
instituait dix-sept Universités en France. C'en était fait
de l'Université impériale, quand le 20 mars survint. Le
retour de l'île d'Elbe, qui perdit tant de choses, sauva
l'Université.

L'arrivée si prompte et si facile de Napoléon jusqu'à
Paris, à travers toute la France, cette sorte de marche
triomphale au milieu de populations si acharnées contre
lui quelques mois auparavant, l'esprit militaire qu'on
croyait éteint par les revers et qui se réveillait avec tant
de force, les nombreuses défections et les retours inat-
tendus de tant d'hommes à leur ancien maître, et enfin
tout ce que Napoléon put faire pendant les Cent-Jours
pour remettre la France sous les armes et la jeter de

nouveau sur les champs de bataille, toutes ces choses
avaient donné à penser à la Restauration, en lui faisant
voir plus clairement la force de la Révolution, et combien les institutions qu'elle animait de son esprit avaient
de racines dans le pays. Elle devint plus prudente à son
retour de Gand, et le gouvernement d'alors fut obligé
de modérer le zèle, de retenir l'ardeur et de brider les
prétentions de ses plus dévoués serviteurs. Il s'entoura
davantage des hommes de la Révolution et de l'Empire;
il les admit dans ses conseils, et finit par leur donner
ostensiblement la direction des affaires. C'est ce qui s'o-
péra par la fameuse ordonnance du 5 septembre 1816,
qui cassa la Chambre introuvable, dont la majorité
ultra-royaliste, comme on disait alors, poussait à la
contre-révolution.

L'Université profita de cet échec du parti royaliste.
On laissa tomber l'ordonnance qui l'avait détruite, et,
sans prendre un parti définitif sur son existence et son
organisation, les temps étant trop agités et les passions
trop émues pour traiter convenablement une aussi grave
question, on la laissa vivre comme elle était, en mettant seulement à sa tête, à la place du grand maître, et
comme direction provisoire, une commission d'instruction publique, dont le président fut M. Royer-Collard.
Il en était digne sous tous les rapports, par son attachement à la royauté légitime, par son amour pour la liberté constitutionnelle, par ses lumières, par l'autorité
de sa parole, par sa sagesse. Ce répit sauva l'Université
une seconde fois, et certes, si elle existe encore aujourd'hui, après le 20 mars, elle le doit à M. Royer-
Collard.

M. Royer-Collard est un des hommes-types de cette

époque. Il la représente dans les phases diverses de sa vie. Royaliste sous l'Empire, il appela la Restauration de ses vœux, et concourut à son avénement. Mais, au fond, il aimait encore plus la liberté de la raison que la légitimité des Bourbons, ou plutôt il les aimait toutes deux pour les unir et les consolider l'une par l'autre. Il voulait faire fleurir la liberté à l'ombre du principe d'autorité, et il espérait obtenir ce résultat par le gouvernement constitutionnel et au moyen de la Charte octroyée.

Placé entre la liberté et la royauté, en voulant les accorder, il fut continuellement froissé par l'une ou par l'autre. La pensée de toute sa vie politique fut de les maintenir toutes deux en les équilibrant. Il fut réellement le chef du parti, qu'on a appelé depuis le JUSTE MILIEU, lequel, au moment où la légitimité et la révolution se retrouvèrent face à face, était commandé par la situation même. On surnomma alors ce parti DOCTRINAIRE, parce qu'il avait à sa tête un homme grave, un philosophe qui voulait tout régler par la raison et par la science, et dans son sein des hommes réfléchis, qui espéraient, au moyen des théories et des transactions politiques, fondre les partis, apaiser les passions, réconcilier les intérêts ou au moins les neutraliser en les pondérant. Le parti doctrinaire, si parti il y avait, a rendu certainement de grands services à la France d'alors ; il lui a épargné des luttes passionnées, des troubles, peut-être des guerres civiles, et, sous ce rapport, on ne lui a rendu ni assez de justice, ni assez de reconnaissance. Mais, comme tous les partis moyens, dont la pensée dominante est de concilier, il a dissimulé les questions sans les résoudre ; il a adouci, reculé les difficultés sans les détruire, espérant toujours que le temps les amortissant peu à peu, elles finiraient par disparaître. Vain espoir ! illusion respectable, mais trompeuse, d'une sagesse purement humaine, qui ne va au fond de rien et qui, en définitive, ne satisfait personne ! M. Royer-Collard a fini par prendre le parti de la liberté contre la royauté; et, quand cette royauté, qu'il avait servie toute sa vie. est tombée, il est resté l'ennemi déclaré de ce qui l'a remplacée et de la souveraineté du peuple. Il n'était pas partisan du droit divin, et il regardait la souveraineté du peuple comme une absurdité. Il a flotté toute sa vie entre ces deux extrêmes, espérant les maintenir dans un juste milieu, toujours vacillant, et qui mettait à chaque instant la destinée d'un peuple sur le plateau mouvant d'une balance. Ses efforts, sa bonne volonté ont été impuissants contre l'entraînement de la situation. Il a été complétement débordé par les événements. La royauté et la liberté qu'il avait voulu réconcilier ont persisté dans leur lutte, et des deux côtés elles l'ont poussée à l'extrême. C'est qu'à Dieu seul il appartient de dire aux flots de la mer soulevée : vous n'irez que jusque-là !

M. Royer-Collard apporta dans le gouvernement de l'Université la prudence, la modération et l'esprit de conciliation qui le dirigeait dans les affaires publiques et à la Chambre des députés. Il maintint l'institution, en lui ôtant, autant qu'il dépendait de lui, ce que la Révolution et l'Empire y avaient mis d'âpre, de dur, d'exclusif, et de l'autre côté il contint de tout son pouvoir les impatiences et les efforts du parti ultra-royaliste, qui voulait ruiner l'Université ou l'exploiter à son tour. Ce parti qu'appuyait instinctivement la cour, et qui, au fond, avait toutes les sympathies, finit par l'emporter. M. Royer-Collard, fatigué de lutter, abandonna la direction de l'instruction publique, et la commission provisoire fut remplacée par un ministère définitif, remis au parti vainqueur. Alors commença dans l'Université la réaction contre-révolutionnaire qui devint tout à fait maîtresse du terrain, au moins quant à l'autorité, et fut toute-puissante sous **M. Frayssinous.**

La Restauration ayant compris qu'elle ne pouvait détruire l'Université, parce qu'elle avait trop de racines dans l'esprit, dans les mœurs et dans les institutions du pays, prit le parti de la conserver en la modifiant à sa manière pour s'en servir. C'était en effet un admirable moyen de gouvernement, un instrument efficace qu'on appliquerait à la formation de la génération nouvelle. La pensée de Napoléon subsistait ; le but seulement en était changé, et, au lieu de faire des soldats ou des hommes de guerre et de conquêtes, il s'agissait de préparer des royalistes et des partisans dévoués de la légitimité. Napoléon avait appelé à son aide la discipline militaire, les sciences mathématiques, tout ce qui peut exciter l'esprit de la guerre et y servir. La Restauration crut trouver dans la religion et dans le clergé de puissants auxiliaires, et elle les introduisit d'autorité et avec prépondérance dans l'instruction publique pour la transformer et la renouveler. La chose en elle-même eût été bonne, si réellement et avant tout on eût voulu rendre l'éducation plus chrétienne et les populations plus religieuses. C'était certainement ce qui manquait, et on eût comblé un grand vide en donnant à l'Université l'âme et la vie qu'elle n'avait pas. Mais cette bonne pensée eût dû être l'idée fondamentale, l'intention principale, pour que tout fût dans l'ordre et que dans la pratique les mesures très-délicates qui devaient la réaliser fussent bien appliquées d'un côté et bien acceptées de l'autre. Malheureusement elle ne fut qu'un moyen, je dirai même un expédient pour un autre but purement humain, à savoir l'intérêt de la dynastie, l'affermissement de la couronne et le triomphe d'un parti. L'autel fut employé comme un arc-boutant du trône. Cette arrière-pensée, qui subordonnait la religion à la politique, et faisait de la première une espèce de servante de la seconde, gâta tout ce que fit la Restauration sous ce rapport. En effet, dès que le gouvernement légitime eut conçu, à l'exemple de Napoléon, la pensée fatale d'employer l'instruction publique comme l'instrument de sa puissance, de son affermissement, et pour façonner les générations à son usage, en se faisant des créatures et des serviteurs, la légitimité prévariquait comme l'usurpation ; elle entrait dans les voies fausses de l'Empire, participait au même esprit, et ainsi se préparait le même avenir. Elle faisait plus encore, et c'est là surtout ce qui lui a porté malheur. Elle abusait de la chose la plus sacrée, la Religion ; elle tournait à sa propre gloire et à son intérêt ce qui ne doit servir qu'à la gloire de Dieu et au salut des hommes. En employant l'Église et ses ministres comme des instruments de la royauté, elle mettait la domination de la terre au-dessus du royaume du ciel, et ainsi elle dégradait les choses de Dieu, en les faisant servir de moyen aux choses du monde. Ce fut sa plus grande faute, et aussi la cause principale de sa ruine.

VI

DE L'ÉDUCATION EN FRANCE SOUS LA RESTAURATION (*suite*). —
MÉCOMPTE QUE DONNE L'UNIVERSITÉ ROYALE.

Il s'agissait de régénérer l'Université sans la détruire.
Il fallait tourner à bien cet instrument de mal, et le faire
fonctionner au profit de la royauté légitime avec toute
la force que l'usurpation avait su lui donner. C'était un
corps puissant, très-fortement organisé, et dont l'action
admirablement centralisée s'appliquait à la fois sur toutes
les parties de la France ; mais l'esprit qui l'animait
était mauvais. Il fallait donc en conservant le corps et
même le fortifiant, lui inspirer un autre esprit, et c'est
ce qu'on espéra faire en changeant en grande partie le
personnel.

On voulait infuser au corps universitaire un sang nouveau qui y portât une vie nouvelle, et pour cela on se
mit à lui tirer le plus qu'il fût possible de son vieux sang,
tout imprégné de l'esprit bonapartiste ou de l'esprit libéral. Car cette fois les libéraux, c'est-à-dire, ceux qui
réclamaient la liberté politique, voyant la tendance de
la Restauration à rétablir le passé, à rentrer dans les
voies du gouvernement absolu, s'étaient retournés vers

l'Empire et faisaient cause commune, au moins pour combattre les ultra-royalistes, avec les hommes de l'Université impériale. On se mit donc à épurer l'instruction publique de tous les fonctionnaires qui passaient pour amis de la Révolution, de l'Empire ou des idées libérales ; on destitua tout ce qui était destituable, et on bâillonna le reste par la suspension. Ce fut comme une sorte de RAZZIA dans le personnel universitaire. Recteurs, inspecteurs, proviseurs surtout, censeurs, professeurs de tous les ordres, tombèrent de tous les côtés, et on les remplaça presque partout par des ecclésiastiques, qui pouvaient être de fort bons prêtres, mais qui pour la plupart n'étaient guères préparés aux fonctions importantes qu'on leur confiait et qui en outre n'avaient aucun titre pour les remplir. L'École normale, foyer du mauvais esprit, fut supprimée et remplacée par des écoles insignifiantes dans les académies de province, qui n'avaient pas de vitalité. En un mot il y eut une perturbation complète dans l'Université. D'impériale qu'elle était, on voulait tout d'un coup la rendre royaliste, et on ne réussit qu'à la diviser profondément en elle-même, à la bouleverser, en y amalgamant les partis, les intérêts et les passions les plus contraires, éléments hétérogènes qui, après avoir fermenté ensemble pendant plusieurs années, et s'être combattus sourdement au lieu de s'unir, éclatèrent à la fin par l'explosion de 1830.

Le but fut complétement manqué. Le clergé, qu'on versa en masse dans l'Université, ne put la changer. Son action fut trop faible au milieu de ce corps puissant; et comme ces remèdes, qui provoquent sans cesse des secousses et des efforts sans amener jamais une crise salutaire, elle agita, elle troubla l'instruction publique sans la guérir. Le clergé, introduit arbitrairement dans cette grande administration dont il n'avait ni l'usage, ni les mœurs, ni la langue, n'y était point à sa place ni à son aise. Il était déplacé, parce qu'on ne l'avait pas mis là surtout pour exercer son saint ministère et en vue du salut des âmes, mais principalement pour employer tous les moyens d'influence religieuse en faveur d'un intérêt humain, et comme défenseur du trône plutôt que ministre de l'autel. Il semblait être au service du gouvernement plus qu'au service de Dieu, et il avait la conscience de cet abaissement. Il était encore déplacé, parce qu'il n'était pas au niveau des fonctions qu'on lui imposait, faute de préparation suffisante et d'antécédents, et ainsi sous le rapport de l'administration, de la direction, de la discipline et de l'enseignement, il avait tout ou beaucoup à apprendre, et se montrait nécessairement inférieur à ceux qu'il remplaçait. Il était mal à son aise, gêné dans son action, comme il arrive toujours quand on n'est pas à sa place. Il sentait bien qu'on le regarderait dans l'Université comme un intrus, qu'il était entouré, pressé de tous côtés par la défiance, les soupçons et les haines ; que les colères de tous ceux qu'il avait déplacés murmuraient autour de lui et le maudissaient accompagnées des mécontentements sourds d'un nombre plus grand encore dont il avait interrompu ou entravé l'avancement. Il était mal à l'aise surtout auprès de la jeunesse qu'il devait instruire et diriger, et qui, s'imaginant qu'on voulait la rendre pieuse par contrainte, mettait son amour-propre à braver l'autorité par l'irréligion ou l'indifférence, et se montrait même, quand elle l'osait, plus mauvaise qu'elle n'était en effet, pour protester contre la force au nom de la liberté.

Je me rappelle qu'au commencement de la Restauration, diverses mesures ayant été prises par le gouvernement pour allonger et multiplier les exercices religieux à l'École normale afin de nous rendre plus dévots, le conseiller chef de l'école, homme de la Révolution et de l'Empire, qui se souciait fort peu de tous ces changements, nous dit naïvement en nous les annonçant et comme pour nous donner le motif le plus puissant de nous y conformer : «C'est qu'il faut de la religion maintenant, Messieurs ! » Comme il nous aurait dit sous l'Empire : Maintenant, Messieurs, il faut savoir faire l'exercice. Ce qu'on nous imposait en surplus de pratiques religieuses nous vexa, quoique ce fût au fond très-raisonnable, et nous fûmes indignés du commentaire de la mesure. Nous eûmes des offices plus longs et plus nombreux ; nous y assistâmes par ordre, et nous n'en devînmes pas plus pieux pour cela. Au contraire, nous eûmes moins que jamais envie de le devenir. Nous avions tort certainement ; mais peut-être aurait-on pu s'y prendre plus habilement ; car l'homme est ainsi fait et surtout le jeune homme, qu'il suffit qu'on impose par force une chose, si excellente qu'elle soit, à sa liberté, pour qu'il la repousse, et quelquefois la déteste.

C'est ce qui arriva plus ou moins dans les colléges de l'Université, dirigés presque tous alors par des ecclésiastiques, et où beaucoup de prêtres enseignaient. Il y eut plus d'exercices pieux, plus de cérémonies religieuses, mais en général il n'y eut ni plus de religion, ni plus de piété. Il se trouva, comme toujours, quelques bons jeunes gens qui profitèrent des soins et des

leçons du clergé. Il y eut aussi des hypocrites qui affec-
tèrent la dévotion pour se mettre en faveur et obtenir
plus tard des places et de l'avancement. Car les jeunes
gens bien notés au collége sous ce rapport entraient
ensuite dans une espèce d'association pieuse, qui devint
célèbre sous le nom de LA CONGRÉGATION, et où ils trouvaient, avec des secours pour leur direction spirituelle,
une assistance puissante pour faire leur chemin dans le
monde et s'y établir convenablement. Mais le plus grand
nombre des élèves resta opposé à la religion, à l'Église,
et au gouvernement d'alors, qu'ils accusaient d'employer les prêtres comme des instruments de sa politique pour asservir la France, et la ramener aux abus de
l'ancien régime. Cette disposition de la jeunesse à l'égard
du clergé se manifestait de toutes manières et en toute
occasion dans les dernières années avant 1830 ; elle
éclata avec fureur pendant et après les journées de
juillet.

Cependant le mal ne s'arrêta pas là. Il y eut plus que
des murmures, des contradictions sourdes, des haines
cachées, plus qu'un mécontentement général de la jeunesse et de tous ceux qui avaient sa confiance ; il y eut
encore au sein de l'Université une opposition organisée,
une conspiration flagrante et continuelle contre le gouvernement d'alors, ou plutôt contre le parti qui le dirigeait. On n'allait pas jusqu'à vouloir le renversement de
la dynastie, bien qu'on en eût une toute prête sous la
main en cas de besoin ; mais on voulait le triomphe du
gouvernement constitutionnel et le règne de la liberté par
la Constitution. L'esprit philosophique qui avait été
réveillé à l'École normale par la parole de M. Royer-
Collard, de M. Guizot, de M. Cousin, et qui nous avait

rendu odieux le régime impérial, au point de nous pousser à prendre les armes contre Napoléon au 20 mars, et à nous faire volontaires royaux, cet esprit philosophique qui nous avait passionnés pour les principes politiques de la Révolution de 89 et de la Constitution anglaise, nous avait tournés contre la Restauration, aussitôt que nous vîmes qu'elle se séparait de la liberté et se mettait en guerre avec elle. Nous avions la conviction et comme le pressentiment que la Restauration allait à sa perte en essayant de rétablir le passé, en luttant ouvertement avec les idées et les besoins du présent, avec les aspirations et les espérances de l'avenir. Nous étions possédés par une espèce de fanatisme de la liberté, qui nous rendait capables de tout entreprendre pour elle, même au péril de nos intérêts et de notre vie. En la défendant, en cherchant à l'étendre et à l'affermir, nous nous croyions tout à fait dans notre droit, et nous étions bien décidés à le faire prévaloir par tous les moyens possibles, par l'adresse et les voies souterraines, si nous ne le pouvions directement au grand jour et par la force. C'était la meilleure disposition pour conspirer, aussitôt que nous nous croirions opprimés.

Nous le fûmes en effet, quand la réaction ultra-royaliste triompha. L'École normale, comme je l'ai déjà dit, fut détruite, ses élèves dispersés et laissés sans places. Beaucoup de professeurs, et surtout les plus marquants par leurs idées avancées, par leurs opinions libérales, furent destitués ou suspendus de leurs fonctions, et condamnés au silence, s'ils étaient inamovibles. J'eus l'avantage d'être l'un et l'autre. La conspiration fut longtemps vague, indécise, sans forme arrêtée, et plutôt d'instinct que de propos délibéré. C'est le commencement de toutes les conspirations populaires qui sortent du malaise d'un grand nombre. Elle s'organisa peu à peu d'une manière positive par les journaux, par les sociétés secrètes, par tous les moyens en usage en de pareils cas. Elle se rattachait à l'opposition dans les Chambres, et elle trouvait de l'appui et de l'encouragement jusqu'auprès du trône. En matière aussi grave, on ne doit affirmer que ce qu'on sait certainement. Or je sais de science certaine qu'il s'est formé, plusieurs années avant 1830, une conspiration contre la branche aînée ou plutôt contre le parti ultra-royaliste, qu'on l'accusait de favoriser dans l'intérêt du pouvoir absolu, et pour détruire le gouvernement constitutionnel. Je sais que cette conspiration avait, sinon son foyer, au moins ses principaux ressorts dans l'Université ; je le sais et je l'affirme, parce qu'à deux reprises, des hommes haut placés dans la hiérarchie de l'instruction publique, et qui pouvaient exercer sur moi une grande influence en raison de nos antécédents et de nos rapports, sont venus me faire des ouvertures, me presser d'y prendre part, et j'ai refusé deux fois, en me brouillant avec ceux qui étaient jusque-là mes amis, même mes protecteurs, parce que, tout en restant ami de la liberté politique autant qu'un autre, j'avais eu le bonheur de devenir chrétien, et qu'un chrétien ne conspire jamais.

La Restauration, en ce qui concerne l'instruction publique, a donc fait fausse route, comme l'Empire, et à son exemple. Elle a fini par vouloir s'approprier l'Université que, d'abord, par un bon instinct, elle voulait détruire. Elle a tenté aussi d'exploiter l'éducation de la France au profit de son principe, pour l'affermissement de son règne et pour sa gloire. Elle a employé un mauvais instrument, un instrument qui avait été préparé pour une mauvaise fin, avec le prétexte spécieux de le tourner à bien et d'en tirer un bon usage ; et cet instrument, qu'elle n'a pas su manier, s'est retourné contre elle, lui a percé la main et l'a blessée à mort. Car c'est surtout l'Université qui a renversé la Restauration, et la révolution de Juillet a été faite par elle et à son profit.

VII

DE L'ÉDUCATION EN FRANCE SOUS LE GOUVERNEMENT DE 1830. —
TRIOMPHE DE L'UNIVERSITÉ.

La révolution de Juillet fut le triomphe de l'Université. Elle devint plus puissante que jamais. Elle n'était plus en effet la fille aînée des rois de France, ni l'humble servante de l'empereur, mais la patronne, la protectrice du roi des Français, qu'elle contribua plus que personne à mettre et à soutenir sur le trône. Elle cessa donc à ce moment d'être instrument de la puissance d'un autre pour l'exploitation morale du pays ; elle s'en fit le but, au lieu d'en être le moyen, et se mit à diriger l'éducation de la France pour son compte. Ainsi la fin dernière de l'éducation publique qui avait été d'abord la grandeur de Napoléon, puis l'affermissement du trône légitime, fut alors la domination d'une corporation savante, d'une compagnie de lettrés, qui entreprit de gouverner la France à sa manière, pour sa gloire et dans son intérêt. Elle y réussit jusqu'à un certain point et pour quelque temps, non cependant sans luttes ni sans orages, car la révolution de Juillet, faite au nom de la liberté, ne pouvait être entièrement inutile ; et, mal—

heureusement pour l'Université, la promesse de la *liberté d'enseignement* avait été malencontreusement introduite, on ne sait par qui, dans la *charte-vérité*, au milieu des embarras et des peurs du moment.

On vit alors ce qui ne s'était jamais vu en Occident : un corps savant, très-fortement constitué, étendu sur tout le pays, qu'il couvre de ses milliers de membres, le pénétrant de sa vie, le dirigeant par son activité, et se résumant lui-même dans une tête à plusieurs têtes, une et multiple à la fois, principe et fin de sa pensée, de sa volonté et de tous ses mouvements. Cette tête puissante, qui dirige souverainement tout le corps, impose aux générations nouvelles ses idées, ses doctrines, ses opinions, ses préjugés, par les mille canaux de l'instruction publique, au moyen des enseignements de tous genres qu'elle fait donner, des livres de toutes sortes qu'elle publie ou autorise, de la discipline qu'elle prescrit à toutes les écoles de France, depuis les cours académiques jusqu'à la plus petite école primaire, jusqu'à la salle d'asile, et par les arrêtés et les règlements de toute espèce qu'elle émet incessamment, afin que dans la jeunesse, et par conséquent dans les familles, rien n'échappe à sa direction, ou à sa surveillance. C'est comme un vaste réseau qui enveloppe et maintient toute la France, et dont les filets subtils et multipliés s'enfoncent de toutes parts dans sa substance la plus intime, et l'étreignent partout de leurs mailles serrées, en sorte qu'elle ne peut vivre, se mouvoir, ni respirer sans que la puissance universitaire ne se fasse sentir et ne vienne mêler son action à sa vie pour la modifier, l'infléchir et la dominer. L'organisation napoléonienne de l'Université se prêtait merveilleusement à cette fin, et aussi ja—

mais l'énergie de la centralisation de l'instruction publique, perfectionnée encore sous la Restauration, n'agit
plus fortement et d'une manière plus efficace. Comment
une chose si prodigieuse put-elle s'accomplir ? Comment,
dans un grand pays, au milieu d'une nation éclairée et
fière comme la nôtre, après des révolutions faites pour
détruire tout genre de despotisme, en plein gouvernement constitutionnel, et avec la liberté de la presse, une
compagnie de lettrés, résumée en quelques hommes,
put-elle diriger moralement la France, et l'exploiter à
son profit ? Qui pouvait lui donner cette influence, cette
autorité, et à quel titre parvint-elle à nous gouverner ?
Elle gouvernait au nom de l'État, avec lequel elle eut
l'habileté de se confondre, de s'identifier, quand elle
avait à faire acte de puissance, de souveraineté ; et cependant s'en distinguant soigneusement, subtilement,
dès que son intérêt l'exigeait, et lui faisant même opposition au besoin, par sa tête, par ses membres, par
toutes les parties de son corps, quand elle était gênée
ou seulement menacée dans son influence, dans ses traditions, dans ses habitudes, et surtout dans le monopole
de sa domination. Voilà pourquoi l'Université tient tant
à s'appeler *l'État enseignant* ; elle se couvre par là dans
l'exercice de son autorité, dans ses prétentions, dans ses
doctrines et jusque dans ses leçons, de la souveraineté
de l'État ; elle se revêt, pour ainsi dire, dans tout ce
qu'elle fait, dans tout ce qu'elle dit, d'une sorte de seconde majesté, pour imprimer plus de respect aux
peuples, en sorte que tout ce qui n'accepte pas sa parole paraît rebelle à l'État, et que parler contre ses
doctrines, ou résister à son autorité, est insurrection
contre la puissance publique. Tout le faux de l'établis-

sement universitaire, comme Napoléon l'a fondé, comme la Restauration et le gouvernement de Juillet l'ont fait ou laissé faire, est dans cette maxime : *l'Université est l'État enseignant*. D'où elle a fait sortir naturellement, mais sans oser le dire tout haut, la prétention de Louis XIV, bien moins fondée en elle que dans le grand roi : *l'État, c'est moi*.

Cependant, après la révolution de Juillet, et sous un gouvernement constitutionnel, l'Université ne pouvait avoir les pleins pouvoirs de l'Empire ; avec des Chambres et un ministère responsable, l'autorité n'a jamais les coudées franches. Elle ne peut s'exercer, à quelque degré que ce soit, sans une responsabilité quelconque, laquelle remonte en définitive à un ministre, qui, devant seul rendre compte, doit aussi seul diriger. En se confondant avec l'État pour participer à la souveraineté, l'Université fut obligée d'en accepter les conditions, et, par conséquent, de se soumettre au ministre de l'instruction publique, qui était le vrai dépositaire de la puissance de l'État ; mais qui, le plus souvent, à cause des vicissitudes politiques, de la lutte des partis, de la fluctuation de la majorité, et par le jeu même du gouvernement parlementaire, étant pris hors du sein de l'Université, et ne partageant pas son esprit, ni ses tendances, la gênait plus ou moins dans ses mouvements et contrariait sa domination. De là, une guerre incessante, sourde ou patente entre le conseil de l'Université et le ministre de l'instruction publique : d'un côté, le conseil tendant toujours à usurper l'autorité administrative, comme il avait déjà l'autorité morale, et, de là, cette espèce d'oligarchie qui s'était établie dans le gouvernement de l'instruction publique, et que les journaux du temps ont si vivement attaquée ; d'un autre côté, le ministre, réclamant les prérogatives de sa charge, c'est-à-dire l'exercice du pouvoir exécutif, pour ne laisser au conseil que le soin de délibérer et de réglementer, quand il serait consulté. Jamais le conseil de l'Université ne se soumit de bonne grâce à cette condition inévitable du pouvoir dans un gouvernement constitutionnel, même quand les ministres furent tirés de son sein. Il lui semblait toujours que la direction de l'instruction lui appartenait naturellement, par le fait même, et que le ministre n'était devant lui que pour la forme, pour paraître devant la Chambre, y présentant les arrêtés du conseil, tournés en ordonnances royales, et soutenant les attaques et les coups de l'opposition. A ses yeux, c'était presque comme l'éditeur responsable d'un journal en face de la justice. Les choses allèrent si loin dans cette voie, qu'il fallut enfin qu'un ministre courageux, après avoir combattu vivement à deux reprises pour ressaisir le pouvoir toujours disputé, brisât violemment le conseil, sous prétexte de le ramener à sa forme primitive ; et, en multipliant les conseillers, par des votes plus nombreux, il neutralisa les influences, déconcerta les prétentions, et rendit leur opposition presque nulle. C'est encore la forme actuelle du conseil de l'Université ; et il faut bien que, malgré les changements qu'il a subis, il présente bien peu de chances et de garanties à la liberté, puisque dans le nouveau projet de loi qui doit organiser la liberté de l'enseignement, et qui agite en ce moment tous les esprits, au milieu de tant de combinaisons proposées, il n'y en a pas une seule en sa faveur. Quoi qu'il en soit, cette querelle d'intérieur, qui se termina au désavantage des hauts seigneurs de l'Université, bien qu'elle ait procuré quelque soulagement à ceux qui portent le poids du jour, c'est-à-dire à ceux qui enseignent, parce que le gouvernement du ministre a presque toujours été plus large, plus élevé, plus bienveillant que celui du conseil, n'a pas changé l'esprit universitaire proprement dit ; et, au contraire, c'est peut-être alors qu'il se manifesta avec le plus d'intensité, et fit le plus d'efforts pour maintenir ses prétentions et conserver son monopole, excité sans doute et comme exaspéré par les réclamations toujours plus vives des champions de la liberté d'enseignement. C'est aussi le moment de le peindre, puisqu'il est arrivé au terme de sa croissance, à la plénitude de son développement, et probablement à l'apogée de sa puissance.

Qu'est-ce donc en somme que l'esprit universitaire ? C'est tout simplement la pensée et la volonté de dominer la France par la discipline de l'instruction, comme l'esprit de l'impérialisme était de subjuguer le monde par les armes et par la conquête. C'est l'esprit de l'empereur au petit pied, et appliqué aux écoles. C'est par conséquent la prétention de diriger exclusivement ou suréminemment l'instruction de toute la jeunesse française ; et comme l'instruction se paie, c'est en définitive le monopole de l'instruction, le plus odieux de tous les monopoles, puisqu'il s'applique à la vie des âmes et trafique de la nourriture des esprits. C'est encore, par suite, la haine de tout ce qui peut gêner cette direction exclusive, attaquer le monopole et disputer ce qui en fait la matière et le profit ; donc, hostilité, ouverte ou cachée, contre toute influence morale, de quelque côté qu'elle vienne, mais surtout contre la religion, qui contrarie, entrave la puissance de l'Université, ou la met au moins en question.

Tel est le fond de l'esprit universitaire, son âme, fille et image de l'idée napoléonienne, ou cette idée incarnée dans l'instruction publique. Mais cette âme s'est manifestée sous des formes diverses et avec d'autres apparences dans les différentes phases de la vie de l'Université, et suivant les circonstances plus ou moins favorables qu'elle a traversées.

Sous l'Empire, l'Université, appuyée sur l'épée de l'empereur, est franchement dominatrice. Elle n'a rien à ménager et ne ménage rien. D'ailleurs elle n'est alors que l'instrument du maître, et elle accomplit fidèlement toutes ses volontés. Elle a peu à délibérer, même pour les détails ; la pensée de Napoléon suffit à tout ; tout se nivelle devant ses décrets, et les besoins des localités et des individus disparaissent devant la volonté suprême de celui en qui toute la France se résume. En ce temps-là, l'Université ne rencontre pas d'ennemis devant elle, personne qui ose ou puisse la combattre. Les excès de la licence, l'anarchie ont dégoûté de la révolution ; on préfère la tranquillité de la servitude aux agitations périlleuses de la liberté. Après quinze ans d'ignorance et d'obscurcissement, on est trop heureux de retrouver quelques écoles, telles quelles. La société en est revenue aux éléments de la civilisation. L'Église, toute occupée à relever les autels, suffit à peine à l'éducation de ses lévites. L'Université est trop puissante pour la craindre, et le clergé trop faible pour songer même à la lutte. L'Université le tolère et l'emploie à la manière de l'empereur. Elle s'en sert comme lui, parce qu'elle ne peut s'en passer, et à la condition qu'il sera sage, c'est-à-dire, docile, soumis et oublieux du passé. Et malgré tout cela, quelques dignes prêtres qui se trouvèrent

mêlés à l'Université, dans le conseil, dans l'administra—
tion, dans l'enseignement, parvinrent à y faire du bien,
et surtout à empêcher du mal. Qui n'a entendu parler
de M. Émery, le vénérable supérieur de Saint-Sul-
pice, qui avec une liberté apostolique fit plus d'une
fois retentir la vérité jusqu'à l'oreille de l'empereur ? Et Napoléon, qui avait après tout la grandeur
du génie, l'écouta plus d'une fois, et profita de son
courage.

Sous la Restauration, l'esprit universitaire fut continuellement contrarié, déconcerté. Ce fut pour lui la
période des persécutions. D'abord il se tint coi et fit le
mort, accablé qu'il était par les circonstances, par la
chute de l'Empire et l'avénement d'une dynastie qu'il ne
connaissait pas, dont il n'était pas connu et qu'il avait
toutes sortes de raisons de craindre. Il crut toucher à sa
dernière heure, par l'ordonnance du 17 février 1815,
qui démembrait l'Université. Après le 20 mars, il reprit
courage et commença à redresser la tête, à se rajuster
dans ses positions, à étendre ses membres de tous côtés,
comme pour retrouver son ancienne force, et essayer ce
qu'il pouvait encore. Puis, quand il commençait à se
relever sous M. Royer-Collard, la réaction ultra-royaliste
tomba sur lui, lui mit le pied sur la tête, les genoux sur
la poitrine, les bras sur tout le corps, et le laissant vivre
à moitié, elle le força de travailler à son profit, comme
Encelade sous les rochers de l'Etna. Furieux de se voir
l'instrument de ce qui lui était le plus contraire, il concentra toute sa force dans la conspiration contre la légitimité qui le subjuguait, contre le clergé qui le dominait,
en sorte que le caractère de l'esprit universitaire à cette
époque est la haine de la royauté légitime et de l'Église.

La révolution de Juillet est le fruit de cette haine.

Sous la monarchie de Juillet, l'esprit universitaire triomphe, et de victime il devient persécuteur. Il a vaincu et il veut profiter de sa victoire. Il reprend aussitôt son idée fixe de domination absolue, ou plutôt, sa nature, débarrassée des entraves de la Restauration, revient à elle-même. Toute la jeunesse française lui appartient, et il faut que toutes les écoles rentrent sous sa juridiction. Mais cette fois il faut procéder autrement que sous l'Empire, non plus par une force à laquelle rien ne résistait, mais avec l'arme du jour, par la légalité. La situation s'était compliquée par les prétentions de la liberté, et le clergé, qu'on accusait naguères d'opprimer l'instruction publique, et dont on avait cru être débar-rassé par le sac de l'archevêché et la ruine de Saint-Germain l'Auxerrois, reparaissait sur la brèche, demandant la liberté de l'enseignement solennellement promise. Il eût été imprudent, maladroit, de repousser entièrement une demande qui semblait si bien fondée, si conforme à l'esprit du temps. En 1833, on donna la loi sur l'instruction primaire, qui faisait des concessions à la liberté dans la sphère la plus inférieure de l'enseignement. Mais à ces concessions on opposa sur-le-champ une précaution ou un remède. Sous prétexte de fortifier l'instruction primaire, et au fond pour que le clergé n'y dominât pas, on établit presque dans chaque département une école normale, toute dans la main de l'Université et bien imprégnée de son esprit par ses maîtres qui formèrent bientôt, sauf exception, une foule de demi-savants, de petits philosophes, envoyés ensuite au nom de l'État dans les écoles de villages et y apportant la plupart avec beaucoup d'orgueil, de hautes prétentions et de mauvaises doctrines, le mépris de la religion et la haine du curé. De là, la guerre entre le presbytère et l'école, qui subsiste encore aujourd'hui; de là, les communes divisées et troublées ; de là, la diffusion de ce qu'on appelle le *socialisme*, dont les écoles normales furent les foyers, dont les instituteurs formés par elles ont été en grand nombre les propagateurs aveugles et les fanatiques instruments. Par cette milice nouvelle, on espère combattre, détruire ou au moins balancer dans les campagnes l'influence du clergé, qu'aidaient puissamment, auprès de l'enfance, les Frères de la doctrine chrétienne et les autres corporations religieuses vouées à l'enseignement des pauvres. A cette époque, beaucoup de conseils municipaux renvoyèrent les Frères pour installer à leur place l'enseignement mutuel, et, en plusieurs endroits, il fallut que la charité chrétienne les soutînt par des cotisations onéreuses et longtemps renouvelées. L'Université étendit alors ses prétentions jusqu'aux écoles de filles, ce qu'elle n'avait jamais fait sous l'Empire ni sous la Restauration ; et maintenant encore, comme si l'empire de la moitié du genre humain ne lui suffisait pas, elle fonde, autant qu'elle peut, des écoles normales d'institutrices, pour opposer aussi une légion de femmes philosophes aux Sœurs de charité de toutes sortes, qui partout élèvent chrétiennement les filles et en font des enfants fidèles de l'Église et des femmes fortes dans la foi. C'est toujours la même tendance de l'esprit universitaire : remplacer l'enseignement ecclésiastique par l'enseignement laïque, c'est-à-dire l'Église par l'Université; et quoiqu'elle ait moins de succès de ce côté, elle y fait encore beaucoup de mal.

Mais c'était surtout dans l'instruction secondaire que

l'Université voulait rester maîtresse et rétablir à tout prix son empire et son monopole ; car là est la force, la richesse, l'avenir de la société et de ceux qui la conduisent. Cependant là aussi il fallait accorder quelque chose à l'esprit du temps : il fallait au moins avoir l'air de pourvoir à la liberté de l'enseignement qu'on avait promise, bien malgré soi, et dans un de ces moments critiques où l'on concède tout pour vaincre ou pour vivre. Pour l'acquit de sa conscience, le gouvernement d'alors, parfaitement uni à l'Université qui avait toutes les sympathies de son chef, présenta successivement plusieurs projets de loi, dont aucun n'aboutit, par plusieurs raisons : d'abord parce que le gouvernement ne se souciait pas grandement de les voir acceptés ; ensuite parce que ces projets contradictoires en eux-mêmes, au moins dans le fond et par leur esprit, reprenaient d'une main les concessions de la liberté qu'ils étaient forcés de faire de l'autre, et s'efforçaient encore de neutraliser ce qu échappait par toutes sortes de dispositions subtiles, de mesures insidieuses, de procédures compliquées, dont les universitaires ont le secret, la tactique et l'habitude. Enfin il y avait encore du bénéfice à ce que toute loi nouvelle fût repoussée par les Chambres. Le pouvoir paraissait faire tout ce qu'il pouvait pour accomplir les promesses de la Charte ; et si rien n'avançait, c'était la faute du Parlement ; et en attendant, le gouvernement, c'est-à-dire l'Université, profitait du *statu quo*, et conservait sa puissance et son monopole. En effet, tant qu'une loi nouvelle n'était pas promulguée, la constitution impériale de l'Université, avec son immense arsenal d'ordonnances et d'arrêtés, subsistait, et ainsi on y trouvait tout ce qu'il fallait pour maintenir le régime universitaire et combattre efficacement toutes les tentatives, annuler tous les efforts des amis de la liberté d'enseignement. Voilà comment nous avons marché pendant dix-huit ans, parlant toujours de la liberté d'enseignement, à laquelle, selon la Charte, on devait pourvoir dans le plus bref délai, et vivant toujours sous le despotisme de l'Université.

VIII

DE L'ÉDUCATION SOUS LE GOUVERNEMENT DE 1830 (*suite*). — LUTTE POUR LA LIBERTÉ DE L'ENSEIGNEMENT.

L'esprit universitaire fut, sous le gouvernement de 1830, ce qu'il avait été sous tous les régimes, quand il avait pu l'être, dominateur exclusif dans la sphère de l'instruction, prétendant au gouvernement absolu, universel dans l'éducation, et regardant comme son domaine tout ce qui s'y rapporte. Seulement, comme les temps étaient changés, et qu'il n'avait plus à sa disposition la puissance irrésistible de l'Empire, ne pouvant plus régner par la force, et trouvant en face de lui des oppositions déclarées, il employa toutes les ressources de la politique, tous les moyens de la ruse, et se mit à combattre avec les armes et sous le bouclier de la légalité. Il exploita très-habilement l'immense arsenal de décrets, d'ordonnances et d'arrêtés, formé et enrichi successivement par la République, l'Empire, la Restauration, la Monarchie nouvelle et par l'Université elle-même ; et il y trouva toujours et à propos ce qu'il lui fallait pour défendre sa puissance, et repousser les attaques de la liberté. Car, à cette époque, les rôles changèrent avec la scène. L'Université, opprimée sous la Restauration, et par conséquent très-libérale, et à la tête des libéraux d'alors, une fois qu'elle fut victorieuse, et qu'elle eut la puissance dans la main sous la nouvelle dynastie, redevint oppressive, et contraire à la liberté, au moins dans l'enseignement.

Par contre, le clergé, qu'on avait accusé, sous la Restauration, de se faire l'instrument du despotisme, et de travailler au rétablissement du pouvoir absolu, le clergé que l'Université avait représenté pendant quinze ans comme l'ennemi des lumières, du progrès, voulant précipiter le peuple dans la servitude par l'ignorance et l'obscurantisme, se mit à réclamer vivement la liberté d'enseignement promise par la Charte, d'abord pour être débarrassé dans ses petits séminaires des entraves imposées par les fameuses ordonnances de 1828 ; puis pour instituer lui-même des écoles secondaires où il pût élever chrétiennement la jeunesse et la préparer aux grades, condition obligatoire de l'accès à toute fonction publique ; et enfin pour soustraire le plus d'âmes qu'il lui serait possible, à l'influence et aux doctrines pour le moins suspectes de l'Université. Cette fois le clergé fut le champion de la liberté, et l'Université en fut l'ennemie déclarée. On accusa, il est vrai, le clergé de prendre parti pour la liberté, dans son intérêt, et de se faire libéral après sa défaite pour ressaisir le pouvoir qui venait de lui échapper. Mais l'Université en avait fait autant sous la Restauration, et ainsi les reproches qu'elle adressait à son adversaire retombaient directement sur elle. Ces reproches, du reste, n'étaient pas fondés. Le clergé n'a jamais prétendu, et sous le gouvernement de Juillet moins que jamais, à la direction universelle et exclusive de l'enseignement. Il sait très-bien que sa mission principale, le saint ministère que lui impose son caractère sacré, n'est pas d'enseigner les sciences et les lettres humaines ; il sait très-bien encore qu'il ne le pourrait pas, quand il le voudrait, n'ayant aujourd'hui ni assez d'hommes, ni assez de ressources dans la main pour suffire à une telle fin. Il n'a jamais prétendu remplacer l'Université ni la détruire, mais il a voulu et veut encore aujourd'hui avoir sa part dans l'éducation, et par conséquent dans l'instruction de la jeunesse ; et, comme il lui est impossible avec sa foi, ses doctrines, sa morale, sa discipline, de s'entendre foncièrement avec l'Université, et ainsi de travailler avec elle, comme il conviendrait à l'importance et à la dignité de sa fonction, il ne peut consciencieusement se résigner à n'être que l'aumônier de l'Université, et à y donner uniquement l'instruction religieuse, parce que toute son action, tous ses efforts pour y former des chrétiens, sont paralysés, annulés par les autres enseignements qui dominent, et dont l'influence est en général anti-chrétienne. Le clergé a donc demandé à avoir ses écoles à lui, où il pût christianiser les générations nouvelles par tous les moyens de l'instruction et de l'éducation, non-seulement en faisant des catéchismes, des prônes et des conférences religieuses, mais aussi par l'enseignement chrétiennement dirigé et catholiquement inspiré des lettres, des sciences, et surtout de l'histoire et de la philosophie. Si le mot *liberté d'enseignement* signifie quelque chose, il veut dire que des écoles rivales peuvent être ouvertes sans autorisation préalable, moyennant certaines conditions de capacité, certaines garanties de moralité ; et que, dans ces écoles, qui ne relèvent point de l'État, l'instruction pourra être donnée dans toute sa plénitude, et autant qu'il est nécessaire, pour préparer les élèves à la scolarité académique et aux grades.

Voilà ce que le clergé demandait alors ; voilà ce qu'il demande encore. Il ne refuse pas la surveillance de l'État, dont la nouvelle constitution a fait une condition de la liberté, avec cette réserve, bien entendu, que la condition ne détruira pas le principal, et que les moyens employés par l'État pour surveiller la liberté ne l'anéantiront pas. Il semble que ces prétentions n'avaient rien d'exagéré sous un gouvernement constitutionnel, dont la Charte avait promis formellement l'organisation, dans le plus bref délai, de la liberté de l'enseignement, et après une révolution, qui se vantait d'avoir renversé pour jamais l'absolutisme, et de fonder, pour tous assurément, et non pas seulement pour les vainqueurs, le régime d'une sincère liberté.

Cependant, durant plusieurs années après la révolution de 1830, la question si irritante de l'instruction secondaire fut peu agitée. Il fallait d'abord rasseoir la société sur ses bases, et faire du calme et de l'ordre public après une secousse aussi violente. Chacun avait ses pertes à réparer, même les vainqueurs, car les révolutions ont le plus souvent les mêmes résultats que certains procès : tout le monde y perd, même ceux qui les gagnent. Le clergé, pour sa part, avait été très-maltraité par la révolution de Juillet. Dans les derniers temps de la Restauration, on avait tellement excité contre lui les passions populaires, qu'il osait à peine se montrer dans les rues sans être insulté, et au moment de l'explosion, il avait été enveloppé dans la haine et dans le désastre de la légitimité. Il avait donc besoin

d'un peu de temps pour détromper les populations sé-
duites, dissiper les fausses préventions et ramener à lui
l'opinion publique et la justice du pays. C'est ce qu'il fit
à cette époque d'une manière admirable. On lui avait
beaucoup reproché, et peut-être avec quelque apparence de raison, de s'appuyer trop sur le pouvoir temporel et d'en rechercher la protection et les faveurs
pour la religion et ses ministres. Il montra alors par un
zèle infatigable, par une activité tout évangélique, par
un désintéressement incontestable, que le pouvoir avait
plus besoin de lui qu'il n'avait besoin du pouvoir. La
religion en effet, qui semblait abattue tout à l'heure,
laissée à elle-même, à sa vertu propre qui vient d'en
haut, et contre laquelle toutes les puissances du monde
ne prévaudront jamais, se releva doucement, reprit
partout sa force comme toujours au milieu de la persécution, et quand tous les moyens humains paraissaient
se tourner contre elle, ou au moins l'abandonner, la
faveur publique lui revint, et la soutint.

Il se fit alors par toute la France une sorte de
réaction religieuse vraiment remarquable pour l'époque.
On sentait généralement que la société défaillait par le
manque de moralité ; qu'il n'y a point de morale solide
et vraie sans religion, et que la religion ne peut agir
sur les masses que par les ministres de l'Église. Ceux
qui avaient le pouvoir en main, effrayés à leur tour des
résistances et des désordres qu'ils rencontraient, décla-
raient que tout gouvernement devenait impossible, si on
ne parvenait à inspirer aux hommes des sentiments
meilleurs, et ils suppliaient le clergé d'y pourvoir. On
convenait qu'on ne pouvait rétablir l'ordre, le respect
de la loi et en assurer le maintien, qu'en formant de

bonne heure les âmes par une éducation plus religieuse,
par un système d'instruction publique plus chrétien. Ce
fut en ce moment qu'il se fit une espèce de rapprochement par le besoin commun entre l'Université et
l'Église, afin de s'entendre, s'il était possible, sur
l'organisation de la liberté d'enseignement, en faisant
de concert un projet de loi où tous les intérêts fussent
représentés et conciliés. L'œuvre était difficile sans
doute, mais peut-être alors n'était-elle pas impossible,
et on peut affirmer que jamais occasion plus favorable
ne fut donnée. L'Université était frappée de l'influence
que l'Église, réduite à ses propres forces, avait reprise
en si peu de temps, par la seule vertu de sa parole et
après avoir été vaincue et si cruellement éprouvée par
la révolution de 1830. La réaction religieuse, si évidente, l'inquiétait, et surtout cette opinion, qui se ré-
pandait partout, que sans une éducation plus religieuse,
l'ordre ne se raffermirait jamais. Elle était donc dis-
posée à faire des concessions, dans la conviction que le
clergé était moralement assez puissant, pour qu'on dût
compter avec lui. Le clergé de son côté, instruit par la
triste expérience faite sous la Restauration, ne voulait
nullement s'emparer de l'Université ni la détruire ; il
l'admettait, même avec son organisation, pourvu qu'elle
s'améliorât religieusement et moralement ; et il ne refusait pas d'y contribuer par son ministère, sans pré-
tendre le moins du monde la diriger, ni s'ingérer dans
son gouvernement. Il consentait à aider l'Université de
son influence morale, à la condition qu'il jouirait dans
ses propres écoles de la liberté promise, et que la concurrence se ferait loyalement et à armes égales. Il y eut
des pourparlers, des communications, un commence-

ment de négociation ; on y apporta des deux côtés du calme, de la raison, une discussion sans passion ; car les passions, qui s'enflammèrent peu après au feu d'une polémique trop ardente, n'avaient point encore été excitées. On éprouvait alors le besoin de s'accorder ; on le désirait, je crois, sincèrement, des deux parts, et on paraissait presque au moment de s'entendre, quand une attaque très-vive, partie inopinément du camp du clergé, vint rompre les communications, et remit les deux partis sous les armes. La guerre recommença, et malheureusement elle fut transportée sur un terrain où il est difficile de la bien conduire, et de la modérer assez, pour qu'elle respecte toujours la charité et la dignité humaine. Elle se fit dans l'arène des journaux. A partir de ce moment, la lutte devint passionnée ; et, comme il arrive toujours dans le tumulte et dans la mêlée des passions, la vérité eut beaucoup à souffrir des efforts même les plus sincères pour la défendre ; la justice fut blessée plus d'une fois par la vivacité des discussions ; la charité fut souvent oubliée dans l'ardeur du combat ; la question s'embrouilla plus qu'elle ne s'éclaircit, et la cause de la liberté d'enseignement fut plus compromise que jamais.

L'esprit universitaire combattit avec toutes ses forces et sur toute la ligne, dans les Chambres, dans les journaux, par sa puissance administrative et par son enseignement. Il concentra tous ses efforts sur un seul point, savoir : démolir le clergé dans l'opinion du pays, le rendre de nouveau suspect aux populations, le tenir continuellement sous la menace de l'émeute et de la persécution, et ainsi lui ôter la possibilité et jusqu'à l'envie de faire concurrence à l'Université dans l'éducation de la

jeunesse, soit par la peur qu'on lui inspirerait, soit par
les embarras de tout genre et la défaveur publique où on
le jetterait. L'Église comptait à peine quelques défen-
seurs dans la Chambre des pairs, où plusieurs hommes
de foi et de courage combattirent pour sa cause et ne
réussirent à force de conviction et de talent qu'à se faire
écouter et admirer. A la Chambre des députés presque
personne n'osa élever la voix en sa faveur, tant la masse
de l'assemblée lui était peu sympathique. L'esprit parlementaire s'entendait parfaitement avec l'esprit universitaire ; car ils ont au fond la même origine et la même
fin, à savoir la peur de l'autorité de l'Églisè, et le désir
de la dominer par la puissance temporelle, et de subordonner l'influence cléricale au gouvernement laïque, à
la condition qu'il sera dans leurs mains. Plusieurs projets de loi furent successivement présentés, pour organiser cette liberté tant promise, et ils organisaient tous,
d'une manière ou de l'autre, la puissance de l'Université
et la servitude de l'enseignement; on avait l'air de faire
des concessions à la liberté par certains articles, et on
reprenait ces concessions en détail, et sans qu'il y parût,
par toutes sortes de mesures vexatoires et de conditions
exigeantes. L'Université manœuvrait avec son habileté ordinaire, et quand les partisans de la liberté religieuse se
fâchaient et criaient trop fort, quand le clergé, étonné de
tant de ruse et de mauvaise foi, paraissait s'indigner, on
le menaçait de le replacer sous le joug de l'Université
impériale, dont les décrets n'étaient point abrogés, ou de
mettre sur lui la main de Voltaire. On l'essaya en effet
en exploitant de nouveau le nom de *jésuite*, qu'on donna
en pâture aux passions du peuple. On jeta une émeute
sur la maison de la rue des Postes, et elle alla juste

aussi loin qu'il fallait pour faire un esclandre contre les prêtres et effrayer leurs amis : les jésuites se séparèrent en petits groupes, formèrent quatre maisons au lieu d'une, et personne ne s'inquiéta plus de ce qu'ils faisaient. Le coup était porté et l'effet voulu produit. Le clergé était averti, par l'exemple des jésuites, de ce qu'on ferait contre lui, s'il se montrait trop difficile ou trop entreprenant dans la question de la liberté d'enseignement et contre l'Université.

La main de Voltaire agita les journaux et en fit sortir ce venin que le chef de la philosophie du xviii° siècle distillait si facilement, si spirituellement contre la religion, contre l'Église, comme si c'eût été pour lui une propriété, une fonction de sa nature. Les journaux dévoués à l'Université, rédigés par ses membres, et c'étaient les grands journaux, les plus influents, ceux qui avaient le plus de crédit auprès des électeurs et des bourgeois, par leur esprit et par leur style, firent quotidiennement à l'Église et aux prêtres une petite guerre de sarcasmes, de plaisanteries, d'interprétations malveillantes, d'insinuations perfides, de nouvelles controuvées, de caricatures, de médisances, et, au besoin, de calomnies. C'était à peu près comme avant 1830, quand on préparait la révolution de Juillet, sauf que cette fois le mouvement était factice. Il partait d'une faction mécontente, d'une coterie ambitieuse, qui craignait pour sa puissance, et qui cherchait à exciter le peuple contre le clergé, afin de se couvrir de sa colère. Le mouvement ne sortait pas des entrailles, du cœur du peuple, qui ne s'est jamais beaucoup ému pour la cause de l'Université; il ne la comprend pas, et d'ailleurs il n'avait point à se plaindre des prêtres depuis 1830, et n'aurait pu cette fois donner à ses emportements le prétexte de la puissance ou de la richesse cléricales ; car sous le gouvernement de 1830, la religion ne valait que par elle-même, l'autel ne s'appuyait pas sur le trône. Les prêtres étaient pauvres, tout occupés de leur saint ministère, et c'est ce qui les sauva alors des menées de leurs ennemis, et leur donna plus tard, au 24 février, une position si franche et si digne.

IX

DE L'ÉDUCATION EN FRANCE SOUS LE GOUVERNEMENT DE 1830 (*suite*). — L'ESPRIT PHILOSOPHIQUE DE L'UNIVERSITÉ.

L'Université combattit toutes les tentatives du clergé en faveur de la liberté de l'enseignement, au nom de l'État et par son autorité administrative, au moyen de sa constitution impériale et des milliers de décrets, d'ordonnances et d'arrêtés dont ses arsenaux sont remplis, et où elle trouve toujours une arme défensive ou offensive suivant les circonstances. Elle est excessivement habile dans cette espèce de tactique ; et depuis qu'elle n'a plus derrière elle la volonté de Napoléon et le glaive impérial pour trancher toutes les difficultés et commander souverainement, elle a acquis la prudence du serpent, comme l'esprit du siècle dont elle est le type. Elle ne se montre plus qu'à l'ombre de la légalité, de cette légalité qui nous étouffe aujourd'hui, comme l'a dit un homme remarquable, et elle a maintenant, pour attaquer ou pour se défendre, toute la subtilité du légiste. Elle eut donc grand soin de maintenir toutes les mesures prohibitives ou restrictives, héritage du passé, qui garantissaient son pouvoir, et empêchaient tous les projets de ses adversaires favorables à la liberté de se développer ou d'aboutir. Elle continua, sous la Charte de 1830, à contraindre les institutions privées d'envoyer leurs élèves dans ses colléges, menaçant sans cesse ou même faisant fermer celles qui s'y refusaient. Elle les inquiétait, les minait peu à peu par des vexations perpétuelles, petites ou grandes, qui, les empêchant de s'affermir ou de se développer, les rendaient incapables de faire à ses colléges une concurrence redoutée ; ou elle les déconsidérait, les discréditait d'une manière indirecte auprès des familles, par l'appréhension toute naturelle, que les enfants élevés dans les maisons rivales fussent moins favorablement accueillis aux examens du baccalauréat ou des écoles spéciales.

Elle refusait *le plein exercice*, si souvent demandé par des maisons célèbres ou qui jouissaient de la confiance publique. Si elle l'accordait quelquefois par pudeur, ou par des condescendances politiques, c'était avec des conditions d'une exigence ridicule, et presque toujours impossibles à remplir ou à conserver. Elle dénonçait aux procureurs du roi, de pauvres curés qui enseignaient un peu de latin à de pauvres enfants, et elle était constamment en guerre, avec les maîtrises qui instruisaient quelques jeunes clercs à l'ombre des cathédrales, et surtout avec les séminaires, échappés à sa juridiction, mais qu'elle resserrait autant qu'elle pouvait dans les ordonnances de 1828, et dont elle frappait les études de nullité pour toute carrière civile, en n'admettant pas leurs élèves au droit commun du baccalauréat. Elle ne voulait point comprendre, ou plutôt elle ne voulait point convenir que la vocation ecclésiastique ne se décide pas toujours dès le bas âge ; qu'un enfant peut changer

de sentiments et de dispositions en grandissant, surtout
à l'époque de l'adolescence qui produit ordinairement
une révolution dans le tempérament de l'âme comme
dans celui du corps, et qu'ainsi, il était souverainement
injuste de forcer un jeune homme, qui, après avoir fait
toutes ses études dans un petit séminaire avec l'intention
de devenir prêtre, changeait, au terme de sa scolarité,
de pensée et de direction, à recommencer deux années
d'études avant de pouvoir se présenter au baccalauréat,
uniquement parce qu'il avait eu le malheur de ne pas
faire sa rhétorique et sa philosophie dans un collége de
l'Université. Enfin, depuis 1830 jusqu'au 24 février
1848, on a subi sous ce rapport comme au plus beau
temps de l'empire, sauf les variétés de la forme et des
voies et moyens, un régime d'omnipotence universitaire
et de servitude bureaucratique.

Mais ce fut surtout par son enseignement que l'esprit
universitaire combattit le plus vivement l'Église, qui
osait se poser en rivale, et réclamer sa part dans la
liberté de l'instruction ; et ce fut là, hélas ! qu'il obtint
le plus de succès.

La jeunesse sans expérience est facilement impressionnable, mobile ; elle se laisse volontiers conduire,
dans le sens de ses passions, et naturellement elle
n'aime point ce qui la gêne. Or, rien ne la gêne plus
que la religion qui condamne et combat tous les excès ;
et le ministre de la religion, qui vient défendre ou pres-
crire en son nom dans l'intérêt de l'ordre et contre
tout désordre, est importun comme elle. Il faut donc
peu de chose pour indisposer la jeunesse contre la
religion et ses ministres ; et on a beau jeu de ce
côté. Que si, en outre, on voit dans cette religion,

dans ses prêtres, des rivaux de puissance et d'influence, si l'on redoute leur concurrence et ce qu'on appelle leur domination, il est évident qu'on sera naturellement tenté de les affaiblir le plus qu'il sera possible, si on ne peut les détruire, et qu'on réduira et entravera leur action, autant que faire se pourra, si on est obligé de l'admettre. C'est ce qui se fit tout simplement dans l'enseignement universitaire de cette époque, conformément aux traditions et aux habitudes de l'Empire. Il est convenable qu'il y ait une chapelle dans les colléges, parce que, vu les préjugés et l'état de l'opinion en France, il serait imprudent, il paraîtrait indécent d'élever des enfants sans le concours de la religion. Il faut donc des aumôniers; donc des rapports avec les évêques, avec l'Église, avec le souverain pontife. Donc il faut accepter et même respecter la religion, au moins comme partie officielle de l'instruction publique. Il faut donc faire la place de l'enseignement religieux dans le cadre des études, comme celle du prêtre dans les bâtiments du collége ; mais tout cela sera très-légalement, très-administrativement et surtout très-économiquement réglé.

Ceci posé, que demandez-vous de plus ? La religion n'a-t-elle pas sa part dans l'enseignement universitaire? Ne figure-t-elle pas au budget du collége et sur le programme des occupations de la semaine ? Et si vous venez dire que pour le matériel on lui donne à peine de quoi suffire au culte, et que pour le spirituel son action est gênée et son influence à peu près étouffée, annulée par tout ce qui l'entoure, on vous accusera certainement de viser au despotisme clérical et de vouloir soumettre l'Université à la domination de l'Église. Et cependant cette assertion est la vérité toute pure, sans exagération aucune, sans mélange de passion, ni d'esprit de parti ; et cette vérité est devenue encore plus vraie depuis 1830.

Sous l'Empire il y avait tout simplement dans l'autorité universitaire indifférence religieuse. Sous la Restauration, quand on imposa à l'Université l'autorité ecclésiastique, on vit naître dans la jeunesse élevée par elle, la haine de la religion et de l'Église. Après Juillet, l'esprit universitaire triompha ; et il triomphait à la fois, dans sa pensée, de l'absolutisme vaincu, et du clergé humilié. L'esprit universitaire, si ennemi de la philosophie sous Napoléon qui détestait les idéologues, était devenu philosophe depuis sa défaite par l'ultra-royalisme, et ce fut au nom de la philosophie et sous son drapeau qu'il guerroya et conspira contre la légitimité jusqu'à 1830. A ce moment la philosophie dominante, qui avait vaincu, resta maîtresse du terrain. Et cette philosophie se fait gloire d'être éclectique, et à ce titre elle prétend fonder la science sur des bases éternelles en ralliant toutes les vérités éparses dans tous les systèmes, laissant à chacun ce qu'il a d'erroné, et combinant tous leurs éléments épurés dans une vaste synthèse qu'elle croit sans doute posséder, et avec une mesure de discernement et de critique dont elle garde le secret. Conséquente avec elle-même, elle doit faire la même chose dans la réalité et pour le gouvernement des sociétés.

Elle doit accueillir tous les éléments de la situation politique, toutes les forces, tous les intérêts, toutes les conditions du temps, et les rassembler dans une sorte d'unité, qu'elle aura dans la main, et avec un lien puissant que sa volonté leur imposera. L'esprit universitaire, devenu philosophie éclectique, ne pouvait donc pas, sans se manquer à lui-même, ne pas admettre dans sa synthèse scientifique et politique, le christianisme et même l'Église avec ses dogmes, sa morale, sa discipline, au moins autant que cela était nécessaire pour satisfaire à la situation et aux besoins du temps. On admit en effet la religion catholique comme un fait, comme un élément inévitable, fatal, et dont on ne pouvait se passer, mais à la condition toutefois qu'il ne dominerait point dans la grande unité, et qu'il resterait subordonné dans l'amalgame universitaire, scientifique ou politique, à cette pensée supérieure qui l'appelait si généreusement à prendre sa place dans ce magnifique système, et qui resterait toujours maîtresse, comme la sagesse divine qu'elle représente sur la terre, de lui donner, ainsi qu'aux autres éléments de la science et du monde, son poids, sa mesure et sa force. Telle est au fond la pensée universitaire sur la religion et sur l'Église. Voilà l'idée philosophique du jour, enfantée par l'éclectisme et qui a été infusée dans tout l'enseignement de l'Université, dans celui de la philosophie d'abord, et par celui-là dans tous les autres.

Cette idée exprimée de toutes sortes de manières, soit qu'on l'insinue sous des formes historiques ou même poétiques, soit qu'on l'énonce plus franchement, plus directement, sans voiles et sans paraboles, dans la doctrine philosophique, revient toujours à dire à la jeunesse, que la religion catholique ou autre est en soi un fait purement humain, comme toutes les institutions de ce monde ; que ce fait doit avoir sa place dans l'état social, parce qu'il correspond à un besoin de l'âme de l'homme, et que tout ce qui existe dans l'esprit humain

doit être représenté dans la société, mais que le fait
religieux ressortant surtout de la partie affective et sensible, et celle-ci étant inférieure a la partie intellectuelle et raisonnable, la religion doit être subordonnée
à la science, et, par conséquent, à la philosophie qui
est la science des sciences. Or, il doit en être dans
la société comme dans le système de la science, et
voilà pourquoi ceux qui sont appelés à diriger la société
par leur intelligence doivent aussi diriger la religion, et
gouverner l'Église au moins par le dehors, en tout ce
qui se rapporte à l'État dont elle fait partie. Encore cette
restriction est-elle une concession faite aux circonstances, aux préjugés populaires ; car, dans la pure vérité philosophique, l'État doit être entièrement le maître
de la religion. Voilà pourquoi on a dit, on a écrit et on
répète, on imprime encore aujourd'hui, malgré toutes
les réclamations, que la philosophie est au-dessus de
la religion, comme le vrai est au-dessus du saint ;
comme l'idée est au-dessus de la forme ; et on a raison,
si on ne reconnaît rien de surnaturel dans la religion. Avec le surnaturel, la religion est reine de
droit divin, et la philosophie ne peut être que sa servante. Mais si vous niez le surnaturel, c'est la philosophie qui usurpe le trône ; elle prend la place de la
religion, la place de Dieu lui-même ; et alors, pleine de
majesté et de bénignité, elle tolérera longanimement la
religion, à cause des faibles ; elle la laissera vivre et
enseigner au milieu des ignorants, à la condition qu'elle
lui rendra hommage ; et, si elle est sage et soumise,
elle sera protégée, soutenue, et élevée doucement jusqu'à
la philosophie. C'est enfin ce qui a fait dire en ces derniers jours que la religion et la philosophie, filles du ciel,

sont deux sœurs immortelles, faites pour s'aimer, et qui se sont combattues souvent bien à tort, mais qui, aujourd'hui mieux inspirées par la sagesse de l'éclectisme, et abjurant à sa voix toute intolérance et toute jalousie, doivent se réconcilier et s'embrasser dans la fusion universelle et pour le bonheur du monde.

Seulement on a oublié de nous dire la généalogie des deux sœurs ; qui les a mises au monde ; comment elles y sont venues ; qui des deux est l'aînée et laquelle doit avoir le pas sur l'autre et la préséance en cas de nouvelle discussion.

Tel est en ce qui concerne la religion le fond de la doctrine philosophique de l'Université, à son sommet dans l'école normale, mère et maîtresse de toutes les autres, et dans presque toutes les facultés et les colléges.

C'est l'éclectisme rationnel, ou le rationalisme éclectique ; c'est-à-dire, la prétention de la raison humaine de tout examiner, de tout juger, de tout décider, de n'admettre comme vrai que ce qu'elle comprend et de combiner toutes ces prétendues vérités, qu'elle a retirées de partout, dégagées de toutes les erreurs, et formulées à sa manière, dans un tout de sa façon, qu'elle crée à sa volonté et par sa parole, comme Dieu a tiré le monde de la confusion des éléments et fait sortir l'ordre du chaos. C'est le rationalisme le plus exclusif, le plus dominateur et j'oserai dire le plus insolent ; car il est l'expression la plus naïve de l'orgueil de la créature qui veut se substituer à Dieu, même pour la création et le gouvernement des choses, comme le montrent les prétentions de la philosophie allemande, dont l'éclectisme français n'est qu'un bâtard osant à peine balbutier le langage de sa mère qui le renie, comme le prouve

encore la parole hardie et gigantesque de M. Proudhon,
qui escalade franchement le ciel et s'attaque au trône
même de l'Éternel. C'est le système le plus contraire,
le plus attentatoire à la religion positive et révélée qui
repose sur la parole divine, sur la loi et les prophètes
comme moyens préparatoires de la révélation immé-
diate de Dieu lui-même par Jésus-Christ, sur l'incarnation du Verbe divin, Fils de Dieu, Lumière éternelle
rayonnant en ce monde à travers la nature humaine,
qu'il a daigné revêtir pour nous instruire, nous guérir
et nous sauver ; sur l'Apostolat et l'Église, instruments
infaillibles, indéfectibles, de la diffusion perpétuelle et de
la conservation inaltérable de la vérité pure sur la terre,
jusqu'à la consommation des siècles. Voilà ce qu'on
enseigne philosophiquement à la jeunesse française, que
d'un autre côté et par dehors on a l'air de vouloir
rendre chrétienne, catholique. On lui bâtit des cha-
pelles, on lui donne des aumôniers ; on la fait prier tous
les jours, assister à la messe deux fois par semaine; on
la fait confesser, communier, confirmer, et puis à la fin
de ses études, dans l'enseignement de la philosophie,
qui doit en être le couronnement, on tire le voile et on
lui dit : Tout cela n'est rien en soi, ce sont de vaines
formes, bonnes tout au plus pour votre jeune âge et
pour les siècles et les peuples qui lui ressemblent, pour
tous ceux, en un mot, qui ne sont pas encore capables
de voir l'idée en elle-même.

Mais vos yeux se sont ouverts; vous allez maintenant
voir la vérité à sa source, la lumière dans son foyer.
Vous allez contempler l'idée pure et vous n'aurez plus
besoin de la religion qui ne vous en montre que la
forme, ni de l'Église qui ne comprend pas même les

mystères qu'elle vous enseigne. Voilà comment dans l'Université, la philosophie s'accorde avec la religion. C'est à cette condition que ces prétendues sœurs peuvent s'y entendre et vivre ensemble!...., ou plutôt, pour parler sérieusement comme il nous convient, c'est ainsi que l'esprit universitaire du jour sape la religion dans le cœur de la jeunesse intelligente, et détruit ce qui y reste de foi au moment où elle va quitter les bancs du collége et entrer dans le monde, en lui représentant le christianisme comme ayant fait son temps, comme mort ou tellement vieilli que son action est aussi impuissante que sa parole, et l'Église comme une forme vide, comme un vêtement usé qui peut tout au plus trouver sa place dans l'ornementation de la société moderne ; et par conséquent les sectateurs du catholicisme et surtout ses ministres, comme des imbéciles et des fourbes, les uns dupes et victimes, les autres imposteurs et tyrans des consciences ; tous en pitié ou en mépris à la philosophie, qui les regarde majestueusement des hauteurs de la vérité pure, où elle trouve sa sérénité, sa dignité, sa souveraineté, et d'où elle répand sur tous les hommes qui sont assis à ses pieds et reçoivent humblement sa parole, la lumière intelligible qui doit les transformer progressivement en les rapprochant d'elle, et les faire passer de la région du temps dans la sphère de l'absolu.

X

DE L'ÉDUCATION SOUS LE GOUVERNEMENT DE 1830 (*suite*). —
L'ENSEIGNEMENT DE L'HISTOIRE DANS L'UNIVERSITÉ.

A l'enseignement de la philosophie ainsi dirigé dans
les écoles universitaires on ajoute un enseignement historique qui lui ressemble, et qui, animé du même esprit
et tendant au même but, doit confirmer, par les faits
envisagés d'un certain point de vue et convenablement
interprétés, les dogmes de la spéculation philosophique.
A l'encontre de Bossuet qui faisait de l'Évangile le pi-
vot de l'histoire universelle, et qui montrait la civilisation moderne sortant du christianisme, et tous les
peuples depuis la chute de l'Empire romain se formant,
se constituant et se poliçant par l'influence de l'Église,
on s'efforce de prouver aux enfants incapables de juger
par eux-mêmes en pareille matière et qui ne peuvent
qu'accepter toutes faites les opinions de leurs maîtres,
que l'Église, presque à son origine, ou du moins quelques siècles après, infidèle à l'esprit de son fondateur,
qu'on veut bien admirer au moins comme un grand
homme, s'écartant du but sublime de ses enseignements
pour y substituer des vues humaines et ne comprenant

plus ou altérant la parole de l'Évangile, est devenue un obstacle continuel aux progrès de l'esprit humain, dans la science et dans la liberté. On leur enseigne que l'Église, par son système d'autorité dans les choses de l'intelligence, et son prétendu droit divin dans le gouvernement des sociétés, a constamment jeté un joug sur les esprits et sur les nations ; qu'elle a toujours voulu tenir les hommes dans l'ignorance, par la foi, pour les dominer plus facilement; mais que la raison humaine, qui est la faculté de l'absolu, qui ne relève de personne, à qui il appartient de tout juger et dont l'indépendance est souveraine, a protesté dans tous les temps contre cette tyrannie et a cherché à la briser par les hérésies ; que les hérétiques de toutes les époques, par conséquent, ont été les vrais libérateurs de l'humanité, quelquefois les martyrs de la raison et de la liberté, et qu'enfin la réforme de Luther, qui a renversé la domination cléricale, en protestant ouvertement contre l'autorité du pape, et en poussant à la révolte contre Rome les princes et les nations, a été l'ère principale de l'affranchissement du genre humain ; car la faculté de tout juger est le droit imprescriptible de la raison, comme le pouvoir de n'obéir qu'à soi-même est le droit inaliénable de la volonté. On leur dit que Luther et Descartes sont les deux hommes qui ont le mieux mérité de l'humanité dans les temps modernes, en brisant les chaînes de la conscience et de la raison ; que cette grande œuvre a été continuée avec gloire et succès par les philosophes du XVIIIe siècle, qui ont battu en brèche tous les préjugés religieux, toutes les institutions politiques et morales, formées par des siècles d'ignorance et de servitude, tous les fondements des vieilles sociétés, imprégnées de la rouille d'un christianisme dégénéré,

exploitées par la domination commune de la féodalité et
de l'Église, et qu'enfin ces immortels principes ont été
appliqués, réalisés dans la sphère politique par la révolution de 89 qui a renouvelé la France et par la France
le monde entier. Maintenant, ces principes éternels
comme la raison, dont ils sont les dictées infaillibles,
et qui sont, dit-on, plus évidents que la lumière, vont
faire le tour du monde pour éclairer et régénérer tous
les peuples. 'Ces principes, on le proclame avec orgueil, sont ceux de l'Université, et nous en convenons.
Nous affirmons aussi que l'histoire est enseignée à ce
point de vue, dans cet esprit, avec cette tendance, dans
presque tous les établissements universitaires, depuis
l'École normale supérieure et les Facultés des lettres
jusqu'aux écoles primaires elles-mêmes, quand on se
mêle d'y enseigner l'histoire. Il suffit du reste, pour
s'en assurer, d'ouvrir la plupart des livres employés
généralement pour cet enseignement, qui ont été pu-
bliés par les professeurs les plus distingués de l'Université et revêtus de son approbation ; et surtout les ouvrages les plus forts en cette matière, écrits par les
princes de l'école historique du siècle, qui se flattent de
nous expliquer par les lumières réunies de la philosophie
et de l'histoire la formation de la civilisation moderne,
et de nous montrer à nu le fond des institutions religieuses et sociales des peuples actuels. Avec un peu d'at-
tention, l'on se convaincra facilement que toutes ces his-
toires philosophiques, toutes ces prétendues philosophies
de l'histoire ne sont au fond que des filles légitimes ou
bâtardes du protestantisme et du rationalisme ; les unes
et les autres ayant une tournure, une allure et des manières quelque peu différentes en raison de leur nais-

sance ; les premières marchant hardiment et se montrant à front découvert, comme fières de leur père, et se glorifiant de leur origine ; les autres, un peu honteuses de leur existence, et cherchant à se faire pardonner leurs opinions équivoques et louches par un ton plus humble et une plus grande facilité d'accommodement.

- Voilà surtout comment l'Université combat l'Église, qu'elle regarde comme son ennemie-née, parce qu'elle veut être sa rivale dans l'éducation de la jeunesse et lui faire concurrence dans l'instruction du peuple, parce qu'elle réclame, comme tout le monde, sa part de liberté dans l'enseignement, qui lui a été solennellement promise au lendemain de deux révolutions, et par deux Chartes dans l'espace de dix-huit ans. Elle combat l'Église le plus efficacement, le plus cruellement, en employant tous ses efforts, toutes ses ressources, et elles sont immenses, à défaire des chrétiens, pour faire ce qu'elle appelle des philosophes, et en effet des païens, c'est-à-dire des hommes qui ne reconnaissent aucune autorité au-dessus de leur raison, pas plus au ciel que sur la terre, ou qui du moins ne la reconnaissent que de nom, et vivent comme s'il n'y en avait pas ; des hommes qui disent ou pensent avec Épicure, que, s'il y a un Dieu, il ne s'occupe guère des choses d'ici-bas, et qu'après nous avoir jetés en ce monde par caprice, par hasard ou par dérision, il nous laisse nous en tirer comme nous pourrons, avec la raison et la liberté qu'il nous a données ; un Dieu que, dans tous les cas, nous ne pouvons connaître, lui et tout ce qui est connaissable, que par les lumières de notre raison ; et qu'ainsi toute religion qui se dit descendue du ciel, et née d'une parole divine, est une vanité, une imposture, ou tout au moins une illusion du sentiment, un fantôme de l'imagination, une fiction poétique, une forme de l'art. Donc, pour la pratique, pour la règle et la conduite de la vie, la morale a son origine dans ma conscience et n'a de sanction que par elle. Or, ma conscience est interprétée par ma raison, donc ma raison est en définitive et en dernier ressort le juge du bien et du mal, la maîtresse du juste et de l'injuste, et personne au monde n'a le droit de m'imposer rien de contraire à ses décisions souveraines. Je sais bien que dans les hautes régions de la philosophie éclectique, dans la métaphysique du système, on mêle à tout cela les grands mots d'absolu, d'impératif catégorique, d'infini, de nécessaire, d'immuable, et qu'on affirme que la raison est impersonnelle, et qu'ainsi, dès qu'elle parle en moi, dans ma conscience, je dois m'y soumettre, comme à une autorité irréfragable, comme à la voix du ciel, à la manifestation de l'absolu, à l'oracle de l'Éternel ! Je sais cela, et je n'y vois qu'un inconvénient de plus, c'est que chacun, s'il a cette conviction, s'imaginant que la raison universelle, impersonnelle, se déclare infailliblement par les dictées de sa conscience ou les jugements de son esprit, tiendra avec plus de force à sa pensée propre qu'il regardera comme la pensée de Dieu, se regardera lui-même comme le grand prêtre de la raison universelle, et ainsi à l'obstination naturelle de notre amour-propre, à l'attachement personnel que nous avons déjà pour nos opinions, se joindra encore une sorte de fanatisme pour notre esprit propre et une certaine idolâtrie de nous-mêmes. Voilà tout ce que l'on gagne à se croire le temple ou le pontife de la raison universelle.

Ainsi s'explique l'état actuel de la société française, formée presque entièrement depuis soixante ans par des doctrines opposées au christianisme, et en haine de l'Église, de son esprit, de ses institutions.

XI

DE L'ÉDUCATION SOUS LE GOUVERNEMENT DE 1830 (*suite*). —
RÉSULTATS DE L'ENSEIGNEMENT UNIVERSITAIRE.

Nous l'avons dit : l'Université est devenue le récep-
tacle, le foyer et l'organe de toutes ces doctrines antichrétiennes, qui composent ce qu'on peut appeler l'esprit du siècle ; et de là, ce que nous voyons aujourd'hui
dans tous les rangs, dans toutes les conditions de la société, s'il y a encore des rangs et des conditions parmi
nous, et principalement au milieu des commotions sociales, des révolutions qui, comme les tremblements de
terre, mettent à nu les fondements de toutes choses,
et, dans l'ébranlement et l'épouvante du moment, font
paraître les hommes tels qu'ils sont. Eh bien ! ce qu'il y
a de plus remarquable peut-être dans nos dernières révolutions, c'est l'absence de principes, le manque de
convictions, et l'abaissement intellectuel et moral des
individus. Qu'y a-t-il au fond des hommes qui nous
gouvernent depuis quarante ans, de ces meneurs de
tous nos mouvements politiques, si habiles à donner
l'impulsion et à exploiter les résultats, et qui, reparaissant

toujours après les tempêtes, quand l'agitation des flots
s'est calmée, surnagent à tous les désastres ? Pour religion,
un naturalisme grossier, un abject matérialisme, qui ne
croit qu'à ce qu'il voit et surtout à ce qu'il touche, et
n'estime que la jouissance ; chez les moins mauvais, un
vague déisme, qui ne s'appuie pas même sur une spéculation raisonnable, et qui, faisant de Dieu un mot, une
entité logique, ne donne ni principe, ni sanction à la morale, et n'impose rien à la pratique. Pour philosophie, là
où ne règne pas la matière, au moins dans la théorie,
un spiritualisme superficiel, qui ne vaut quelque chose
que par la négation, et qui, n'ayant de base que l'obser-
vation empirique des faits psychologiques, et se vantant
d'admettre seulement ce qu'ils révèlent, en est encore
à tirer des inductions et à faire des conjectures sur l'existence et la nature, l'origine et la fin de l'âme humaine,
déclarant sérieusement à ses disciples ébahis, que depuis le commencement du monde on n'a point encore
fait assez d'expériences en cette matière, pour que la
science psychologique puisse raisonnablement poser des
conclusions certaines. Chez les plus profonds, le psycho-
logisme se résout dans le panthéisme, peut-être à leur
insu et contre leur volonté, par des explications fausses
et ridicules de la Trinité et de la création, qu'ils n'ont
cependant pas le courage de désavouer, et dont ainsi les
conséquences subsistent. Et enfin l'aboutissant de toutes
ces doctrines, sans principe et sans but, — naturalisme,
matérialisme, déisme, spiritualisme rationnel, psycholo-
gisme, panthéisme, — c'est dans la pratique de la vie et
pour le gouvernement des nations et des individus, le
fatalisme, c'est-à-dire l'enchaînement et le développement nécessaires des causes et des effets, où nous sommes

tous compris, serrés et broyés, comme dans l'engrenage
d'une machine, pour concourir au produit de la grande
vérité, et manifester la vie une de l'absolu. De là la philosophie de l'histoire de nos jours qui démontre de toute manière, dans les écrits de nos plus savants historiens, que
tout ce qui arrive doit arriver, que tous les faits sont justi-
fiables, par cela seul qu'ils sont et par les circonstances
où ils paraissent ; et qu'en définitive, le bien et le mal, le
juste et l'injuste n'ont qu'une différence relative aux temps
et aux lieux, et ne sont en effet que des formes diverses
de la vie une et universelle du grand tout. Les convictions sont conformes aux doctrines dont elles sortent ;
elles sont faibles, incertaines, variables, confuses comme
elles ; n'ayant point de racines dans les principes, elles
vont à la dérive des événements, elles en suivent le courant et s'y accommodent sous toutes les formes, tantôt
paraissant le dépasser et le dominer en s'élevant au-
dessus ; tantôt nageant entre deux eaux par prudence ;
tantôt s'enfonçant profondément pour reparaître en temps
convenable ; convictions de circonstance qui changent
avec les faits et vivent d'expédients. Et voilà pourquoi
les hommes s'abaissent intellectuellement et moralement;
sans principes et sans convictions, n'ayant plus que
leur intérêt ou leurs passions pour guides, ils s'abandonnent à tous les mauvais instincts, à tous les mouvements déréglés de leur cœur. Il faut bien l'avouer à
notre honte, et malgré la glorification niaise que les partis se décernent à eux-mêmes, les dernières révolutions
ont mis à jour notre petitesse, notre amoindrissement
intellectuel et moral, dans le mal comme dans le
bien.

On l'a dit dernièrement avec vérité : en 93 il y a eu

des scélérats grandioses, en 1830 et en 1848 on n'a vu
que des praticiens, des sophistes et d'affreux petits rhéteurs. Aucun grand caractère n'a surgi, pas un homme
vraiment fort, par le génie ou par la volonté, ne s'est
révélé ; aucune œuvre grande n'a été fondée. Nous
avons été bourgeois de toutes les façons, ne songeant
qu'aux intérêts matériels, au positif de la vie, ne cherchant que le pouvoir ou la fortune, pas même la gloire
pour elle-même, mais celle-là seulement qui rapporte
et se convertit en or ; chacun voulant trouver son affaire
dans les affaires publiques, sa chose dans la chose commune, et ne poursuivant avec ardeur et persévérance
que l'objet de son ambition ou de sa cupidité. En 1830,
la bourgeoisie a achevé de vaincre l'aristocratie, et
elle s'est mise pompeusement à sa place. En 1848, le
peuple et les prolétaires ont vaincu la bourgeoisie, ils
veulent trôner à leur tour en France ; ils veulent la
place et la bourse des bourgeois. C'est le combat du
jour, qui met en question, non plus l'hérédité du trône,
des titres, des emplois, qui est dans la poussière, mais
l'hérédité de la propriété, c'est-à-dire le fondement
même de la société. Voilà où nous sommes arrivés après
quarante-cinq ans d'éducation universitaire ; et quand on
viendra nous dire que les philosophes du xviiie siècle et
les révolutionnaires de 93 ont été élevés par l'Église, et
même par les jésuites, nous répondrons que ceux d'aujourd'hui ont été formés par l'Université impériale et
royale ; et qu'il y a au moins cette différence entre les
hommes des deux époques, que d'un côté le mal, si déplorable qu'il soit, est encore parfois mêlé d'actes
sublimes, tandis que de l'autre, il est ignoble et n'inspire que le mépris, moins que le mépris, le dégoût.

La lutte entre l'Université et l'Église pour la liberté de l'enseignement n'a fait que s'accroître et s'envenimer dans les dernières années de la monarchie de 1830. La révolution de février l'a suspendue un instant, comme tout le reste. Puis chacun s'est pris à espérer dans ce renouvellement de toutes choses, amené par un bouleversement si inattendu. Le clergé a espéré aussi ; il avait peu à regretter du régime déchu, qui n'avait pas accompli sa promesse d'organiser la liberté d'enseignement ; et la déclaration si formelle, si positive, de la nouvelle constitution, par ces mots : *l'enseignement est libre*, a augmenté son espoir. La guerre s'était donc quelque peu ralentie dans ces derniers temps, et par l'abattement de l'Université que la démocratie a vaincue, et par la confiance de l'Église aux promesses nouvelles, et par la stupéfaction et l'attente de tous après des événements si incroyables. Cependant, nous devons le déclarer ici, la guerre incessante de l'Université, qui a eu lieu sous le dernier gouvernement, et quelquefois si vivement peut-être, n'a jamais été soutenue ni entretenue par l'Église elle-même. Il y a eu seulement quelques ecclésiastiques engagés dans cette lutte. La plupart des combattants, presque tous, étaient des laïques, des journalistes surtout, hommes de foi, de courage et de talent, enfants fidèles de l'Église, et qui certainement, dans leur zèle parfois excessif, ne cherchaient que sa gloire, la vérité et la liberté ; mais qui enfin n'avaient reçu d'elle aucun mandat, et qui sans mission de l'épiscopat ne représentaient au fond qu'eux-mêmes, et les intérêts religieux et moraux de ce qu'on a appelé le *parti catholique*. Il est bon de constater ce fait, afin de restituer à chacun ce qui lui appartient ; de ne point rendre l'Église responsable de ce qu'elle n'a point commandé, et surtout de la vivacité, de l'ardeur d'un zèle dont elle honore la sincérité, la bonne volonté, mais qu'elle n'a pas approuvé en tout, et dont elle récuse la solidarité.

XII

DE L'ÉDUCATION EN FRANCE SOUS LA RÉPUBLIQUE DE 1848. —
L'UNIVERSITÉ INSTRUMENT DU SOCIALISME.

Nous avons montré jusqu'à présent que l'éducation, qui doit être le moyen principal de salut, au milieu de la dégénération morale de notre siècle, a été faussée, pervertie elle-même, depuis cinquante ans, par tous les gouvernements qui se sont succédé ; parce que tous, la subordonnant à leur politique, ont fait l'instrument de leur domination de ce qui doit être avant tout un moyen de civilisation et de perfectionnement moral ; parce que la pliant à des vues humaines et à leur intérêt du moment, gloire, conquête, affermissement ou conservation, ils se sont substitués comme fin à Dieu et à l'humanité dans une chose aussi sacrée ; et parce qu'ainsi tous plus ou moins, et avec plus ou moins de conscience, ont fait de l'instruction publique une exploitation morale de l'homme par l'homme et pour l'homme. De là, la mauvaise voie où l'Université est entrée dès son origine, et où elle s'est toujours engagée plus avant, où elle a persévéré avec ténacité jusqu'aujourd'hui. Trois révolutions n'ont rien changé à ses vues ni à sa marche. Menacée d'abord par la Restauration, elle a fini par s'en faire adopter. Puis, comme Brutus, elle a tué César, malgré la nouvelle vie qu'elle en avait reçue, et sous prétexte de la liberté, mais pour régner à son tour. Elle a régné en effet sur le trône de 1830, au nom de la bourgeoisie ou du tiers état qu'elle représente, et au nom de l'esprit philosophique du xixe siècle, dont elle est l'incarnation. Alors l'éducation du peuple a été exploitée dans l'intérêt de la classe moyenne substituée à la monarchie et à l'aristocratie.

Mais voilà qu'un jour, au moment où l'on y pense le moins, et pendant que les bourgeois se débattent avec la monarchie de leur façon pour l'amoindrir autant que possible et étendre leurs priviléges aux dépens de la royauté constitutionnelle, la démocratie se lève à son tour, et se jetant à l'improviste entre la royauté surprise et la bourgeoisie hésitante, les pousse l'une et l'autre de côté, et les met hors de cause en prenant la place qu'elles se disputaient. C'est la fable de l'huître et des plaideurs. Le juge mange l'huître et leur donne les écailles. La démocratie, en effet, s'est adjugé l'huître au 24 février, et les deux parties du procès se sont retirées confuses, chacune à sa manière.

Comment cette merveille a-t-elle pu s'opérer ? Comment une révolution que presque personne ne voulait, qui n'avait pas même été prévue par ceux qui l'ont faite, s'est-elle accomplie ? C'est ce que les plus habiles ne sauraient dire. La politique humaine la plus consommée, la plus vantée, qui paraissait la plus sûre d'elle-même, a été pleinement déconcertée. En ces terribles journées, personne n'a su ce qu'il faisait, ni le roi, ni les Chambres, ni les ministres, ni l'armée, ni la garde nationale, ni l'opposition, dont le chef a été la première dupe ; ni enfin les meneurs du mouvement, qui au fond ne menaient rien, car ils ne savaient où ils allaient, et croyaient tout perdu, quand ils étaient vainqueurs. C'est la meilleure preuve que la main de Dieu était là, au moins pour renverser ce qui avait été mal édifié, ce qui avait été bâti sans lui, et pour donner au monde un exemple de plus de son inévitable justice.

Quoi qu'il en soit, voici la démocratie arrivée au pouvoir. Elle organise aussitôt, et tant bien que mal, un gouvernement quelconque, qui est encore reçu avec bonheur dans ces premiers moments par la crainte de pis, comme une planche de salut au milieu des flots du naufrage ; et après quelques jours, la république, dont au fond personne ne se soucie, excepté les quelques hommes qui la font, est proclamée par le nouveau pouvoir, et acclamée ou acceptée par tous les partis. Elle s'installe, et se légitime en quelque sorte par le suffrage universel, qui commence à fonctionner sous ses auspices, et auquel l'immense majorité de la nation prend part pour fonder une assemblée constituante. Depuis longtemps, il faut l'avouer, on n'avait vu un tel accord entre les partis les plus opposés, entre les adversaires les plus déclarés, déposant pour un temps ou au moins refoulant leurs antipathies, ajournant leurs prétentions pour conspirer au rétablissement de l'ordre et au salut commun. Il fallait vivre avant tout.

La démocratie triomphante s'empare de l'Université comme de tout le reste, et l'on peut attendre qu'elle va la démocratiser pour la régénérer. Ce n'était pas chose facile. La fille de Napoléon a le tempérament de son père ; elle porte le cachet de son origine, et elle est trop vieille pour qu'on puisse changer sa constitution et son

7

caractère. Ce qui lui a toujours le mieux convenu, c'est le pouvoir absolu, comme aux beaux jours de sa jeunesse. Elle s'était faite constitutionnelle, libérale par réflexion, par opposition, par ambition, sous la Restauration, afin de redevenir maîtresse un jour, de reconquérir le pouvoir ; et quand elle l'eut conquis en 1830, elle le mit bien vite à couvert derrière le trône de Louis-Philippe, qu'on eut l'adresse de faire passer pour la meilleure des républiques. Elle s'adossa à ce trône nouveau, entouré, disait-on, d'institutions républicaines, et elle devint le centre, le foyer de l'aristocratie bourgeoise, ou de la bourgeoisie qui avait pris la place de l'aristocratie. Elle profita du moment pour ressusciter, consolider et étendre ses priviléges, pour affermir son monopole : elle exploita, comme nous l'avons dit, l'éducation pour son propre compte. Elle ne croyait pas plus que Louis-Philippe à la *souveraineté du peuple ;* elle y substituait la *souveraineté de la raison,* dont chacun, et surtout le savant, peut se faire l'interprète et le ministre. La démocratie lui était en horreur ; le suffrage universel lui paraissait non-seulement une impossibilité, mais une absurdité, et le gouvernement de tous par tous une démence, l'imagination délirante d'un cerveau malade.

Longtemps avant février, les partisans de la démocratie avaient reproché ces choses à l'Université, et leurs journaux lui faisaient une guerre encore plus vive que les journaux religieux. Ils l'accusaient d'avoir toujours été la forteresse du despotisme et de lui avoir fourni sous tous les régimes les moyens de discipliner à la servitude les générations nouvelles. Ils avaient surtout attaqué la hiérarchie universitaire, et principalement le conseil des huit, qu'ils représentaient comme les tyrans de l'instruction publique, comme les proconsuls de ses provinces qu'ils s'étaient partagées, pour se faire chacun une espèce de royaume, une cour et une armée. On avait beaucoup crié contre l'administration de l'enseignement, contre la bureaucratie, qui coûtait si cher, disait-on, et qui faisait si peu. En un mot, les démocrates prétendaient que jusque-là l'éducation de la France avait été exploitée dans l'intérêt du pouvoir, quel qu'il fût : au profit de l'empereur, de la légitimité, d'une dynastie quelconque et de quelques hommes, au lieu d'être dirigée dans le sens de la liberté et pour le bien-être moral et social du peuple. Ces reproches n'étaient pas tout à fait sans fondement, comme nous l'avons reconnu plus haut. L'opposition a toujours des yeux de lynx pour discerner les vues ou le faible de la puissance qu'elle combat ; mais quand elle y arrive à son tour, elle n'y voit plus si clair en ce qui la concerne ; elle n'aperçoit pas en elle ce qui la choquait si fort dans les autres, et le plus souvent elle se met à recommencer les mêmes fautes et les mêmes misères, sous d'autres formes, avec d'autres prétextes et d'autres mots.

C'est ce qui arriva encore cette fois dans l'instruction publique après le 24 février. La démocratie victorieuse au nom de la liberté, aussitôt qu'elle fut maîtresse du terrain, a cherché, comme tous les gouvernements précédents, à s'emparer de l'éducation, en expliquant à sa manière la liberté de l'enseignement qu'elle avait tant réclamée, et en l'organisant suivant ses vues pour la tourner à son profit. Elle n'a pas fait mieux que l'Empire, que la Restauration, que le gouvernement de Juillet, que tout ce qu'elle avait si violemment attaqué et renversé ; elle a fait pis encore, car elle a voulu établir, au nom de la souveraineté du peuple, le despotisme le plus ridicule et le plus odieux. Elle l'a essayé sous le gouvernement provisoire par les deux premiers ministres de l'instruction publique en 1848, et c'est la peur de ce qu'elle a tenté par ces hommes, la peur de ce qu'on appelle le *socialisme*, qui nous a jetés presque en aveugles dans les embarras de la situation actuelle, quant à la loi de l'enseignement.

Le parti démocratique, qui s'est trouvé porté au pouvoir par la révolution de février, et qui a dominé la France jusqu'à la dictature du général Cavaignac, s'appelait en même temps *social*, et il avait la prétention de fonder non pas seulement une république démocratique, mais une république démocratique et sociale. Cette formule est devenue le mot d'ordre de la faction ; et bien que les partis se paient souvent de mots, ou au moins ne sachent pas toujours tout ce que leurs mots signifient, cependant, quand ce mot est un mot d'ordre, il prend un sens positif par la circonstance, et ce sens est l'idée commune à tous les hommes du parti, le moyen et le signe de ralliement, le drapeau qui indique ce qu'on est et ce qu'on veut. Ainsi, dans ce cas, le mot *social* a perdu sa signification ordinaire, pour exprimer un système particulier de politique qu'on nomme le *socialisme*: terme nouveau pour désigner un chose qui certainement n'est point nouvelle sous le soleil ; car les choses qui semblent nouvelles de nos jours ne sont, aux yeux de l'histoire, qu'un renouvellement de choses anciennes dans l'humanité, comme le printemps dans la nature n'est qu'un rajeunissement perpétuel.

L'*idée*, la fameuse idée dont les philosophes du parti ont fait la *souveraineté absolue*, contre laquelle rien ne peut prévaloir, pas même la souveraineté du peuple, qui en est une dérivation ; l'*idée*, devant laquelle tout doit s'incliner, et qui constitue le mystère, le dogme et le fond de la religion dont ils sont les pontifes, et qu'ils affectent de confondre avec le christianisme ; l'idée du socialisme est qu'il ne peut exister de société véritable entre les hommes, de société heureuse et parfaite, que s'ils s'associent complétement, en toutes choses, et mettent en commun, sans réserve aucune, tout ce qu'ils ont et tout ce qu'ils sont. Par le seul fait de cette complète association est constituée la véritable *égalité*, à laquelle tous les hommes ont droit comme à la justice, et qui fait respectivement leur dignité ; et pour que l'égalité produise la liberté, qui en est la fille légitime, suivant le système, il faut que dans l'association commune tous soient gouvernés par tous, afin que chacun, en obéissant à tous, n'obéisse qu'à lui-même ; ce qui est, selon Rousseau, le caractère de la liberté politique. Or, le résultat de l'association, le point commun par où tous les membres se touchent, le nœud où tous se réunissent et qui fait le lien entre tous, est ce qu'on appelle l'État, et l'État se personnifie nécessairement en quelques-uns par le besoin de l'unité et de l'action dans le gouvernement. Ces quelques-uns, nommés par tous, gouvernent donc au nom de tous, ou plutôt c'est l'État qui gouverne par eux ; car ils n'ont qu'à exécuter la volonté de tous, ou la loi. Donc, en vertu de cette constitution, l'État est effectivement le seul souverain, et il doit tout régler et tout faire ; il est aussi le seul propriétaire, puisque tout est mis en commun entre ses mains : il est le maître de tout et de tous ; et ainsi plus il dominera, plus il y aura d'égalité et de liberté, parce que tous, pla-

cés sur le même niveau, gouverneront en lui et par lui.
Le socialisme n'est donc au fond que l'omnipotence de
l'État, qui absorbe tous les membres et toutes les ressources de l'association, âmes, corps et biens ; en dis-
pose à son gré et souverainement, de la manière la
plus despotique, sous le prétexte d'exécuter la volonté
générale et d'accomplir le bien commun, à la condition
d'employer chacun suivant sa capacité et pour la plus
grande utilité de tous, et de dispenser à chacun ses
moyens de subsistance et jusqu'à ses plaisirs, non en
raison de ses talents ou de son mérite, mais en vertu de
son droit d'associé et proportionnellement à ses besoins.
De là le fameux *droit au travail*, sur lequel on a tant in-
sisté dernièrement, et que les démocrates socialistes
voulaient à toute force introduire dans la Constitution,
parce qu'en effet il renferme tout le système. Car le
droit au travail, attribué à tous les membres de la société, veut dire : droit de tous à la subsistance, même sans
travail ; c'est-à-dire que par cela seul que j'appartiens
à l'État comme membre ou associé, il a l'obligation de
me nourrir et de me faire vivre quand même; en d'autres
termes, celui qui n'apporte à l'association commune que
sa paresse, son ineptie et sa gloutonnerie, a le droit
d'être nourri par l'État, c'est-à-dire par tous les autres.
Voilà comment le socialisme entend l'égalité et comprend la justice. Quant à son intelligence de la liberté
politique, elle est à peu près aussi avancée que celle des
républiques païennes, qui faisaient de la liberté avec de la
servitude, et ne pouvaient constituer un état fort et libre
sans violer la dignité humaine et outrager la nature.
Toutes ces prétendues nouveautés sont renouvelées des
Grecs, et c'est un singulier anachronisme, explicable

seulement par l'ignorance ou par le manque de foi chrétienne, que de nous offrir ces vieilleries comme des remèdes infaillibles à nos maux, après dix-huit siècles de christianisme.

XIII

DE L'ÉDUCATION SOUS LA RÉPUBLIQUE DE 1848 (*suite*). —
L'INSTRUCTION GRATUITE, OBLIGATOIRE ET LIBRE.

Ce n'est pas le moment de nous étendre sur cette
doctrine monstrueuse qu'on a appelée le *socialisme*, et
qui est en vérité la ruine de tout état social. Nous y
reviendrons peut-être ailleurs ; car il y aurait trop à
dire, et cela nous écarterait de notre but actuel. Qu'il
nous suffise de constater en passant que ce système, qui
est la queue du saint-simonisme, dont M. Louis Blanc
est devenu le chef par son talent et par sa présidence au
Luxembourg, et auquel tous les anciens saint-simoniens
non encore désabusés se sont ralliés, a voulu profiter
de la révolution de février pour se réaliser en grand et
politiquement, comme auparavant il avait tenté des essais
sur une petite échelle, pour prendre pied dans le
monde. Il n'avait pas réussi jusqu'alors, et il espéra
qu'en travaillant cette fois avec toute la force et toutes
les richesses d'un grand peuple, il serait plus heureux.
Il se mit donc à l'œuvre, comme toujours, avec beaucoup d'audace, et la première chose dont il s'empara
comme d'un instrument puissant, fut l'instruction publique et l'immense machine de l'Université.

Comme tous les partis antérieurs, qui avaient voulu façonner la France selon leurs vues, et la préparer par l'éducation à les servir, le parti socialiste se proposa, lui aussi, de plier l'Université à son système et de la faire fonctionner pour son compte. Il faut l'avouer, l'U-niversité, par son organisation, se prêtait merveilleusement à cette prétention nouvelle : car elle a été créée et constituée justement pour être l'instrument d'une volonté unique, volonté qui s'appelait Napoléon dans l'origine, et qu'on a nommée *l'État* par la suite. Elle est faite pour le despotisme, pour le despotisme d'un seul, de plusieurs ou de tous. Tant qu'elle subsistera comme son fondateur l'a constituée, elle sera toujours-là comme un instrument de tyrannie pour le pouvoir quelconque qui saura s'en servir, monarchie ou démocratie. Les socialistes l'ont compris, et, pour l'employer utilement à leur fin, il ne fallait que la modifier un peu, sur quelques points, comme la Restauration l'avait fait pour la tourner à la sienne. La Restauration avait voulu catholiciser l'Université ; le socialisme prétendit la démocratiser, non en détruisant sa hiérarchie, qui lui était très-commode pour gouverner, mais en rendant l'enseignement gratuit et obligatoire, sous le prétexte spécieux d'appeler tous les pauvres au banquet de la science, de mettre l'instruction de tous les degrés à la portée de tous, mais en effet pour déclasser toutes les conditions, confondre tous les rangs, dominer les riches par les pauvres, les savants par les ignorants, les propriétaires par les prolétaires, les maîtres par les ouvriers, l'aristocratie de toute sorte par la multitude ; et surtout pour enseigner sa doctrine à tous, pour imprégner le peuple tout entier de ses opinions, en s'emparant de toutes les chaires de l'enseignement, et en s'attribuant à son tour le monopole de l'instruction publique. C'était si bien son intention, sa fin dernière, qu'il ne lui suffisait pas que l'enseignement fût gratuit, s'il ne devenait en même temps obligatoire, afin que personne ne pût lui échapper, à aucun degré de la société, ni les riches ni les pauvres, les chrétiens pas plus que les autres. Tous doivent être soumis à l'enseignement socialiste donné par l'État, afin qu'après le nombre d'années nécessaires pour former une génération nouvelle, on obtienne un nouveau peuple, un peuple régénéré par le système dans une vraie république démocratique et sociale.

Telle était, telle est encore la pensée du parti [1]. Il a échoué dès le commencement, pour s'être trop pressé ; mais cependant il en a fait assez pour manifester ses tendances, et les célèbres circulaires de MM. Carnot et Jean Reynaud subsistent comme témoignages et comme traces du premier passage du socialisme à travers l'Université. On s'était mis en voie, et, sans les journées de juin, on serait peut-être aujourd'hui plus avancé. On avait déjà fait décréter la gratuité pour les écoles spéciales militaires ; on avait fondé une école gratuite d'administration ; on voulait arriver à la gratuité de toutes les écoles, primaires, secondaires et supérieures, et, quoiqu'il ait fallu reculer dans cette voie devant ce qu'on appelle la réaction, le parti cependant espère toujours regagner le terrain perdu. Dans chaque occasion où il s'agit de l'instruction publique, il ne manque pas de remettre en avant la *gratuité de l'enseignement* et l'*obligation de l'enseignement libre* ; il ne se lasse pas de

---

1. Aujourd'hui le programme est perfectionné : l'enseignement doit être non-seulement gratuit et obligatoire, mais laïque, c'est-à-dire athée. *(Note de l'Éditeur.)*

présenter à la législature les mêmes absurdités, à savoir : un enseignement gratuit que tout le monde paiera sous d'autres formes, même ceux qui n'en profiteront pas ; un enseignement gratuit en faveur des pauvres, qui, en effet, par leur part dans les impôts nouveaux qui devront solder l'enseignement, paieront l'instruction des riches ; un enseignement obligatoire et libre tout ensemble ! merveille qu'il était réservé au socialisme de produire et de comprendre. Et c'est là sans doute qu'est le progrès ! Ce qui veut dire qu'au nom de la liberté, et comme citoyen de la république démocratique et sociale, je serai forcé par l'État de m'instruire à sa manière et comme il l'entendra ; que moi, père de famille qui ai le bonheur de vivre dans la meilleure des républiques, dans la seule véritable, je serai obligé d'envoyer, sous peine d'amende ou de prison, mes enfants dans une école primaire, dans un lycée qui ne me conviendra pas, dont les doctrines sont contraires à ma foi, à mes convictions, dont le maître est à mes yeux immoral, dont les élèves sont peut-être corrompus. Et l'État me forcera de jeter mes enfants dans ce foyer de corruption ! Voilà comment les socialistes comprennent la liberté de l'enseignement ! L'enseignement sera libre en effet, à leurs yeux, quand ils seront les maîtres d'enseigner tout ce qu'ils voudront, à l'exclusion de toute autre doctrine ; quand ils nommeront tous les maîtres, solderont toutes les écoles avec les fonds de l'État, c'est-à-dire avec l'argent de tout le monde ; proscrivant, sous le prétexte de la surveillance de l'État, tous les enseignements qui leur sont contraires, afin que les générations nouvelles n'apprennent que ce qui leur convient, pour assurer et fonder leur domination.

Ne reconnaissez-vous pas au fond de tout cela cette pensée païenne, étroite et tyrannique comme les républiques qu'elle a enfantées, savoir : que l'État est maître des âmes, de leur foi, de leurs croyances, de leurs convictions ; qu'il peut leur imposer telle religion, telle morale, comme telle politique qui lui convient, et qu'il suffit d'une loi ou d'un arrêté de la puissance sociale, pour que tous les citoyens se fassent instruire et moraliser à sa façon. Ces messieurs en sont encore à croire, au dix-neuvième siècle de l'ère chrétienne, qu'on fait de la religion et des mœurs comme on fait des chartes et des constitutions. Ils s'imaginent que l'homme, individu ou peuple, peut dominer légitimement l'homme moral, et que le citoyen, absorbé tout entier par l'État, dont il est la propriété, doit être dévoué, âme, corps et biens, au salut du peuple. Ils ignorent que pour le chrétien il y a une autre patrie que la cité terrestre, un autre maître que l'État, un devoir supérieur au devoir du citoyen, et enfin quelque chose en lui qui échappe à tous les pouvoirs de la terre, parce qu'il relève de Dieu seul, à savoir : une âme immortelle, faite à l'image de Dieu, régénérée par le sang de Jésus-Christ, dotée d'une vie surnaturelle, de la vie même de Dieu, à laquelle elle participe déjà ici-bas par la grâce, et qui lui est promise avec toute sa gloire dans le ciel. Une âme vraiment chrétienne, animée par la foi et l'esprit de Jésus-Christ, n'acceptera à aucun prix l'enseignement gratuit et obligatoire de l'État, s'il répugne à sa conscience ; elle ne sacrifiera jamais à ces nouvelles idoles d'un nouveau paganisme, et elle prouvera, par sa résistance jusqu'au sang à tous les despotismes du monde, des rois ou des peuples, qu'elle seule comprend et possède la vraie liberté, la liberté selon l'Evangile.

La meilleure preuve que les socialistes se soucient fort peu, au fond, de la liberté de l'enseignement, mais ne cherchent sous ce prétexte que le triomphe de leur parti, et qu'en attaquant l'Université et son monopole ils n'avaient d'autre intention que de s'y substituer et de l'exploiter à leur tour, c'est que dans toutes les discussions sur cette matière, et toutes les fois que l'Église a été posée en face de l'Université, en antagonisme avec elle, ils ont toujours pris le parti de l'Université contre l'Église, c'est-à-dire du monopole contre la liberté. Ils ont plus peur du clergé que de l'Université, et ils aiment mieux la laisser jouir du *statu quo* que de la voir vaincue par l'Église dans l'intérêt de la liberté. Ils savent très-bien que la concurrence vraiment libre du clergé est la seule qui puisse ruiner le monopole universitaire ; et comme, au fond, le monopole n'a d'autre tort à leurs yeux que de n'être pas dans leurs mains, et qu'ils sont tout disposés à le trouver excellent quand ils le posséderont, ils ne se soucient pas de le détruire ; ils le ménagent, le réservant comme un instrument tout prêt, bon en lui-même, mal employé, il est vrai, jusqu'à présent, et pour une mauvaise fin, l'intérêt de la monarchie ou de l'aristocratie, mais qui deviendra parfait, pur, saint, quand il sera manié pour la cause du peuple et qu'il servira, par sa puissante centralisation à laquelle rien n'échappe, à mettre et à maintenir toutes les classes et tous les citoyens sous le sceptre du socialisme. Ainsi, dans ce cas encore, et pour le parti démocratique et social, qui se proclame le véritable représentant du peuple, la voix du peuple, le peuple même, l'éducation de la France n'est aussi qu'un instrument de parti, une arme de politique, un moyen d'ambition, et ce parti, comme les autres, après avoir tant réclamé contre le monopole de l'instruction publique, est prêt à s'en saisir et à le glorifier, pour devenir le maître, pour régner, comme il est prêt à l'attaquer, à le briser dans la main de ses adversaires, si on le tourne contre lui.

XIV

DE L'ÉDUCATION SOUS LA RÉPUBLIQUE DE 1848 (*suite*). —
LE SOCIALISME ENNEMI DE L'ÉGLISE.

Si le parti socialiste, au moins celui que nous avons défini, était vraiment démocratique, il voudrait la liberté pour tous, et non point seulement pour lui et les siens, et alors il n'aurait pas de raison de faire la guerre à l'Église et d'exclure le clergé de partout, autant qu'il le peut, comme il l'essaie aujourd'hui. Car l'Église admet toutes les formes de gouvernement, pourvu qu'elles établissent et maintiennent l'ordre et la justice dans la société, et assurent à tous et à chacun la paix et les garanties nécessaires pour chercher Dieu, l'adorer, le servir et travailler au salut de son âme. L'Évangile doit être prêché à tous les peuples, à toutes nations, quel que soit leur régime temporel ; il est donc fait pour tous, dans toutes les circonstances possibles de ce monde, et Jésus-Christ, qui a dit que son royaume n'était pas de ce monde, n'est venu fonder sur la terre ni monarchie, ni aristocratie, ni démocratie politique ; il est venu établir le royaume du ciel parmi les hommes. L'Église, animée de l'esprit de son divin

Maître, s'est faite toute à tous, et elle est également la mère et l'institutrice des rois et des peuples ; c'est pourquoi elle ne s'ingère point volontiers dans les gouvernements de la terre, toutes les fois que son propre gouvernement n'y est point intéressé ; et quand les princes et les nations viennent la consulter à cet égard, surtout de nos jours, elle répond comme Jésus-Christ à cet homme qui réclamait l'intervention du Maître auprès de son frère qui lui avait ravi son héritage : « Qui m'a fait juge entre vous ? Ce n'est pas pour cela que le Fils de l'Homme est venu sur la terre. »

Si donc le parti qui se dit démocratique et social par excellence, et qui à ce titre se donne le nom de *socialiste*, l'était véritablement, il aurait tort de se défier de l'Église, de la repousser et de la combattre ; car plus que personne elle aime le peuple, c'est-à-dire les pauvres, les petits, les faibles, les malheureux, tous ceux qui souffrent et qui pleurent sur la terre ; plus que personne elle a contribué à rétablir l'égalité, autant qu'elle est possible ici-bas, d'abord en prêchant que tous les hommes ont la même origine, la même nature et la même fin ; que Dieu, leur père commun, ne fait point acception des personnes ; que tous sont égaux devant la loi du ciel et doivent l'être devant celles de la terre, et que finalement il sera donné à chacun selon ses œuvres ; puis dans la pratique, et par ses rapports avec les puissants du siècle, elle a constamment travaillé à détruire toutes les servitudes, à tempérer toutes les dominations. C'est elle qui a mis dans le monde l'idée vraie de la liberté, pour les individus comme pour les peuples, tellement que la véritable liberté politique, incomprise par le paganisme, ne s'est vraiment réalisée, au moins en partie, car elle est encore loin de son accomplissement, que chez les nations chrétiennes. Mais nos prétendus socialistes, qui ne sont au fond que des païens en politique comme en religion, et c'est pourquoi, sous le nom de la liberté et du progrès, ils voudraient nous ramener à toutes les vieilleries païennes ; nos socialistes, qui se croient peut-être des Spartiates, sinon des Athéniens, font, comme ceux qu'ils parodient, de l'égalité par un asservissement commun ; et ils appellent libres ceux qui, en obéissant au peuple souverain dont ils font partie, semblent n'obéir qu'à eux-mêmes, et sont en effet les instruments et les jouets de quelques ambitieux, qui les mènent en les flattant, et exploitent leurs passions et leur ignorance.

Ces hommes ne peuvent donc s'entendre ni marcher avec l'Église, dont les principes et la conduite sont diamétralement opposés aux leurs, et qu'ils sont sûrs de rencontrer partout en face d'eux dans leurs enseignements, dans leurs entreprises et dans leurs tendances, pour les combattre et les démasquer. Ils savent très-bien qu'elle ne recule jamais ; que ses convictions sont inébranlables comme ses dogmes, et qu'on ne la fera taire qu'en l'exterminant ; et encore il y aura dans le sang de ses prêtres, de ses fidèles devenus des martyrs, une voix plus puissante que tous les discours humains, qui criera vers le ciel et vers les hommes. Il y aura dans ce sang, comme autrefois, comme toujours, une semence de nouveaux chrétiens et des germes d'immortalité. Leurs doctrines sur la famille, sur la propriété, sont aussi fausses, aussi détestables que leurs opinions sur la religion et sur le gouvernement ; et là encore ils rencontrent l'enseignement chrétien, la parole catholique, qui dévoile et condamne leurs erreurs, détruit leurs sophismes et pose perpétuellement devant eux et contre eux l'unité, la sainteté et l'indissolubilité du mariage, les devoirs et les droits sacrés des parents et des enfants, et la justice divine et humaine de la propriété acquise par le travail et transmise légitimement. L'Église, avec ses apôtres et ses docteurs, avec sa science catholique du ciel et de la terre, qu'elle répand incessamment par des millions de bouches jusqu'aux extrémités du monde, est toujours là pour les contredire, pour les démentir, pour les confondre ; et quand même le mal prévaudrait pour un temps, ce qui s'est déjà vu dans le monde pour la punition ou l'expiation des crimes des hommes, et surtout de leur infidélité, de leur ingratitude envers Dieu, quand même l'esprit d'erreur et de mensonge séduirait et entraînerait la multitude en des heures de trouble et d'aveuglement, cette calamité n'aura qu'une durée limitée, et tôt ou tard la vérité reprendra ses droits, son influence sur les peuples, quand elle aura plus de chance d'être entendue et comprise après de grandes tribulations, de cruelles expériences et de tristes mécomptes. Sa lumière bienfaisante brillera de nouveau après l'orage ; les flots de la mer s'apaiseront à sa voix ; la tourmente cessera, et la terre aura quelque repos. Tant que l'Église catholique subsistera chez un peuple, tant qu'elle y aura ses temples et ses prêtres, tant qu'elle pourra y faire entendre librement sa voix sacrée et les paroles de la vie éternelle que lui a enseignées son divin Maître, ce peuple ne périra pas, parce qu'il y aura en lui assez de sel du ciel pour empêcher la corruption de la terre de prévaloir ; parce qu'il s'y trouvera assez d'âmes vraiment chrétiennes et par conséquent agréables à Dieu, pour attirer ses grâces, ses bénédictions, et contre-balancer par les vertus célestes la puissance et les ruses de l'enfer. Voilà comme l'Église sauve les hommes, et comme il n'y a vraiment de salut que par elle ; et cela non-seulement pour l'éternité, mais encore sur la terre et pour la vie de ce monde. « Chose admirable ! s'écriait Montesquieu, peu suspect en cette matière, la religion chrétienne, qui promet à l'homme le bonheur dans l'autre monde, le rend encore heureux dans celui-ci. » Ne pouvons-nous pas dire à notre tour : Chose admirable ! la religion catholique, qui peut seule assurer notre éternité, seule aussi peut nous donner icibas, aux nations comme aux individus, du repos, de la stabilité et de la durée.

Il faut bien le dire en terminant cette revue de l'éducation en France au dix-neuvième siècle, telle qu'elle a été dirigée et administrée par les divers partis qui se sont succédé au pouvoir, et qui sont encore en présence pour se la disputer ; il n'y a que l'Église qui ait voulu et qui veuille sérieusement la liberté de l'enseignement ; il n'y a qu'elle et ses amis fidèles qui l'aient demandée franchement, avec l'intention de la faire servir à tous, en sorte qu'elle ne soit plus l'instrument de la gloire ou de l'intérêt d'un parti, mais le moyen légitime et puissant du perfectionnement intellectuel et moral du peuple ; et c'est pourquoi, remarquez-le bien, elle a tous les partis contre elle en cette matière, parce qu'en effet elle combat également les prétentions de tous, leurs vues partiales, leur égoïsme politique. Elle seule, l'Église catholique, digne fille de Jésus-Christ, et fidèle à sa divine mission d'enseigner toutes les nations, ne voulant là, comme ailleurs, que l'accomplissement de la loi de Dieu, c'est-à-dire la justice et le bien de tous, a tenté sérieusement, et elle n'y a pas renoncé malgré ses mécomptes, de faire sortir l'éducation de la France des mauvaises voies où les partis l'ont engagée, pour la remettre, par la liberté, dans la voie providentielle de son institution et de sa fin, à savoir : l'établissement du règne de Dieu sur la terre et le salut des hommes.

XV

DE L'ÉDUCATION SOUS LA RÉPUBLIQUE DE 1848 *(suite)*. — LE SOCIALISME ENRÔLE LES MAITRES D'ÉCOLE. — IL EST ARRÊTÉ DANS SA MARCHE.

Le socialisme était entré en vainqueur dans l'Université avec M. Carnot, soutenu par M. Jean Reynaud, qui était l'âme, la pensée et la plume de son ministère. Les fameuses circulaires du nouveau ministre de l'instruction publique et des cultes montrèrent bientôt comment ces messieurs comprenaient l'éducation et la religion. Pendant le peu de temps qu'ils restèrent au pouvoir, par leurs vues singulières ils mirent tout en émoi à tous les degrés de l'instruction publique et surtout dans l'instruction primaire, exaltant les instituteurs, qu'ils représentaient comme les sauveurs de la patrie, et excitant leur ambition d'une manière exagérée, au point qu'il n'y eût pas un département qui n'eût un ou plusieurs maîtres d'école candidats à l'Assemblée constituante. En cela les instituteurs étaient excusables, car ils ne faisaient que répondre à l'appel du ministre, qui les poussait à se présenter sans crainte, malgré leur ignorance des affaires publiques, la science et la pratique des affaires n'étant plus nécessaires, leur disait-on, à un représentant du peuple sous la république démocratique ; il devait recevoir dans sa foi au socialisme la science et les vertus infuses de la politique : il devenait une nouvelle créature par le baptême du suffrage universel. Ce fut la première fois qu'on vit un ministre de l'instruction publique préconiser l'ignorance et en faire un titre d'élévation. On ne le croirait pas, même aujourd'hui, si les pièces imprimées ne subsistaient. Du reste, ces messieurs étaient conséquents avec leur doctrine socialiste, laquelle, donnant à chacun en raison de ses besoins et non de ses œuvres, lui demande aussi en retour non de la capacité, ce qui serait trop aristocratique, mais de la bonne volonté, ce qu'on peut supposer à tout le monde ; c'est de l'égalité à leur manière. Mais ils avaient encore une vue plus profonde et surtout plus pratique, comme la suite l'a montré. Ils voulaient attirer sous leur drapeau et embaucher dans leur parti les quarante mille instituteurs de la France, pour les opposer aux quarante mille curés, afin d'avoir une armée en face de la hiérarchie de l'Église si fortement organisée ; et que partout où il y a un prêtre pour prêcher le christianisme, il y eût un maître d'école pour prêcher le socialisme. Je suis même porté à croire que l'ardeur socialiste de ces messieurs n'était pas seulement un zèle politique, mais encore à leurs yeux une sorte d'apostolat ; qu'ils ne voulaient pas former un parti, mais une espèce d'Église, et qu'ils s'imaginaient rendre un grand service à l'humanité et au peuple, en lui faisant annoncer un nouvel Évangile, une nouvelle religion, la religion du progrès, dont les maîtres d'école seraient les pontifes. Les instituteurs en général n'ont que trop répondu à cet appel. Ils se sont faits en beaucoup d'endroits les prédicants du socialisme, et le parti a pu avoir, de cette manière, de fanatiques instruments jusque dans le dernier hameau. Tristes conséquences de l'erreur qui devient plus dangereuse à mesure qu'elle est plus sincère ; car alors elle a toute l'ardeur, tout le zèle de la conviction et de la vérité ! Un grand nombre d'instituteurs, jeunes, sans expérience, n'ayant que les connaissances bornées de leurs fonctions, entraînés par les passions qu'une autorité imprudente excitait en eux, ont été complétement dévoyés, et sont devenus des artisans de trouble et d'agitation, des semeurs de mauvaises doctrines, des corrupteurs de l'enfance et de la jeunesse, quand, sous d'autres influences et avec le régime qui leur convient, ils auraient pu faire tant de bien dans leurs communes. Ils ont été les premières victimes d'une fausse direction, d'une mauvaise impulsion, et les populations divisées et démoralisées en ont pâti avec eux et par eux.

L'élection du président actuel[1] de la République ne permit pas au socialisme d'aller plus loin dans cette voie pour le moment ; mais les principes avaient été posés, le mouvement donné ; le progrès fut remis à un temps plus favorable. M. de Falloux devint ministre de l'instruction presque malgré lui, au moins sans lui. Il apporta à la direction des affaires sa volonté sincère du bien, son bon sens, son regard droit et sûr, et un courage calme, qui a sa source dans une foi chrétienne profonde et éclairée. C'était certes une chose merveilleuse que de voir à la tête de l'instruction publique et des cultes, en

---

1. Le prince Louis-Napoléon.

France, un jeune homme qui était connu comme légitimiste, comme ami des Jésuites et de la liberté, qui jusque-là avait combattu l'Université dans les rangs des
amis de la liberté religieuse et de l'enseignement. Il ne
fallait rien moins que la république pour produire cette
merveille, impossible sous la monarchie. Les partisans
de la liberté de l'enseignement crurent le moment favorable pour faire enfin cette fameuse loi attendue depuis
si longtemps, tour à tour l'espoir ou le désespoir de tous
les partis, qu'on avait recommencée tant de fois sous les
gouvernements précédents, et qui avait échoué tant de
fois. En effet, l'occasion était tentante. On avait enfin un
ministre catholique et capable, un ami. Après avoir si
longtemps, si vivement combattu l'Université, on était
maître du champ de bataille. On était établi dans la
place, et de là on pouvait, on devait dominer tout l'empire universitaire. Seulement, comme la position change
complétement quand on est arrivé au pouvoir, alors
qu'il ne s'agit plus d'attaquer et de détruire, mais de
défendre et de conserver, il devenait assez embarrassant
de concilier les intérêts et les droits acquis de l'Université, que le nouveau ministre devait protéger jusqu'à un
certain point, avec les prétentions légitimes et vivement
soutenues auparavant de la liberté d'enseignement,
qu'on ne pouvait satisfaire, en définitive, qu'aux dépens de ces droits et de ces intérêts. Il fallait, dans une
certaine mesure, être le protecteur de l'Université, dont
on avait le gouvernement, sans cependant abandonner
la cause de la liberté, qu'on avait si longtemps défen-
due. Cette position était difficile pour une âme honnête,
comme celle du jeune ministre. Il le comprit, et s'en
tira avec habileté, et cependant avec droiture, en nom-

mant une commission mixte, chargée de préparer un projet de loi, et où il mit en face les uns des autres les hommes les plus distingués des deux partis, adversaires déclarés jusque-là, et qui devenaient les coopérateurs de la même œuvre, de cette œuvre justement qui les avait autrefois le plus divisés. Le ministre espérait sans doute que du choc des opinions jaillirait la lumière, et surtout que du frottement journalier des intérêts les plus contraires et du rapprochement fréquent de volontés naguère opposées sortirait, par la nécessité même des choses et sous l'empire des circonstances, une espèce d'accommodement, de conciliation, de transaction. Encore une fois, cette mesure était habile, et sous deux rapports : d'abord, le ministre paraissait se désintéresser personnellement dans la question en renonçant à son initiative, et sa modestie en était rehaussée et sa position morale garantie ; et, d'un autre côté, puisque la république amenait aux affaires les hommes de tous les partis, il semblait naturel de les réunir pour s'entendre et s'accorder, s'il était possible, conformément à l'esprit du gouvernement représentatif, qui fait sortir les lois de la pondération et de la combinaison de tous les intérêts. On entra donc dans cette voie, que les circonstances semblaient indiquer, et nous croyons que ce fut un malheur, une faute même ; car en entrant dans une voie où l'on ne peut pas tourner, il faut savoir comment on en pourra sortir, et celle-ci était une impasse.

La commission une fois nommée et formée comme nous l'avons dit, il était évident que, dans le temps où nous vivons, où chacun ménage non-seulement ses amis, mais surtout ses ennemis, en raison de l'incertitude du présent et de l'obscurité de l'avenir, il ne pouvait en sortir

que ce qui en est sorti en effet, c'est-à-dire, une composition,
une œuvre de transaction, une sorte d'accommodement
des intérêts contraires, une trêve et non une paix entre
les prétentions les plus hostiles, enfin quelque chose de
mixte, d'amphibie, de neutre, où chaque parti, s'efforçant d'insérer ses garanties et de sous-entendre ses
réserves, tâcherait, par contre, d'affaiblir ou d'annuler
celles de l'autre ; et, pour cela, afin d'arriver à un arrangement, à une conclusion, à une rédaction définitive,
on laisserait prudemment de côté, en arrière ou dans
l'ombre, les points les plus graves, qui diviseraient nécessairement, et on mettrait en évidence, en relief,
sur le premier plan tout ce qui pourrait servir à rappro-
cher et contribuer à un accord. Les deux partis de la
commission ne s'entendaient, au fond, qu'en une seule
chose : la peur du socialisme et le désir bien arrêté de
le combattre. C'est cette peur qui les a sincèrement
réunis, et elle les a fait passer par-dessus mille difficultés qui, sans cela, leur auraient paru insurmontables,
et qui subsistent malgré cela. Les membres ou les amis
de l'Université qui venaient de voir le socialisme à
l'œuvre dans son sein, et qui en étaient encore tout stu-
péfaits, étaient plus effrayés que les partisans de la
liberté de l'enseignement et de l'Église, et c'est ce qui
les porta, au moins en partie, à s'accommoder avec le
clergé, malgré leur répugnance, leur prévention et tous
leurs antécédents. Le curé leur parut encore moins
terrible que le maître d'école, et entre deux maux ils
choisirent le moindre. Ils furent, je crois, les plus avi-
sés, les plus clairvoyants, et ce n'est pas d'aujourd'hui
que les enfants du siècle ont plus de prudence et d'habileté que les enfants de Dieu. Les amis de la liberté

d'enseignement crurent la fonder ou du moins en préparer la fondation, en obtenant plusieurs concessions qui faciliteraient l'établissement des maisons libres et détruiraient l'autorisation préventive, concessions qu'on n'aurait jamais obtenues sous la monarchie, et c'est ce qui les séduisit. Les amis de l'Église s'imaginèrent faire beaucoup pour elle, en introduisant quelques-uns de ses évêques ou de ses membres dans les conseils de l'Université, afin que les intérêts de la religion y fussent représentés comme tous les autres intérêts de la société; et ils ne virent point que l'action de l'Église introduite dans l'Université étant trop peu considérable pour la changer, même pour la modifier notablement, l'Église devenait responsable, jusqu'à un certain point, des actes universitaires auxquels elle prendrait part, et qu'ainsi sa responsabilité s'augmentait, en même temps que son autorité était compromise.

Bref, on s'accommoda comme on put en face de l'ennemi commun, le socialisme. En de telles conjonctures, quand tous étaient également menacés, il y aurait eu imprudence et mauvaise grâce à contester à sa partie adverse son existence, son influence et les moyens de vivre et d'agir ; et, puisqu'on avait formé une commission avec des éléments si hétérogènes, si l'on parvenait à s'accorder dans un résultat quelconque, il fallait bien que tous ces éléments contraires se retrouvassent dans le produit de l'opération, un peu affaiblis ou neutralisés par la combinaison. On s'arrange toujours quand on veut s'arranger, et on le voulait, on le voulait à tout prix, en sauvegardant toutefois les convenances, par la crainte d'un plus grand mal, du fléau du moment, également redouté par les deux partis.

Voilà, je crois, le secret de la loi nouvelle sur l'enseignement, la raison principale de son existence et de son adoption ; et c'est pourquoi, au lieu d'être une loi organique de l'instruction, comme on avait droit de l'attendre, elle n'est encore qu'un expédient, né de la circonstance et qui périra avec elle. La meilleure preuve qu'elle n'est que cela, c'est que la principale réponse des auteurs du projet aux objections qui les assaillent de tous les côtés est d'affirmer que dans les conjonctures et avec les hommes d'aujourd'hui, il n'était pas possible de faire mieux ; et nous craignons presque qu'ils n'aient raison, au moins sous un point de vue, et dans la position qu'on s'est faite. Car le ministre ayant abandonné son initiative (et je ne me permettrai pas de l'en blâmer), dès qu'il eut institué une commission mixte composée d'éléments si hétérogènes, et où se rencontraient les hommes les plus marquants de chaque parti, opposés entre eux jusque-là, et chargés maintenant de travailler en commun, il est évident qu'à moins de supposer la conversion ou l'abnégation totale des partis rivaux pour se rallier sincèrement à une même opinion, ce qui est très-rare en politique, cette commission devait faire une œuvre à son image, à l'image de l'Assemblée qui avait à la sanctionner, c'est-à-dire une œuvre où tous les partis pussent trouver une satisfaction, et par conséquent une œuvre pleine de contradictions.

XVI

Parmi les contradictions que nous semble renfermer la nouvelle loi sur l'enseignement, nous signalerons seulement les plus graves, pour ne pas trop allonger ce travail. Il va sans dire, du reste, qu'en critiquant la loi, comme c'est notre droit, nous la respectons, telle qu'elle est, comme une chose jugée ; et ce que nous allons en dire, bien que notre opinion ne lui soit pas favorable, n'a d'autre but que d'aider à la refaire, quand on en sentira le besoin, ce qui ne tardera pas, et même, jusqu'à un certain point, d'en faciliter l'exé—cution pour le moment ; car c'est vraiment en rendre l'application plus facile d'une certaine manière, que d'en montrer les défauts, les difficultés et les inconvénients, auxquels on prendra plus de garde dans la pratique.

La première contradiction qui nous a frappé est celle-ci : cette loi, qui doit être une loi de réconciliation, de transaction, une sorte de concordat, comme on l'a dit, deviendra au contraire une loi de discorde et de collision.

En voulant contenter tout le monde, elle ne satisfait personne, et en rapprochant, en voulant unir malgré eux deux anciens adversaires, elle réveille toute leur antipathie par le rapprochement même, et rendra la lutte plus imminente, plus ardente. L'Église et l'Université étaient habituées depuis longtemps à se trouver en opposition ; elles se tenaient prudemment à distance le plus qu'elles pouvaient, et se choquaient seulement en certains cas, qu'avec l'expérience du passé on pouvait prévoir et tempérer. Maintenant elles seront sans cesse en face l'une de l'autre, devant travailler en commun avec une défiance réciproque, comme deux époux mal assortis, qui se disputent l'empire du ménage, et sont plus préoccupés de leurs prétentions respectives que de la prospérité commune. En forçant l'Université et l'Église d'habiter ensemble, on amène nécessairement une guerre intestine, et, au lieu du concours qu'on espère, on aura une lutte incessante, ouverte ou cachée. Expliquons-nous.

Il est à croire que les auteurs primitifs du projet de loi auraient détruit l'Université, s'ils l'avaient pu, comme le plus grand obstacle à la liberté de l'enseignement. Mais l'Université est un fait, et un fait considérable de notre époque, qu'elle représente en partie. Quand on en est devenu le maître, on a reconnu qu'on ne pouvait l'anéantir, et que par conséquent il fallait l'accepter aux conditions les moins onéreuses qu'il serait possible, et composer avec elle. Dans cette situation, il est évident qu'on devait chercher à l'affaiblir le plus qu'il se pourrait, et qu'au contraire on désirait augmenter l'influence de l'Église dans l'instruction publique. Donc on voulait trois choses : 1° réconcilier l'Église et l'Université, puisqu'on ne pouvait se débarrasser de cette dernière ; 2° augmenter et faire prévaloir l'action de l'Église dans la transaction forcée ; 3° diminuer et subordonner celle de l'Université.

Or, la loi nouvelle fera tout le contraire de ces trois choses : 1° elle affaiblira l'influence de l'Église ; 2° elle augmentera celle de l'Université ; 3° elle les brouillera plus que jamais au lieu de les réconcilier.

Et pourquoi en arrivera-t-il ainsi, malgré la bonne volonté et le zèle des amis de l'Église, qui s'étaient donné la mission de défendre ses intérêts ? Parce que, une fois au pouvoir, ils ont été obligés de traiter avec les amis de l'Université, de négocier, de compter avec eux ; et ces derniers, combattant pour l'existence de l'Université, et voyant très-bien qu'il s'agissait encore cette fois pour elle, comme en 1815, d'être ou de ne pas être, ont eu plus d'énergie, plus de savoir-faire, plus d'audace que les nôtres. Ils ont déployé toutes leurs ressources, usé de toutes leurs armes, de tous leurs moyens, avec toutes leurs forces, comme on fait dans une cause désespérée, quand il s'agit de vaincre ou de mourir. Le spectre du socialisme leur est venu en aide. Le danger commun, habilement exploité, a rendu plus accommodant ; on s'est hâté de s'allier à un ennemi pour en éviter un autre, et on a fait, à notre avis, un traité cent fois plus ruineux que la guerre dont on a eu peur. Souvent la peur d'un mal nous conduit dans un pire, dit le poëte ; de Charybde on est tombé dans Scylla. C'est, je crois, le mot de l'énigme.

La nouvelle loi affaiblira surtout l'influence de l'Église par le premier article, destiné à la fortifier par l'introduction de quatre évêques dans le conseil supérieur de l'instruction publique, et cela de trois manières : 1° en paralysant son action par le milieu où elle sera placée ; 2° en la compromettant par sa participation aux actes universitaires ; 3° en la faisant rentrer dans la vie politique, dont elle s'était sagement retirée en ces derniers temps.

1° L'action de l'Église sera paralysée au sein du conseil supérieur par le milieu même où elle devra s'exercer, et cela physiquement et moralement : physiquement, par le nombre des voix dont elle pourra disposer : elle en aura quatre sur vingt-huit, et ainsi, par la manière dont le conseil est composé, elle sera presque toujours, au moins dans les choses qui lui importeront le plus, en minorité. Sous le prétexte spécieux de faire du conseil supérieur une espèce de représentation des intérêts divers de la société, on y a fait entrer l'Église pour sa part, en face d'autres intérêts dont les uns lui sont directement hostiles, ceux des cultes dissidents, et les autres assez peu sympathiques, pour ne pas dire antipathiques, à savoir : le conseil d'État et la magistrature, héritière de l'ancien esprit parlementaire, les membres de l'Institut, en grande affinité avec l'Université, et quelques membres de l'enseignement libre, rivaux du clergé dans l'éducation. En sorte qu'en apparence il y a une sorte de répartition équitable entre les divers intérêts de la société, on a l'air de faire à chacun sa juste part ; et, au fond, comme il n'y a vraiment dans la question de l'enseignement que deux partis ou deux intérêts en présence, l'Église et l'Université, on forme en effet deux camps au sein du conseil, l'un où se trouvera l'Église avec ses quatre évêques et quelques hommes consciencieux qui s'y rattacheront quelquefois suivant les circonstances et les affaires, l'autre où seront les huit membres de la section permanente, ralliant autour d'eux d'abord les ennemis-nés de l'Église, les protestants et le juif, puis les conseillers d'État, les jurisconsultes, les savants et les instituteurs libres, élevés presque tous par l'Université, imbus de son esprit et de ses doctrines. Il y a donc là, en effet, une grande inégalité et peu de garanties de justice pour l'Église, avec les apparences de l'impartialité. Son action sera donc annulée par la composition même du conseil.

On dira peut-être qu'elle regagnera par l'influence morale ce qu'elle perd par le nombre des voix. Oui, sans doute, nous en sommes convaincu, dans les grandes occasions, quand il s'agira des intérêts les plus graves de la religion et de la morale, la voix de nos évêques aura un grand poids ; et si à l'autorité de leur caractère sacré se joint celle du talent, de l'expérience et de la valeur personnelle, il y a là certainement une puissance qui ne se calcule pas, et qui peut triompher de beaucoup d'obstacles. Mais rappelons-nous aussi que les grandes occasions sont rares dans les affaires ; habituellement, journellement, ce sont de petites choses, des choses ordinaires, qui n'ont l'air de rien et qui, cependant, préparent et engagent l'avenir. La section permanente, qui sera toujours là avec ses hommes spéciaux préparant les questions et le travail des grandes sessions, présentant les rapports, les projets, les vues, ayant derrière elle les bureaux, dont elle connaît et domine le personnel, sera tellement maîtresse du terrain par sa position même, que les membres extraordinaires du conseil, même les conseillers d'État, les magistrats et les académiciens, la laisseront faire le plus souvent, parce qu'au fond c'est son métier, et qu'elle paraît plus apte que personne à décider en ces matières. Les instituteurs libres et les évêques eux-mêmes n'arrivant là que quatre fois par an, et sur un terrain peu connu, quelquefois glissant, laisseront faire aussi, la plupart du temps, et par une certaine timidité très-naturelle quand on n'est pas sur son terrain, puis parce que chacun d'eux a autre chose à faire, il a sa fonction spéciale, où il croit seulement sa responsabilité sérieusement engagée, et enfin par ce penchant inné de l'homme, et qui se montre si clairement dans les assemblées, d'aimer la besogne toute faite, et ainsi d'accepter volontiers le travail de ceux qui la font, pour n'avoir pas la peine de la faire soi-même.

L'action des évêques sera encore paralysée par l'atmosphère même où ils seront placés. Disons franchement les choses telles qu'elles sont, afin de n'être pas trompé par les apparences en des circonstances si graves. A part ce que demandent la politesse et la considération due à la dignité épiscopale, et qui leur sera certainement rendue par tous les membres du conseil comme il convient à des hommes bien nés, on ne peut pas se dissimuler que la plupart, n'ayant point de foi ou au moins de pratique religieuse, seront, par cela même, plus ou moins opposés à l'influence du clergé, plus ou moins portés à la combattre, plus ou moins ennemis de l'Église : ennemis, non pas pour la persécuter et lui infliger des violences, mais ennemis par l'esprit, par la volonté, et comme avec le parti pris d'affaiblir son action autant qu'il leur sera possible, et d'entraver ou de restreindre son autorité, qu'ils redoutent pour l'État, pour leurs familles et pour eux-mêmes. A coup sûr, ils en auront peur dans l'instruction publique plus qu'ailleurs, et, suivant l'esprit et le langage du jour, ils tendront à dominer par l'élément laïque l'élément ecclésiastique, et seront toujours en garde contre les empiétements et l'ambition de ce dernier. Les évêques ne pourront pas ne pas s'en apercevoir ; ils se sentiront entourés de défiance, et comme en état de suspicion au milieu d'hommes avec lesquels ils ne s'entendront jamais au fond, toujours prêts à croiser leur influence, à diminuer leur autorité, et même à mal interpréter leurs paroles et leurs intentions ; car ces hommes seront des ministres protestants, un juif, des philosophes, des indifférents en matière de religion, peut-être des matérialistes et des athées. Voilà l'atmosphère des conseils supérieurs où des évêques catholiques doivent respirer et agir. Je vous demande s'ils ne risquent pas d'y être étouffés.

2° L'autorité de l'Église sera compromise en participant aux actes universitaires, car elle ne sera pas assez forte dans le conseil pour les diriger, ni même pour les modifier considérablement ; et cependant, par la loi de la majorité, à laquelle doit se soumettre tout corps délibérant, elle paraîtra approuver ce qu'elle aura repoussé comme minorité. Or, cette position, moins grave quand il s'agit d'opinions controversables et qui n'engagent point la conscience, le devient excessivement en ce qui concerne les doctrines religieuses et morales et le choix des hommes à employer dans l'éducation de la jeunesse. Nos évêques, membres du conseil supérieur, ne pourront donc pas décliner la solidarité de ce qui s'y fera, et cette solidarité s'étendra, aux yeux du public, sur tout l'épiscopat, qu'ils représenteront au conseil en une certaine manière. Si, en effet, il s'y décide quelque chose qui inquiète la conscience des catholiques, à qui s'en plaindra on répondra: Mais vos évêques étaient là ; pourquoi n'ont-ils pas protesté ? Et cependant, à quoi leur servira de protester, si la majorité est contre eux ? Il faudra donc, en chaque occasion de ce genre, qu'ils menacent de se retirer du conseil. Mais alors il valait mieux ne pas y entrer ; car ce serait la guerre plus que jamais, et ce second état, que la loi nouvelle nous aurait fait, serait pire que le premier. Puis, dans le courant des affaires humaines, n'y a-t-il pas des surprises, de l'imprévu, des malentendus, des choses entraînées, précipitées, sans qu'on sache comment, et surtout dans une assemblée composée d'hommes si divers, étonnés de se trouver ensemble, et qui, avec toutes les convenances gardées, se feront sourdement la guerre et ne pourront pas ne pas se la faire ? Faudra-t-il que nos évêques, avec la simplicité de la colombe, aient toujours la prudence du serpent ? Quelque habiles qu'on les suppose, ils seront toujours dupes ou victimes dans ce jeu des affaires du monde ; car ils sont évêques, apôtres pour annoncer la parole de Dieu, et non pour se débattre continuellement dans les choses du siècle avec les artifices de la parole humaine.

Prenons seulement un cas pour exemple.

Le conseil supérieur, d'après la loi (art. 5), est appelé à donner son avis sur les livres qui peuvent être introduits dans les écoles publiques et sur ceux qui doivent être défendus dans les écoles libres, comme contraires à la morale, à la Constitution et aux lois.

Ne considérons en ce moment que les livres qui

servent à l'enseignement de la philosophie et de l'his—
toire. Aux yeux de l'Église et dans la conviction bien
arrêtée des évêques catholiques, la plupart des livres
employés par l'Université dans ces enseignements ou
approuvés par elle sont entachés d'hérésie ou infectés
de doctrines pernicieuses, tendant à ruiner la religion
révélée, et par conséquent la morale chrétienne. Or,
comment veut-on que sur les cas d'hérésie les évêques
s'accordent avec le ministre de l'Église réformée, avec
le ministre de la confession d'Augsbourg, avec le membre
du consistoire central israélite ? Le blâme des évêques
portera peut-être justement sur ce qui sépare de l'Église
ces messieurs, qui, par conséquent, devront, en conscience, soutenir les propositions condamnées par
les évêques et protéger le livre qu'ils repousseront. Qui
jugera entre eux au sein du conseil ? Et les évêques
catholiques, juges suprêmes en tout ce qui intéresse la
foi et la conscience, peuvent-ils recevoir un jugement
d'une assemblée de laïques ?

Et quand il s'agira d'erreurs philosophiques ou de
mauvaises doctrines historiques, qui mettent l'*idée pure*
à la place du Dieu personnel ; la divinité qui se fait et
se développe, qui *devient*, à la place du Dieu immuable,
de celui qui est ; la trinité de l'infini, du fini et de leur
rapport, ou de Dieu, de la nature et de l'homme, à la
place du Dieu trois fois saint ; le panthéisme ou le
dualisme, à la place de la doctrine de la création ; le
naturalisme, à la place de la religon révélée ; le rationalisme, en place de la foi ; et la théorie de la fatalité,
du fait accompli, du succès qui a toujours raison, à la
place de la Providence, du droit et de la justice ; s'il se
trouve dans le conseil, dans la section permanente ou

ailleurs, un homme, des hommes qui auront enseigné telle de ces doctrines, qui les auront imprimées, publiées et fait approuver par l'Université, laquelle recommande leurs livres à ses professeurs ou les donne en prix à ses élèves, comment les évêques obtiendront-ils l'exclusion de ces ouvrages déjà autorisés? Faudra-t-il qu'ils instituent une discussion philosophique avec les auteurs, intéressés sans doute à défendre leurs œuvres? Le conseil supérieur deviendra-t-il une académie, un portique, une classe de philosophie ou d'histoire? Nos évêques auront-ils à disputer de toutes choses avec l'amour-propre des écrivains, qui seront leurs collègues, juges au même titre qu'eux dans le conseil, et devant une assemblée dont la majorité partagera peut-être les opinions incriminées ? En définitive, à quoi cela pourrait-il aboutir ? Un jugement doctrinal sur ces matières est-il possible dans une telle assemblée, et quelle autorité aurait-il ? Que feront donc les évêques dans ce cas? Ou ils se tairont et laisseront passer, par la crainte d'un plus grand mal, et alors ils paraîtront approuver ou au moins tolérer ce qu'ils condamnent effectivement, ou, et c'est le seul cas possible pour un évêque, après avoir demandé la réprobation de ces ouvrages et ne l'avoir pas obtenue, ils protesteront et se retireront : et c'est la guerre déclarée de nouveau, au lieu de la paix que la loi de transaction devait fonder.

Ce n'est pas tout : aux livres se joignent les leçons qui les expliquent et les appliquent, et font passer la théorie, par l'enseignement de tous les jours, dans l'esprit et dans le cœur de la jeunesse : nourriture vivifiante, si les doctrines sont bonnes ; aliment empoisonné, si elles sont mauvaises.

Or, le conseil, qui examine les livres et les approuve ou les repousse, a certainement aussi la mission de surveiller les enseignements et de les blâmer s'ils sont pernicieux. Supposons qu'un évêque ait un enseignement de ce genre dans son diocèse, qu'il le dénonce au conseil et en demande la suppression ; faudra-t-il qu'il discute devant le conseil les opinions qu'il condamne ? Et si ces opinions conviennent aux protestants à leur point de vue dogmatique et historique, aux philosophes du conseil sous le rapport métaphysique, après une discussion interminable, si une fois elle commence et qu'on l'abandonne à elle-même, il faudra bien aller aux voix. Si la majorité se déclare pour l'enseignement accusé, que feront les évêques ? S'ils condamnent dans leur diocèse, comme évêques, ce que le conseil aura soutenu, et ils le feront certainement, les voilà en guerre avec le conseil, avec l'Université, avec l'État ! ou bien il faudra encore recourir au grand moyen, protester et se retirer du conseil. En vérité, ne vaut-il pas mieux ne pas y entrer que de s'exposer presque certainement à en sortir de la sorte ? Que si, au contraire, le professeur est suspendu ou destitué, on en jettera tout l'odieux sur l'autorité ecclésiastique, qui, dira-t-on dans tous les journaux universitaires et irréligieux, est toujours intolérante et brise tout ce qu'elle ne peut dominer. On excitera toutes les passions, toutes les colères contre l'Église. Voilà tout ce qu'elle gagnera à se mêler des affaires de l'Université dans le conseil supérieur de l'instruction publique. Son autorité sera diminuée, compromise et rendue odieuse.

3° Enfin, la nouvelle loi diminuera effectivement la vraie puissance de l'Église, qui est une puissance toute

morale, toute spirituelle, en paraissant l'augmenter par
une certaine participation au pouvoir temporel ; et c'est
une autre contradiction : car cette loi est destinée à
faire tout le contraire de ce qu'elle veut. L'Église a
conquis les nations et changé le monde par la parole, et
c'est encore par la vertu de la parole qu'elle doit le reconquérir aujourd'hui. Jamais elle n'a été plus forte
qu'en agissant par sa propre vertu, qui est toute divine.
C'est ainsi qu'elle s'est relevée après 1830. Les outrages
des libéraux de cette époque et l'abandon du pouvoir
d'alors lui firent plus de bien que toutes les faveurs de
la Restauration. Aussi, au 24 février, de tous les ordres
de la société, le clergé fut le moins embarrassé : il se
trouva tout naturellement à sa place en face des vainqueurs et des vaincus, se donnant à tous par ses fonctions sacrées et par sa charité, n'ayant rien à regretter
et ne demandant rien que le respect de Dieu, de l'Église
et de l'humanité. Il redevint populaire, de la vraie popularité qui s'obtient par le désintéressement et le dévouement aux misères du peuple. Cette popularité, la loi
actuelle va la lui ôter, et c'est déjà commencé. En le
mêlant à la direction de l'instruction publique dans le
conseil supérieur, on le fait rentrer dans la politique,
d'où il était si heureusement sorti, et c'est une contradiction de plus ; car il est rejeté aujourd'hui dans cette
voie malgré lui, par les mêmes hommes qui ont le plus
déclamé contre lui naguère, quand il leur paraissait
s'en mêler, et qui allaient disant partout que le royaume
de Jésus-Christ n'est pas de ce monde. Nous le savons
très-bien, et c'est pourquoi nous avons demandé en grâce
qu'on ne nous introduisît point dans le royaume universitaire, où nous ferons peu de bien et qui nous attirera

beaucoup de mal. Le plus grand de tous ces maux, à mon avis, c'est qu'on nous fait perdre le terrain regagné ; on nous ramène en arrière, dans cette malheureuse confusion du temporel et du spirituel, source de tant de difficultés inextricables pour l'Église et pour l'État. On rend plus difficile la solution du problème le plus grave de toute notre époque, à savoir : la position respective de l'Église et de l'État dans une société qui fait profession de n'avoir plus de religion officielle, et qui par conséquent les admet toutes et les protége également, au nom de la liberté de conscience et des cultes. Réintroduire aujourd'hui en France officiellement et comme corps le clergé dans l'administration publique, de quelque manière que ce soit, c'est un anachronisme, c'est un non-sens, c'est une inconséquence dans un ordre politique qui ne reconnaît point de religion d'État. C'est, en outre, un malheur pour le clergé, qu'on investit malgré lui d'une puissance temporelle dont il ne pourra se servir pour le bien, et qui, par l'envie, les colères et les outrages qu'elle attirera sur son saint ministère, entravera sa véritable influence dans l'enseignement religieux et pour la direction morale du peuple. On recommencera, on a déjà recommencé à crier à la domination du parti clérical ; on aboie de nouveau à la soutane, comme on dit aujourd'hui, et la position du clergé devant le peuple, si belle depuis février, est déjà diminuée, abaissée ; et, au fait, c'est peut-être là ce qu'ont voulu quelques-uns de nos amis nouveaux, de nos amis les ennemis, comme on disait spirituellement en 1815.

Vraiment, nos évêques seront si peu à leur place dans le conseil supérieur de l'instruction publique, qu'on ne sait pas même comment les y faire arriver, ni précisément ce qu'ils y viendront faire. On a voulu qu'ils fussent élus par leurs collègues, évidemment pour engager jusqu'à un certain point, et le plus qu'il sera possible, l'épiscopat tout entier, et cependant on ne veut pas que les évêques se réunissent à cette fin. On les met, sous ce rapport, hors du droit commun ; car bien certainement les conseillers d'État, la Cour de cassation, les membres de l'Institut s'assembleront et se concerteront pour faire leur choix. Mais aux évêques cela n'est pas permis, et ils devront s'accorder sans se parler et sans s'entendre. Puis, quelle sera la portée de cette singulière élection ? Est-ce un mandat conféré, est-ce une simple désignation ? A ces questions les uns disent *oui*, les autres disent *non*, et il y en a qui ne disent ni *oui* ni *non*. En attendant, si les évêques viennent, il faudra bien qu'ils sachent ce qu'ils ont à faire, comment ils doivent agir et quelle est l'étendue de leur responsabilité. C'est probablement ce qu'on ne leur dira pas, parce qu'au fond personne ne le sait, et que ceux-là mêmes qui ont fait la loi et ceux qui sont chargés de l'exécuter ne veulent pas le savoir. On aura dans le conseil supérieur de l'instruction publique quatre évêques ; voilà le fait, et c'est tout ce qu'on demande. Ils auront l'air de représenter l'épiscopat aux yeux du peuple, et, bien qu'en réalité ils ne représenteront qu'eux-mêmes, leur présence suffira pour qu'on puisse dire plus tard, quand besoin sera : « Tous les actes du conseil supérieur de l'instruction publique ont été consentis par l'Épiscopat ; l'Université n'agit qu'avec le concours de l'Église.» On ira même vraisemblablement jusqu'à parler de leur entente cordiale ; et quand il y aura des choses criantes qui révolteront la conscience des catholiques, on leur répondra froidement : « De quoi vous plaignez-vous ? On n'a rien fait sans vos évêques. »

Donc, en résumé, l'Église, dans cette affaire, n'a rien à gagner, et elle a beaucoup à perdre. Elle a à perdre ce qu'elle a de plus précieux : son influence morale, sa puissance spirituelle. On s'en sert aujourd'hui comme d'un manteau pour couvrir la nudité de l'Université, pour lui donner un air plus décent, un extérieur plus respectable devant la population chrétienne. Quand on croira n'avoir plus besoin de cette enveloppe, ou qu'elle incommodera, on la rejettera, on la déchirera comme un vêtement usé, comme un haillon d'autrefois, et l'Église, qu'on flatte aujourd'hui parce qu'on a besoin d'elle, cette noble amie, cette digne sœur de la philosophie aux jours du danger, redeviendra bientôt, si le danger passe, l'éternelle ennemie de la liberté, des lumières et du progrès, qu'il faudra détruire à tout prix, comme Carthage, ou tout au moins laisser mourir de sa belle mort. En ce temps-là, et il n'est peut-être pas loin, quand derechef on aura plus peur du curé que du maître d'école, avec le maître d'école on fera de nouveau la guerre au curé.

XVII

LOI DE 1850 (*suite*). — L'ÉTAT ENSEIGNANT.

Nous croyons avoir démontré que la nouvelle loi diminuera l'influence véritable de l'Église, en paralysant son action par le milieu où elle la place, en la compromettant par sa participation forcée aux actes universitaires, en la faisant rentrer dans la vie politique, dont elle s'était sagement retirée. Nous allons montrer maintenant que, après avoir affaibli l'Église, qu'elle voulait fortifier, elle fortifiera l'Université, qu'elle devait affaiblir. Ici, nous demandons instamment qu'on ne s'arrête point aux apparences, qu'on ne se laisse point séduire par les mots, afin de ne pas prendre pour la liberté d'enseignement quelques formes ou moyens de cette liberté, qui sont en effet dans la loi, tandis que le principe, l'âme même de la liberté n'y est pas. C'est par là qu'on a fait illusion à beaucoup de monde en ces derniers temps.

L'Université est fortifiée par la nouvelle loi dans son principe même, dans sa base, qui jusqu'alors ne reposait que sur un décret impérial, sur des ordonnances royales, et qui maintenant est consacrée, consolidée par toute l'autorité du pouvoir législatif : ce principe est celui de l'identification de l'Université avec l'État, en sorte que le corps universitaire est *l'État enseignant*, et que l'enseignement de l'Université comme ses doctrines sont l'enseignement et les doctrines de l'État. Or, je soutiens que ce principe est directement contraire à la liberté d'enseignement, et qu'en le laissant subsister, en voulant l'appliquer dans une loi qui doit organiser cette liberté, on s'engage dans l'impossible et dans l'absurde.

Le principe de *l'État enseignant* n'est applicable qu'en deux cas qui se ressemblent beaucoup, bien qu'ils paraissent deux extrêmes : à savoir la monarchie absolue et le socialisme, comme on l'entend aujourd'hui ; car c'est le despotisme des deux côtés, d'un seul ou de tous, de tous en apparence : car là aussi il y a toujours au fond la volonté d'un homme ou de quelques-uns. Hors de ces deux cas ou de ceux qui s'en rapprochent, surtout dans une société libre, sous un régime qui se dit libéral, l'État enseignant est une contradiction flagrante, une hérésie politique. Là où un homme peut dire, comme Louis XIV ou Napoléon : *L'État c'est moi*, je comprends qu'on n'apprenne, ne dise et ne fasse dans l'État que ce qui plaît à cet homme. Quand on est convaincu, comme dans les républiques anciennes, que le citoyen appartient à l'État, âme, corps et biens, je comprends que la communauté civile ou ce qui la représente prétende dominer les intelligences et les volontés des individus comme leurs corps, et qu'ainsi il n'y ait là d'éducation et d'instruction que celles jugées par l'État conformes à ses vues et à sa fin. Mais ce que je sais aussi, c'est que ce régime, de quelque nom qu'il s'appelle, est celui de la servitude, et d'une servitude

d'autant plus lourde et plus dégradante qu'elle violente
les âmes encore plus que les corps, et qu'elle fait de
l'homme raisonnable un instrument aveugle, une machine politique. C'est le plus grand mépris de l'humanité, ou l'exploitation la plus indigne de l'homme par
l'homme. On nous dira sans doute qu'il en est ainsi pour
le salut commun, et que l'individu doit être sacrifié à
l'intérêt de tous. Oui, s'il y consent, et alors c'est vertu
de sa part ; mais personne n'a le droit de lui imposer
le sacrifice de lui-même. La liberté antique, qu'on se
prend toujours à parodier dès qu'on s'éloigne du christianisme, a été la plus épouvantable tyrannie. La vraie
liberté n'a été comprise que depuis l'Évangile et par
l'Évangile. Par lui seulement nous savons qu'il y a une
autre patrie que la patrie de ce monde, et qu'ainsi, la
vie actuelle n'étant qu'une préparation à la vie future,
à l'éternelle vie, la cité de la terre doit être subordonnée à la cité du ciel ; qu'elle doit sinon fournir directement les moyens d'y arriver, au moins ne rien faire qui
en empêche, et respecter toujours cette fin suprême.
Depuis l'ère chrétienne, la société civile n'est plus sa
fin à elle-même ; elle est le moyen d'une fin supérieure
ou surnaturelle, qui la dépasse et qui la juge, et par
conséquent l'État, sous quelque prétexte que ce soit,
ne peut plus s'arroger le droit de disposer de l'esprit et
de l'âme du citoyen ; ou autrement, il y a aujourd'hui,
dans la vie politique, quelque chose qui la surpasse : la
vie surnaturelle de l'âme ; il y a un intérêt plus élevé
que l'intérêt social : celui de l'éternité ; il y a un devoir
au-dessus du devoir du citoyen : le devoir du chrétien ;
il y a une puissance supérieure par sa nature à la puissance civile, sociale, temporelle : la puissance spiri-

tuelle de Dieu et de son Église. Voilà pourquoi dans
une société chrétienne, quelle qu'elle soit, même monarchie pure, il n'y a jamais eu, il ne peut y avoir de
pouvoir absolu. L'autorité du prince ou de l'État est
toujours tempérée par le bon sens chrétien, par la conscience catholique, qui dominent la vie naturelle par la
vie surnaturelle, et qui, imposant aux sujets et aux rois,
aux inférieurs et aux supérieurs, la crainte d'une puissance plus haute, des obligations plus sacrées que celles
de la société, et une responsabilité qui dépasse ce
monde, ont toujours, par cela même, d'un côté, rendu
la domination plus retenue et plus douce, et, de l'autre,
l'obéissance plus ferme et plus digne. Mais là où il n'y
a point de foi chrétienne, là où l'autorité divine reste
une énigme, un problème, il est clair qu'on ne sait plus
comment rattacher la terre au ciel, si même on croit
au ciel. On ne comprend rien à la vie d'au delà de ce
monde, et ainsi rabattu incessamment vers la terre, au
moins dans la politique, et quand même on aurait, dans
la spéculation, quelques vagues et sublimes aspirations,
on renferme toutes les destinées de l'homme ici-bas ; et
comme ici-bas il n'y a rien de plus grand, de plus fort,
de plus élevé que la puissance politique, en quelques
mains qu'elle se trouve, on divinise cette puissance, on
transporte en elle tous les droits de Dieu, et, par une
sorte d'idolâtrie, on veut que tous les citoyens l'adorent
et se consacrent, se dévouent complétement à son culte,
à son service. De là, dans les monarchies, le culte fana-
tique de la royauté, qui est allé quelquefois jusqu'à
l'idolâtrie, même chez des peuples chrétiens, quand le
trône a dominé l'autel ; et, dans les républiques à l'antique ou païennes, le fanatisme du patriotisme, ou l'om-

nipotence de l'État, qui s'arroge la propriété absolue de tous ses membres, le droit de vie et de mort sur chacun, qu'il sacrifie, quand il lui convient, à la loi suprême, le salut du peuple. C'est le principe des terroristes de 93 et de tout ce qui leur ressemble. C'est à leurs yeux la raison, et non l'excuse, des violences, des meurtres, de tout le sang des gouvernements révolutionnaires; et s'ils reparaissent, ce sera encore au nom de la toute-puissance de l'État et du salut public qu'ils violeront tous les droits de Dieu et de l'humanité.

C'est pourquoi, dans les sociétés chrétiennes, l'homme, régénéré par le sang de Jésus-Christ, vivant d'une vie surnaturelle en même temps que de la vie de ce monde, doit poursuivre au sein de la société deux fins, l'une pour le monde et l'autre pour l'éternité. Il a donc deux sortes de devoirs, et, par conséquent, deux espèces de droits : les droits civils, pour la terre, et les droits surnaturels, pour le ciel. Il ne se met donc ou ne reste en société qu'à la condition d'accomplir les uns et les autres dans leur ordre hiérarchique, et suivant leur proportion. Il ne peut donc appartenir ni se donner tout entier à la société politique, à l'État. Il ne lui appartient que comme homme de la terre, autant que cela est utile à son bien-être, au bien-être de ses concitoyens, et avec la réserve complète de tous ses droits et de tous ses devoirs de chrétien. L'État ne peut donc exiger de lui légitimement que ce qui est nécessaire à l'intérêt commun de la société politique, dont il est le meilleur juge, puisqu'il est chargé de la gouverner. La somme des sacrifices de chaque citoyen est déterminée par la somme des besoins de tous, et elle doit être répartie équitablement sur tous, parce qu'ils sont tous égaux devant la loi. Hors de là, c'est-à-dire hors des conditions indispensables de sa conservation et de son développement raisonnable, l'État n'a plus rien à lui imposer ; et le citoyen, qui a rempli les prescriptions de la loi civile et politique, reste seul juge et maître, dans sa conscience, de ce qui convient à son développement intellectuel, à son perfectionnement moral, à sa vie chrétienne et surnaturelle.

Ceci posé, et ce sont les principes mêmes de la doctrine chrétienne appliqués à la vie civile, il nous sera plus facile d'apprécier les droits et les prétentions de l'État en matière d'instruction et d'éducation. Il est évident que, s'il se croit le maître de tout, et il le croira s'il n'est pas chrétien, il voudra tout régler, tout dominer dans la direction des intelligences et des âmes, et ainsi il fera instruire et élever les enfants dans son sens, à sa manière et pour lui ; il cherchera à les former comme il les veut, dans son intérêt et pour sa gloire ; et par conséquent, sous le prétexte de l'intérêt national, et presque toujours, au fond, dans l'intérêt privé du pouvoir qui l'exploite, il s'arrogera le despotisme sur les esprits. C'est ce qu'on a fait en France plus ou moins, depuis cinquante ans, par le régime universitaire. Avec plus de logique, on aurait dû aller encore plus loin, et on y serait allé sous l'Empire, si on l'avait osé, si l'on n'avait été arrêté par le bon sens chrétien, qui imprègne et conduit notre civilisation presque malgré elle. L'État aurait dû, en vertu de son omnipotence, non-seulement se faire professeur par l'Université, mais encore prêtre, pontife, par une Église de sa façon, par une Église française ou gallicane, en parallélisme exact avec l'Université de France : car il n'y a pas de raison, sinon l'in-

conséquence ou la peur, pour s'arrêter dans cette voie
de la domination des âmes. C'est pourquoi les révolutionnaires qui allaient jusqu'au bout de leurs principes,
et qui avaient la logique et le courage de leurs opinions,
ou ont prohibé à la fois la religion et l'instruction comme
inutiles, ou ont fait aussi une religion et un culte à leur
façon. La théophilanthropie, l'adoration de la déesse
Raison, le culte de l'Être suprême décrété par M. de
Robespierre, ont été les œuvres religieuses, les expres-
sions pieuses de l'État, voulant régler et organiser les
rapports des âmes envers Dieu, comme l'Université
impériale, plus tard royale et maintenant nationale,
est l'œuvre scientifique, l'expression intelligente de
l'État, prétendant enseigner aux Français la vérité, et
former leur esprit exclusivement et comme il lui convient. On a renoncé au pontificat de l'État, à la religion
nationale, parce que, dans la pratique, l'absurdité en
est trop évidente et les inconvénients trop graves. On a
gardé soigneusement, et nous l'avons encore, le pré-
ceptorat de l'État, la pédagogie nationale, l'État se faisant professeur et maître d'école, parce que cela a paru
commode au despotisme impérial, qui s'est substitué aux
gouvernements révolutionnaires pour gouverner la France
déchirée par les factions, et la préserver de nouveau de
l'anarchie. Napoléon a eu raison alors, d'abord parce
qu'il fallait remettre de l'ordre dans les esprits, par une
direction puissante, par une autorité non contestée, et
ensuite parce que, s'étant mis à la place de l'État et résumant la France en lui, pour en rester le maître, il
fallait qu'elle ne pensât et ne voulût que par lui. Mais
tous les gouvernements qui l'ont suivi, et qui ont prétendu rendre à la France, par des chartes et des consti-

tutions, la liberté que l'usurpateur lui avait ravie, ont
cependant persévéré dans la même voie, en ce qui
concerne l'instruction publique ; et ainsi on a continué
à diriger exclusivement l'éducation française par le monopole de l'enseignement, pour rester plus maître des
populations et les gouverner plus facilement. Il est certain que la domination universitaire n'a fait que s'accroître et s'affermir même après la révolution de Juillet,
après qu'il eut été solennellement déclaré par la Charte
de 1830 qu'on pourvoirait, dans le plus bref délai, à
l'organisation de la liberté de l'enseignement.

Mais le plus étonnant, si quelque chose pouvait encore étonner de nos jours, c'est qu'après le 24 février
1848, qui a brisé, dit-on, toutes les tyrannies, toutes
les usurpations, pour rendre au peuple sa souveraineté
et sa liberté, après avoir écrit dans une Constitution
nouvelle, non plus : « On pourvoira à l'organisation de
la liberté de l'enseignement, » mais positivement, formellement : « *L'enseignement est libre,* » aujourd'hui
même, malgré tout cela, pour assurer et organiser cette
liberté tant désirée, tant réclamée, et qui agite tous les
partis, on nous fait une loi dont la base est justement le
principe le plus contraire à la liberté de l'enseignement,
et qui constitue l'État le grand maître de l'instruction
en France, duquel relèvera tout l'enseignement public
ou privé. En sorte que, d'un côté, l'État enseignera lui-
même officiellement par l'Université, qui est son prophète, et ne parlera qu'en son nom, et de l'autre il
administrera et dominera tout l'enseignement privé,
toutes les écoles, appelées libres parce qu'il ne les
paiera pas, par le droit de *surveillance* que la Constitution lui donne, et que la force des choses changera

en *inspection*, laquelle, grâce au vague des mots et à la facilité des interprétations, dont le pouvoir, c'est-à-dire l'Université, reste juge, sera aussi élastique, aussi duc-tile qu'on voudra.

Considérez, en outre, combien, sous un régime de liberté, il est singulier que l'État se fasse professeur, chef d'institution, maître de pension, maître d'école ; et tout ce qu'il y a de grave aussi dans cette prétention d'imposer les doctrines et les méthodes dans un en-seignement officiel, en sorte que l'État se fait responsable de toutes les leçons de l'Université, depuis la philosophie jusqu'à l'*a b c*, et qu'ainsi toutes les doctrines philoso-phiques, morales, historiques, littéraires, enseignées en son nom dans les facultés, les lycées et les colléges, lui seront imputées, et par conséquent pourront le cou-vrir de honte ou de ridicule ! Qu'on se représente, par exemple, l'État protégeant et recommandant telle philo-sophie, et ainsi se déclarant péripatéticien, platonicien, stoïcien, épicurien, sceptique, éclectique, ou tout ce que vous voudrez ; et cela tour à tour (car les écoles philosophiques n'ont jamais un long règne), en raison des hommes qui domineront dans le conseil supérieur à telle époque, par l'influence de tel philosophe, qui, au double titre de chef d'école et d'administrateur des études philosophiques dans le conseil, résumera en lui tout l'enseignement officiel de la philosophie, l'aura dans la main, et par son enseignement propre, et par ses écrits publics et autorisés, et surtout par le pouvoir de nommer ou de faire nommer et de régenter tous ceux qui l'enseignent dans les établissements de l'État ; en sorte que cet homme aura, en effet, le monopole de la philosophie officielle en France, sera la philosophie de l'État incarnée, et pourra dire à juste titre : La philosophie de l'État, c'est moi ! Qu'on veuille bien réfléchir aux conséquences d'une telle situation, que nous fait cependant la loi nouvelle en constituant l'Université *l'État enseignant*, et qu'on dise si nous n'avons pas cent fois raison d'affirmer que cette loi est tout ce qu'il y a de plus contraire, en *principe*, à la vraie liberté de l'enseignement.

XVIII

LOI DE 1850 (*suite*). — CONCURRENCE DES ÉCOLES LIBRES.

D'après la nouvelle loi, l'État étant identifié avec
l'Université et devenant *enseignant* par elle, tous les
lycées, colléges et écoles de l'Université sont des établissements de l'État, et, à ce titre, favorisés de toutes
manières et subventionnés par lui. La loi admet, il est
vrai, l'enseignement privé à côté de l'enseignement officiel, et elle appelle *libres* toutes les écoles que l'État tolère et ne soutient pas. Reconnaissons d'abord qu'elle a
fait plus sous ce rapport que toutes les lois et projets de
loi qui l'ont précédée. Elle détruit réellement le monopole qui pesait si lourdement sur l'instruction secondaire
depuis la fondation de l'Université, par la suppression
de l'autorisation préalable, et en n'imposant que des conditions faciles pour fonder des maisons d'éducation, et
leur assurer la collaboration des maîtres nombreux nécessaires à une telle œuvre. Nous lui rendons justice à
cet égard : elle est plus libérale que tout ce qui est venu
avant elle, et certainement on se serait estimé heureux
d'obtenir sous la monarchie de juillet de pareilles concessions. C'est ce qui a séduit les partisans de la loi, qui,

par instinct ou par habitude, se croyant toujours sous la monarchie constitutionnelle, et oubliant que nous sommes en république, se contentent de ce qu'ils demandaient si instamment sous les régimes précédents, et ne veulent pas aller plus avant, se déclarant satisfaits à leur tour, et répondant à ceux qui accusent leur loi de n'être qu'un expédient, et non une loi organique de la liberté, qu'il est impossible de faire plus et mieux pour le moment. Leurs adversaires ne nient point que la loi actuelle ne contienne quelques dispositions libérales, contraires au monopole; ils le reconnaissent et s'en réjouissent; mais ils déplorent que le principe de la liberté n'y soit pas, et qu'au contraire elle soit dominée par le principe opposé, le plus faux, le plus contradictoire sous un régime libéral, le droit de l'État enseignant. Il reste vrai, au milieu de tout cela, qu'avec le principe de la servitude, la loi renferme des concessions de liberté, et c'est une contradiction de plus, contradiction essentielle et très-grave; car dans l'application de la loi, dans la pratique, il s'établira nécessairement une lutte entre le principe despotique qui en est l'âme et les dispositions libérales qui le contredisent, et nous avons tout lieu de craindre que, l'exécution restant entre les mains de l'Université, le principe ne triomphe tôt ou tard, comme il lui appartient, et ne rejette du sein de la loi qu'il anime de son esprit, toutes les mesures libérales qui lui sont étrangères et celles qu'on lui associera par circonstance, pour couvrir et faire accepter sa domination.

Mais ici encore, dans ce que la loi paraît avoir de plus favorable à la liberté, et en ce qui concerne l'établissement des maisons privées, l'influence de l'Université se trouve consolidée par des dispositions peu équitables, conséquences nécessaires de ce malheureux principe. En effet, les institutions libres resteront sous la surveillance spéciale de l'État ; or, d'après la loi, l'État, dans l'enseignement, c'est l'Université ; donc l'Université est chargée de surveiller les écoles libres, ses rivales. Je crois à l'équité, à l'impartialité de ses fonctionnaires, inspecteurs généraux, inspecteurs d'académie, inspecteurs et sous-inspecteurs primaires. Mais enfin, et surtout après la lutte vive de ces derniers temps, et dans la ferveur d'une concurrence nouvelle, tout le monde ne sera point porté à y croire, et il faut bien avouer qu'il y aura pour cela des raisons suffisantes. Les apparences seront contre eux ; car il est de sens commun qu'on ne doit pas être juge et partie dans sa propre cause, et qu'en général un rival n'est pas vu de bon œil par ses rivaux, et ne peut en espérer la justice, encore moins la bienveillance. On aurait évité cet inconvénient, en confiant la surveillance exercée par l'État à des hommes pris en dehors de l'Université, c'est-à-dire si l'Université n'était pas l'État lui-même, comme le veut la nouvelle loi, ce qui la met malheureusement en cause dans la surveillance, et lui attire une suspicion légitime.

En outre, on veut que les écoles libres luttent avec celles de l'Université, et on place les espérances de la liberté dans cette émulation qu'on excite, dans cette concurrence, à laquelle, dit-on, la loi ouvre la carrière. Mais c'est presque une dérision ; plus encore : une iniquité. Quoi ! vous voulez qu'il y ait concurrence entre les établissements privés et ceux de l'État, vous voulez qu'ils luttent au profit du bien public par une généreuse rivalité, et vous ne les mettez pas sur le même terrain, dans les mêmes conditions ! Vous ne leur donnez pas des armes égales ! Vos lycées, vos colléges communaux, vous leur accordez aux frais de l'État des bâtiments magnifiques et de riches subventions; ils n'ont à payer ni loyer, ni impôts, ni réparations; ils n'ont pas à se procurer à gros intérêts un fonds de roulement consi—dérable; vous leur fournissez un personnel tout formé aux frais de l'État ; vous payez ce personnel sur le Trésor public ou par la caisse des communes ; vous venez au secours de ces établissements, quand ils sont dans l'embarras. Et en face de ces écoles officielles, richement dotées par l'État et avantagées de toute manière, vous voulez que de simples particuliers puissent tenir, eux qui doivent suffire à toutes ces conditions onéreuses par leurs propres efforts, eux qui, écrasés déjà en commen-çant par une mise de fonds énorme, sont encore chargés d'impôts, de réparations et de faux frais de tout genre ! Est-ce sérieusement que vous leur dites qu'ils ont la liberté de fonder des maisons rivales, et qu'ils n'ont qu'à faire mieux que l'Université pour prospérer? Vous appelez commerce libre un état de choses où tout est fourni abondamment d'un côté, où tout manque de l'autre ! C'est à peu près comme si vous mettiez en champ-clos deux champions, l'un bien armé et l'autre sans armes, leur disant de vider librement leur querelle. Et ce qui est plus criant encore, c'est que ces armes dont vous munissez nos adversaires, c'est nous qui les payons, au moins pour notre part. Car enfin ces bâti-ments, ces bourses, ces secours de tout genre que l'État accorde si libéralement aux écoles de l'Université, c'est le Trésor public qui les paie, et le Trésor public est la bourse de tout le monde ; en sorte que, sans ressource aucune, les instituteurs libres se présentent dans l'arène en face de rivaux armés de toutes pièces et aux frais de leurs adversaires. Ils paient dans ce cas pour être battus, et c'est ainsi que votre loi entend la justice distributive et donne à tous la liberté !

En second lieu, la nouvelle loi fortifie l'Université en multipliant les académies, et aussi par l'augmentation des recteurs, des inspecteurs, des conseils académiques et des employés universitaires ; et d'abord c'est une chose vraiment incroyable que, dans un temps où l'on crie si fort contre la bureaucratie, et avec raison, car elle nous dévore, quand nos finances sont dans un état déplorable, quand il y a déjà partout une superfétation de fonctionnaires publics, et que notre administration ressemblera bientôt à une armée où il y aurait plus d'officiers que de soldats ; il est incroyable, dis-je, qu'en de telles conjonctures on aille de gaîté de cœur augmenter la bureaucratie universitaire déjà surabondante, compliquer encore la partie administrative de l'Instruction, de tous les services publics celui qui en aurait le moins besoin, et qui pourrait le mieux s'administrer par lui-même ; nommer 86 recteurs, quand 20 ou 25 suffisent ; créer une centaine d'inspecteurs d'académie, quand il y en a déjà trop ; établir un conseil académique par département, quand le petit nombre de ceux qui existent n'ont presque rien à faire ; enfin, augmenter les dépenses de plus d'un million sans nécessité, sans utilité, quand le budget est en déficit. Tout cela est incroyable, en effet, hors du système qui a fait la loi, dont elle est l'expression, et qui nous semble porter à faux, tout comme le premier article, qui introduit les évêques dans le conseil supérieur, sous prétexte de satisfaire les intérêts catholiques et de fortifier l'Université par le concours de l'Église.

L'intention de ce système a été de décentraliser l'Université, en donnant aux influences locales plus d'action sur l'instruction publique par l'établissement d'un conseil académique pour chaque département, et en accordant à ces conseils plus d'attributions qu'ils n'en ont eu jusqu'à présent. On a espéré par là diviser et contre-balancer la puissance de l'administration centrale, représentée dans les départements par les recteurs et les hommes de l'Université. On s'est imaginé créer dans chaque département un conseil supérieur au petit pied, où l'on admettrait aussi les intérêts notables des localités, et qui tiendrait en échec, ou du moins en balance, l'autorité universitaire. On a donc mis, à côté du recteur président et de deux universitaires, l'évêque et un prêtre désigné par lui pour représenter l'Église; un ministre des deux églises protestantes pour représenter l'hérésie; un délégué du consistoire israélite, quand il s'en trouve, pour satisfaire les juifs; deux magistrats au nom du corps judiciaire, et enfin quatre membres du conseil général ou élus par lui, comme représentant le reste de la population. Donc, douze membres dans un conseil académique au grand complet, dont trois universitaires, formant une espèce de section permanente, comme les huit du conseil supérieur, et parmi ces trois le recteur président-né, qui dirigera le tout, et qui doit diriger en effet, si l'on veut que les affaires marchent : voilà un bel arrangement sur le papier; un balancement d'intérêts et de forces qui semble très-bien combiné pour la fin qu'on se propose, et qui cependant ne la produira pas. L'évêque, d'abord, assistera rarement aux séances du conseil, parce qu'il n'en aura pas le temps, ou sera absent pour ses tournées et visites diocésaines. Puis, il ne sera pas plus à sa place dans un conseil académique présidé par un recteur que les quatre évêques dans le conseil supérieur, où ils n'auront point l'influence qui leur est due. Il n'y viendra donc pas assez pour prendre une part active et une responsabilité sérieuse dans les affaires. Ce que feront les ministres protestants et le juif, je ne puis le dire précisément, quoique par la longue expérience que j'ai de ces messieurs, ayant vécu si longtemps à côté d'eux, je sois très-porté à croire qu'ils seront très-assidus au conseil, et presque toujours de l'avis de l'autorité universitaire, d'une part parce qu'elle représente l'État, et de l'autre parce qu'elle sympathise peu avec l'Église. Les magistrats ne viendront guère au conseil, et se mêleront peu des affaires qu'ils n'ont pas le temps de suivre et qui ne sont point de leur ressort. Les membres du conseil général demeurent rarement au chef-lieu du département, et il est difficile qu'ils se déplacent toutes les semaines pour le conseil académique. Ils arriveront dans les grandes occasions, et, en attendant, les affaires de tous les jours, les petites affaires qui font les grandes, devront avoir leur cours ; il faudra bien que quelqu'un les fasse. Elles seront terminées nécessairement par ceux qui seront là et qui y seront toujours, à poste fixe, c'est-à-dire par les trois universitaires, institués et payés à cette fin.

En général, on ne se croit sérieusement obligé par une fonction que si elle est rétribuée. Il n'y a office, dit-on, que là où il y a bénéfice. La partie gratuite du conseil académique se regardera toujours, quoi qu'on fasse, comme plutôt honoraire qu'officielle, et elle agira en conséquence. Il en arrivera justement comme dans le conseil supérieur : on sera heureux de trouver la besogne faite, et ce sont les universitaires qui la feront. Nous avons longtemps fait partie d'un conseil académique très-complet, dans une académie qui possède toutes les Facultés, et nous n'avons jamais vu les membres étrangers à l'Université y assister régulièrement et prendre une part sérieuse au travail. Bien qu'il y ait quelques changements dans la composition des conseils nouveaux, nous avons cependant la conviction qu'il en sera à peu près de même, sauf des exceptions de zèle et de dévouement, toujours rares, et par là même sans influence générale. Ainsi vous n'aurez rien décentralisé : les choses iront administrativement comme auparavant, sauf que les conseils départementaux auront quelques attributions de plus et pourront décider quelques affaires qui allaient aux bureaux de Paris. Elles seront faites maintenant dans les bureaux du recteur, agent de l'Université ; vous n'aurez donc rien gagné dans les départements ni dans les communes, ou au moins pas grand' chose. Mais vous aurez en plus 86 académies au lieu de 27, et une multitude de recteurs, d'inspecteurs, de secrétaires, et des commis à l'avenant ; vous aurez multiplié les mailles du réseau universitaire, qui étreindra la France d'une manière encore plus serrée. Vous aurez augmenté outre mesure le nombre des hommes qui vivent de l'Université, et ainsi vous intéresserez plus de monde à la conservation et au maintien de sa puissance. Tous les petits recteurs, dont on va d'abord réduire les appointements le plus qu'on pourra, à cause de la pénurie du budget, s'agiteront dans le cercle étroit qu'on leur fait, et pour étendre leur influence, et pour augmenter leur traitement, insuffisant à leur position comme à la subsistance de leur famille. Chaque année, surgiront des réclamations que vous finirez par trouver justes, parce qu'en effet les plus hauts fonctionnaires de vos académies seront trop abaissés ; et, au bout de quelque temps, les frais de l'administration universitaire déborderont, sans profit aucun pour l'instruction publique ni pour l'enseignement.

Enfin, vous manquerez encore votre but de décentralisation par un autre côté. En multipliant les recteurs et en leur faisant une position mesquine, vous diminuez leur autorité dans les départements ; vous en faites des agents subalternes de l'Université, des espèces de commis de l'instruction publique, qui auront peu de poids auprès de l'administration centrale, et moins de considération et d'influence dans la localité. Vous aurez donc en effet abaissé l'Université dans les départements, mais non pas comme vous l'entendiez, en faisant passer les affaires de l'enseignement en d'autres mains. Elle continuera à décider toutes choses par ses agents, comme par le passé ; seulement, elle agira plus à son aise par de petits fonctionnaires, qu'elle respectera moins ; et, n'étant plus représentée dans les provinces par les hommes les plus considérables de la science et de l'instruction, elle ressemblera un peu plus à toute autre administration, des contributions, de l'enregistrement, des douanes ou des postes. On aura donc, en définitive, augmenté sa force administrative, tout en diminuant sa dignité ; et les départements et les communes n'en tireront d'autre avantage que d'avoir quelques fonctionnaires et quelques bureaux de plus.

XIX

Nous n'irons pas plus avant dans la critique de la loi actuelle. Il nous suffit d'avoir montré qu'elle est par son principe contraire à la liberté d'enseignement, que les dispositions libérales qu'elle renferme n'y sont point à cause du principe, mais malgré lui, et que dans l'application, abandonnée aux mains de l'Université, presque tous les résultats seront opposés aux fins qu'on voulait obtenir. Nous laissons à l'expérience à justifier ces conséquences et beaucoup d'autres encore que nous ne pouvons exposer ici. Il nous reste maintenant à dire ce qu'il y avait à faire, selon notre manière de voir, pour organiser sincèrement et solidement la liberté de l'enseignement en France.

Nous ne prétendons point cependant que tout ce que nous allons indiquer eût été accepté immédiatement par nos législateurs. Nous connaissons trop bien les pensées et les dispositions de la plupart pour le croire; mais nous sommes convaincu, non-seulement, comme l'on dit aujourd'hui, qu'il y avait quelque chose à faire, mais

qu'on pouvait faire réellement beaucoup plus que ce
qu'on a fait, c'est-à-dire qu'on aurait dû au moins poser
le principe, tout en laissant de côté pour le moment certaines conséquences qui effrayaient, tandis que, au contraire, on s'est contenté de poser quelques conséquences
en sacrifiant le principe ; ce qui invalide et compromet
la loi.

Disons aussi, tout d'abord, qu'en demandant une loi
organique de la liberté d'enseignement, nous n'enten-
dons point parler d'une liberté absolue. Il n'y a pas plus
de liberté absolue en ce monde que de pouvoir absolu.
Tout y est relatif, parce que tout y est fini, limité, con-
ditionnel. Il est impossible de vivre en société, de quelque manière que ce soit, physiquement et moralement,
sans se faire réciproquement des concessions, sans poser
des bornes, sans accepter des conditions. Tout droit
dérive d'un devoir, et le premier droit de l'homme, qui
renferme implicitement tous les autres, le droit de vivre,
suppose le devoir envers celui dont il a reçu la vie. Dans
les devoirs que Dieu nous impose, par le fait même de
la création et de ses rapports avec la créature, est la
raison de notre existence et de ses droits. Donc vivant
en société, nous devons nécessairement quelque chose
à la société, qui nous donne la vie sociale, et ainsi tous
nos droits politiques découlent de nos devoirs de citoyen.
Nous ne pouvons donc jouir des bénéfices de la vie civile
et en exercer les droits qu'à certaines conditions qui
nous obligent.

C'est pourquoi la liberté d'enseignement a ses limites
comme toutes les autres libertés : comme la liberté de
mouvoir nos membres dans l'espace, à la condition de
ne blesser et même de ne gêner personne ; comme la

liberté de posséder, à la condition d'acquérir légitimement et de respecter le bien d'autrui ; comme la liberté de parler et de publier sa pensée, à la condition de ne point troubler l'ordre public, de ne point offenser la morale et de ne diffamer personne.

Mais outre ces conditions négatives, qui restreignent nécessairement toute liberté, il y en a encore de positives, qui la rendent possible ou du moins efficace pour le bien, à savoir : la capacité de l'exercer, la raison et la force morale nécessaires pour en discerner et en diriger l'usage. Là est le vice radical de notre suffrage universel, qui le fera périr avec la liberté par l'abus, si on ne le corrige. Il donne à tous le droit électoral et même l'éligibilité uniquement en raison de l'âge, sans tenir compte de la capacité. On suppose à tous les Français âgés de vingt et un ans, quelles que soient leur condition et leur éducation, assez de bon sens, d'intelligence et de moralité pour choisir les plus dignes et les plus capables de représenter le pays ; et on se trompe grossièrement, parce que, du reste, on veut se tromper, surtout quand on fait nommer par scrutin de liste, ce qui implique que les quatre-vingt-dix-neuf centièmes des électeurs ne connaissent pas et ne peuvent pas connaître ceux qu'ils choisissent. On a voulu évidemment par là faire marcher la masse du peuple comme un seul homme, la mener comme un troupeau, et, sous le beau prétexte de lui rendre la plénitude de ses droits politiques, on la jette en effet dans une honteuse servitude. Elle devient l'instrument, le jouet d'un parti, qui la poussera toujours où il voudra, en excitant ses mauvais instincts et en flattant ses passions.

On ne peut nier que pour exercer utilement une fonction dans l'intérêt de la société, et pour son propre avantage, il ne faille d'abord s'en être rendu capable, et pour cela y avoir été préparé par une certaine instruction, par un apprentissage quelconque, et enfin donner une preuve de cette capacité avant d'entrer en exercice. A plus forte raison, si cette fonction est morale, intellectuelle ; si elle a pour but d'instruire et de former les hommes, l'œuvre la plus importante qu'on puisse accomplir ! le plus beau, le plus utile et le plus difficile de tous les arts ! comment enseignerez-vous ce que vous ne savez pas, à moins d'être un charlatan ? Et pour moraliser les hommes et les conduire au bien, ne faut-il pas d'abord être moral soi-même, connaître le bien et savoir le faire ?

Nous ne voulons donc pas que le premier venu ait le droit d'enseigner, parce que le premier venu n'est pas apte à le faire. Nous voulons que ceux qui se destinent à l'enseignement s'y préparent sérieusement, et qu'on ne remette point entre leurs mains des enfants ignorants et flexibles, dont ils pourront faire tout ce qu'ils voudront, sans exiger d'eux la garantie du bon emploi de ce droit important qu'ils vont exercer. Ainsi, que personne n'enseigne sans avoir justifié par des épreuves suffisantes qu'il est capable d'enseigner, pour le plus grand bien de la société et pour celui des enfants qu'il instruira.

Quelles seront ces épreuves ? A quelles conditions pourra-t-on exercer le droit d'enseigner ? Ici, nous nous rallions à la partie libérale de la loi nouvelle. C'est à peu près tout ce qu'elle a de bon, et ce bien est presque un hors-d'œuvre dans le système de la loi, puisqu'il ne se rattache ni à son principe, ni à l'ensemble de ses conséquences. Mais enfin il s'y trouve, au moins pour qu'on puisse l'appeler une loi de liberté. Les conditions qu'elle met à la faculté d'enseigner nous semblent convenables, suffisantes, d'un côté pour garantir la société, autant qu'il est possible, contre les entrepreneurs d'éducation et les exploiteurs de l'enfance, et de l'autre pour ne pas gêner l'action de la liberté, en la rendant trop difficile.

Mais qui fera soutenir ces épreuves, et qui sera juge des conditions accomplies ? La société sans doute, l'État, qui doit pourvoir à la sûreté publique, sous le rapport moral comme sous le rapport physique. — Voilà pourquoi l'État, en une pareille conjoncture, doit être purement, simplement, l'État, c'est-à-dire le représentant de tous, et non pas une portion de la société qui prétend gouverner l'autre, et qui peut avoir un intérêt propre, rival d'un autre intérêt, et par conséquent être partiale, ou en danger ou occasion prochaine de l'être.

C'est ce qui manque à la loi nouvelle, et on le lui reproche de plusieurs côtés avec raison. En faisant l'État enseignant, elle le confond avec l'Université, qui non-seulement enseigne en son nom et pour son compte, mais encore administre et gouverne tout enseignement possible, même celui qu'elle déclare libre. Par là l'État perd toute apparence de justice, au moins d'impartialité dans l'appréciation des épreuves et des conditions imposées au droit d'enseigner. L'Université, posée en juge de ses rivaux, passera toujours pour leur être peu favorable, et elle sera accusable de partialité, en suspicion légitime d'injustice, dans la décision des épreuves et dans la collation des grades, d'un côté pour éloigner les maîtres qui ne lui conviennent pas ou dont elle redoute la concurrence, et de l'autre pour discréditer l'enseignement libre et rehausser le sien, en refusant aux examens les élèves des écoles rivales. Tout cela n'arriverait pas, ne pourrait arriver, si l'État, nettement séparé de l'Université quant à l'instruction, et dominant par une égale protection et une surveillance égale l'enseignement officiel et l'enseignement libre, se mettait au-dessus de ces petites rivalités et des petites passions qu'elles entraînent, trouvant ainsi son impartialité, sa justice, sa dignité et même sa sécurité, dans sa hauteur.

Nous voudrions donc que l'État restât l'État et ne remplît que les fonctions de l'État, qui sont de faire des lois et de gouverner. Nous demandons que l'État ne se fasse pas plus instituteur que prêtre, pas plus que fabricant, négociant ou autre chose. Il a son action propre, qui est de diriger la chose publique et de veiller à la sûreté de tous, à l'intérêt commun, par l'exécution des lois, l'administration et la direction de la force publique. Mais qu'il laisse aux individus et aux associations les affaires qui ne lui appartiennent pas, et qu'ils feront mieux et moins chèrement que lui. Le mieux serait donc, à notre avis, dans une société comme la nôtre, où il y a tant de science, de lumière, et de savoir-faire, de laisser l'instruction publique, l'éducation populaire, se diriger elle-même sous la surveillance générale de l'État et avec telles conditions de capacité, qu'il a le droit d'imposer comme garanties; puis de l'encourager, de l'exciter par certaines récompenses données à propos et comme signes de services éminents rendus au pays dans des fonctions si pénibles et si utiles; mais de bien se garder de vouloir administrer l'enseignement, et surtout de l'exploiter dans un intérêt quelconque, même celui de l'État, qui presque toujours dans ce cas n'est qu'un prétexte.

Voilà ce qui nous paraît le plus convenable en face de la liberté, sous un régime qui en porte sincèrement le nom, et qui veut en réaliser franchement les exigences sérieuses et bien comprises. Après cela, reste la question des circonstances et de l'opportunité. Une loi nouvelle doit s'accommoder dans une certaine mesure aux choses qu'elle trouve établies. Le terrain où elle se pose n'est jamais entièrement libre ni complétement débarrassé. Elle rencontre d'anciennes constructions encore solides ou en ruines. Elle ne peut détruire tout ce qui existe, ni nettoyer le sol en un clin d'œil. Il faut donc toujours accepter quelque chose, beaucoup même, du passé ; c'est souvent un gage de solidité pour ce qui est nouveau, que de se rattacher à l'ancien, surtout dans un développement historique, dans un mouvement traditionnel, et quand les nouvelles institutions sortent naturellement de ce qui les a précédées : ce qui est le plus heureux pour les nations. Mais quand il s'agit de passer presque brusquement d'un régime de servitude à un régime de liberté, le passé peut aussi devenir un obstacle, comme les souches des arbres abattus dans une forêt en défrichement arrêtent le soc de la charrue, comme de vieilles fondations peuvent entraver le nouveau plan d'une maison qu'on élève. C'est ce qui nous arrive dans la question de l'enseignement. Nous trouvons le terrain occupé, exploité depuis près de cinquante ans par l'Université, et on ne peut pas dire qu'elle soit en ruines. Elle a vécu, elle a régné, elle règne encore, quoique bien attaquée, minée, décriée par l'opinion publique. Elle vit encore fortement de la vie du siècle actuel, et elle est sympathique, il faut l'avouer, à toute la partie révolutionnaire, à toute la partie non religieuse de la société française, et c'est beaucoup de monde. L'Université est une espèce d'incarnation de la révolution qui agite la France depuis soixante ans, et elle s'en glorifie. Elle en est devenue le foyer, l'expression, la personnification. On ne peut donc pas plus la détruire qu'on ne peut détruire la révolution française dans ses conséquences politiques, morales et même religieuses. Qu'elle subsiste donc, mais sans danger pour la liberté ; qu'on lui ôte seulement tout ce qui est essentiellement contraire aux droits de l'enseignement libre, c'est-à-dire le monopole ou la toute-puissance, l'administration, la direction, la surveillance de l'instruction et de l'éducation de la France. Qu'on lui laisse ce qui peut encore la faire vivre très-honorablement, très-utilement : le droit d'enseigner comme corporation savante à tout le monde, aux mêmes conditions que tout le monde.

Que l'Université cesse donc d'être l'État enseignant. Qu'il n'y ait pas plus d'éducation de l'État qu'il n'y a de religion de l'État. C'est une inconséquence d'avoir laissé subsister l'une, quand on a détruit l'autre. Seulement, comme l'Université existe et qu'elle a rendu des services à la science, comme elle a coûté immensément au pays pour devenir ce qu'elle est et faire ce qu'elle fait et pourra mieux faire ; afin de ne pas perdre l'acquit du passé, tous les fruits et le profit des antécédents, qu'on lui laisse, pour un temps, le privilége d'une corporation officielle de l'instruction publique, payée par l'État sans le représenter, et qui se trouvera

en concurrence avec d'autres corporations enseignantes, formées par des congrégations religieuses ou par des associations laïques. Pour que ce
privilége soit moins exorbitant, moins contraire à la
liberté, il faut que l'Université, qui aura l'avantage
d'être dotée par l'État de bâtiments, de subventions,
de secours de tout genre, ouvre généreusement ses
cours à tous les établissements privés, pour leur
communiquer sa science et ses lumières, et qu'elle
renonce à tous les profits politiques et matériels de l'é-
ducation, que d'ailleurs elle ne sait pas donner[1]. Qu'à
cette fin elle renonce aux internats, aux pensionnats,
qu'elle n'ait plus que des colléges externes, où pourront
envoyer leurs élèves toutes les autres institutions, qui
cesseront d'être ses rivales et deviendront volontiers
ses clientes. Par là l'Université relèverait son existence
et justifierait son privilége. Parfaitement désintéressée,
elle se réhabiliterait dans l'opinion, reprendrait les sympathies perdues, gagnerait celles qu'elle n'a jamais eues,
et deviendrait l'amie de tout ce qui la déteste aujour-
d'hui. Elle ne serait plus le tyran de ses rivaux ; elle ne
serait plus même leur juge, car nous proposerons plus
tard une manière de conférer les grades qui ne serait
plus exclusive et satisferait à tous les intérêts. Il y aurait
donc tout à gagner pour elle, du moins en ce qui est
bien, juste et honorable. Elle ne perdrait que le despotisme, le monopole, l'injustice et tout l'odieux qui en
est la suite. Son privilége tournerait même à l'avantage

---

1. V. l'étude approfondie sur les Internats faite par le R. P. Lescœur
sous ce titre : *L'État maître de pension* (Paris. Douniol, 1872). L'auteur
de ce remarquable traité sur l'éducation publique donnée par l'État se
rencontre parfaitement avec les idées de l'abbé Bautain que nous pu-
blions aujourd'hui.

des institutions libres, corporations religieuses, laïques ou établissements privés. D'abord la concurrence se ferait franchement et presque à armes égales. Il s'établirait une noble, une sainte émulation dans le bien, et pour la meilleure instruction de la jeunesse. L'Université, corps enseignant officiel, payée et protégée par l'État, ne se mêlant plus d'éducation, concentrerait toutes ses forces dans l'instruction, où elle réussit mieux. Avec le secours de l'État, elle pourrait essayer plus facilement les méthodes nouvelles, donner à l'enseignement plus de développement, plus d'applications, surtout dans la partie scientifique, dont le matériel est si coûteux et les expériences si dispendieuses, sacrifices énormes, le plus souvent au-dessus des forces d'un établissement privé et que la fortune publique peut seule accomplir, et à juste titre, puisqu'ils profitent à tous. En un mot, dans cette position nouvelle et vraiment éminente, l'Université, sans blesser la liberté, pourrait singulièrement contribuer au perfectionnement de l'instruction publique, en se tenant toujours à la tête de l'enseignement, en avant, et donnant à toutes les autres corporations enseignantes, à tous les établissements libres, le signal, les indications et les moyens du progrès. Il nous semble qu'il y aurait encore là pour l'Université, réhabilitée et devenue vraiment libérale, une belle place et un beau rôle.

XX

DE L'INSPECTION DES ÉCOLES LIBRES.

L'article 9 de la Constitution de 1848 dit : « L'enseignement est libre. La liberté de l'enseignement s'exerce sous les conditions de moralité et de capacité déterminées par les lois, et sous la surveillance de l'État. Cette surveillance s'étend à tous les établissements d'enseignement sans exception. »

Une discussion s'est élevée, et elle devait s'élever, sur le sens de ces mots : *sous la surveillance de l'État*, lesquels, suivant la manière dont ils sont entendus et appliqués, remettent tout en question : car ils peuvent, par le fait, détruire la liberté, qui est établie en droit dans la première partie de l'article. Assez souvent nous agissons de la sorte en France, depuis l'établissement du système constitutionnel. Nous mettons le *oui* et le *non*, ou la possibilité de l'un et de l'autre, dans la rédaction de nos lois, en sorte qu'elles peuvent être exploitées dans les deux sens par les partis contraires, selon les circonstances, ou à mesure qu'ils arrivent au pouvoir ; à peu près comme ces peuples qui, dit-on, prévoient et préparent dans leur contrat de mariage les cas de nullité qui pourront au besoin le dissoudre.

Par la surveillance de l'État les uns ont entendu une surveillance spéciale, c'est-à-dire une inspection, ou quelque chose de très-semblable à ce qui existait sous le régime du monopole. Seulement, il y avait encore deux manières de l'exercer, soit en conservant l'inspection universitaire, soit en formant une inspection en dehors de l'Université. Le second cas n'était pas incompatible avec la liberté, ou du moins avec la justice ; car il n'était pas équitable de faire inspecter l'enseignement libre par l'enseignement officiel, qui est son rival. C'est cependant ce qui a été décidé contre toute justice, contre les dictées du simple bon sens.

Les amis de la liberté soutenaient que la surveillance de l'État sur l'enseignement ne devait pas être spéciale, excepté pour les établissements de l'État ; qu'y soumettre l'enseignement privé, non payé par l'État, c'était détruire la liberté par une inspection qu'elle ne comporte pas ; qu'après les preuves de capacité et de moralité, on n'avait plus rien à demander à ceux qui enseignent, sauf ce qui est demandé à tout citoyen exerçant une profession privée ou une industrie, savoir : de ne rien faire contre les lois ou contre l'honnêteté ; que toute autre surveillance devenait une inspection, laquelle suppose une permission octroyée par un supérieur, et ainsi retirable à son gré, s'il juge qu'on en use mal ; ce qui est directement contraire au régime de la liberté, lequel implique le droit d'enseigner non plus comme une concession de l'État, mais comme une conséquence naturelle de la Constitution, appartenant à tous sans le bon plaisir de personne, et ne pouvant se perdre que par les abus de son exercice, contraire aux lois établies.

Nous sommes convaincu que ceux qui ont fait et voté la Constitution avaient dans l'esprit, et surtout dans la volonté, que la surveillance de l'État sur tous les établissements d'instruction, sans aucune exception, serait une véritable inspection ; et en cela ils obéissaient les uns à des opinions irréligieuses, les autres à des préventions anti-cléricales ; car ils ont surtout peur de l'Église, de son autorité, de ce qu'ils appellent ses empiétements ; et il n'est pas douteux qu'ils n'aient voulu l'envelopper, elle et tous ses établissements, dans cette formule, pour la mettre sous la main de l'État. Il en résulte que, sous ce rapport, la nouvelle loi restreint la liberté de l'Église. La Constitution de 1848 lui a jeté une servitude de plus ; car auparavant, les petits séminaires, et surtout les grands, étaient en dehors de l'inspection universitaire, et relevaient uniquement des évêques, sauf l'approbation des maîtres par le gouvernement, ce qui était une pure forme. La loi nouvelle soumet toutes les écoles ecclésiastiques *sans aucune exception*, à la surveillance de l'État exercée par l'Université, et rien ne compense pour l'Église ce surcroît de sujétion. La pensée de la majorité qui a fait la loi a été tout simplement de gêner un peu plus la puissance spirituelle, et d'assurer par la légalité, à la puissance temporelle, une sorte de suprématie à laquelle elle prétend toujours. D'ailleurs, il est évident que si les Constituants de 1848 n'avaient voulu parler que de la surveillance générale de l'État sur l'enseignement comme sur tout le reste, ils ne l'auraient point mentionnée, formulée d'une manière si précise ; car il va de soi-même que tout ce que font les citoyens dans un État est soumis de droit à la surveillance des autorités chargées de faire respecter les lois et de maintenir l'ordre.

A ce point de vue, les amis de la liberté, qui avaient raison au fond en soutenant qu'avec cette surveillance spéciale la liberté n'existait plus, avaient tort dans la forme, en face des termes de la Constitution, du sens évident de l'art. 9, et de la pensée des législateurs, qui ressortait de tous côtés. Ils ne pouvaient sérieusement soutenir que la surveillance de l'Etat, imposée à toute espèce d'enseignement, dût être purement générale ; et ainsi, quand vint la discussion de la loi organique, qui devait mettre en pratique la liberté de l'enseignement, et réaliser ces paroles solennelles de la Constitution : *l'enseignement est libre*, la partie de la liberté était déjà perdue par la condition restrictive de la surveillance de l'État, ajoutée dans l'art. 9. Dès lors, la conséquence d'une surveillance spéciale, c'est-à-dire d'une inspection, était forcée, et l'article voulait dire, en le traduisant sincèrement et conformément à la pensée intime du législateur : l'enseignement est libre, à la condition qu'il ne le sera pas ; c'est-à-dire que sous le prétexte de le surveiller, nous qui représentons l'État ou qui avons en main sa puissance, nous aurons le droit, par l'Université ou autrement, de le gêner, de le vexer toutes les fois que cela nous conviendra, et surtout les établissements ecclésiastiques, qui nous avaient échappé jusqu'ici, et que maintenant, en vertu d'une loi de liberté, nous dominerons à notre aise au nom de l'État, qui étendra sur eux, quand il lui plaira, la main de Voltaire ou celle de Napoléon.

Toutefois, au fond de toutes ces pensées cachées, qui cherchaient à se satisfaire sans se compromettre ; au milieu de toutes ces velléités de despotisme, soit de l'État, soit de l'Université, soit des hommes de l'une et de l'autre, qui tâchaient d'annuler la liberté d'enseignement en paraissant l'organiser ; à côté de tous ces préjugés parlementaires, gallicans, constitutionnels, universitaires, héritage de la monarchie, de la révolution et de l'empire, et qui dominent encore la plupart de nos politiques, de nos légistes, de nos savants, de presque tous ceux qui, aujourd'hui, prennent part d'une manière active aux affaires publiques, il y avait encore un certain sentiment de conscience, ou au moins de pudeur, ne fût-ce que par la honte d'une contradiction flagrante, qui faisait que, tout en changeant la surveillance en inspection, et ainsi en s'en réservant toute la puissance et tous les avantages au besoin, dans l'intérêt de l'État ou de l'Université, on voulait au moins dissimuler, déguiser cet état de choses par des formes très-adoucies, et rendre en apparence l'inspection tellement bénigne ou insignifiante, que personne ne fût tenté de s'en plaindre.

Puis, d'un autre côté, les catholiques, très anti-universitaires jusque-là, qui avaient concouru à préparer la loi, dans une vue louable, mais peu heureuse, de conciliation entre deux termes inconciliables par leur nature, ces amis de l'Église, qui naguère encore réclamaient si vivement pour elle la liberté de l'enseignement, voyant qu'ils ne pouvaient plus préserver l'Église et les établissements libres de la surveillance de l'État, qui n'admettait aucune exception, durent s'efforcer alors d'atténuer le mal qu'ils n'avaient pu empêcher, qu'ils devaient accepter, et ils s'attachèrent de tout leur pouvoir, par les dispositions organiques de l'inspection, à rendre la surveillance de l'État aussi nulle, ou du moins aussi insignifiante que possible. Ainsi, il fut écrit dans la loi que la surveillance des écoles libres *porterait uniquement sur la moralité, l'hygiène et la salubrité, et qu'elle ne pourrait porter sur l'enseignement que pour vérifier s'il n'est pas contraire à la morale, à la Constitution et aux lois.* Il était difficile de réduire, de rabaisser davantage cette surveillance, ni de la définir en termes plus vagues, plus innocents ; car, si on suit ces termes à la lettre, si on ne fait que ce qu'ils impliquent naturellement, à coup sûr on ne fera rien du tout, ou l'on ne fera que des niaiseries.

Cependant il y a au fond de tout cela deux choses tristes. La première, c'est que la loi soit encore ici en contradiction avec elle-même, et que la volonté du législateur défasse d'un côté ce qu'elle fait de l'autre ; car elle annule autant qu'elle le peut, dans la pratique, la surveillance de l'État, l'inspection, à laquelle elle tient si fort en principe. Il est toujours fâcheux pour un peuple, pour sa moralité politique, d'avoir des lois qui se contredisent et qui font, ou du moins permettent de faire tout le contraire de ce qu'elles prescrivent. Mais ce qui est plus triste encore, et c'est la seconde chose que nous déplorons, c'est que la liberté est vraiment menacée, compromise, et sera empêchée, ruinée, quand on le voudra, au moyen de ces mesures si bénignes et qui semblent sans portée.

Ainsi, il est dit que l'inspection des écoles libres portera sur la moralité ! La moralité des maîtres et des élèves sans doute ? Or, comment s'assurer de la moralité de tant de personnes sans une recherche difficile et un peu inquisitoriale ? L'inspecteur n'aura-t-il qu'à constater ce qui est de notoriété publique ? Mais pour quiconque connaît l'intérieur d'un collége, il est évident que, s'il en reste là, l'inspection de moralité sera vaine, et par conséquent ridicule. Que si, au contraire, il veut la faire sérieusement, par conscience, ou dans une intention hostile, il pourra, il devra employer toutes sortes de moyens, qui seront pour le moins fort désagréables, s'ils ne sont pas vexatoires ou humiliants. Qui lui posera des limites dans la surveillance de la moralité ?

Je ne m'arrête pas à l'hygiène et à la salubrité : il est clair que le premier médecin venu est plus apte à en juger que les hommes de l'Université, et qu'ainsi, pour rassurer l'État sur ce point, il n'était pas besoin d'une inspection si savante et si dispendieuse.

Mais que dirons-nous de cette explication de l'art. 21 : *l'inspection ne peut porter sur l'enseignement que pour vérifier s'il n'est pas contraire à la morale, à la Constitution et aux lois ?* Quelle disposition plus inoffensive en apparence ? et cependant elle recèle dans son sein tout un arsenal de tracasseries, de vexations, de mauvaises suspicions, de rapports fâcheux à l'autorité ; et toutes ces choses, qui peut-être ne nuiront pas grandement à un établissement libre sous le rapport officiel, pourront néanmoins lui faire beaucoup de tort dans l'opinion publique, et ruiner ou au moins affaiblir sa réputation et son crédit.

Voyez tout ce qui peut sortir de là.

Vérifier si l'enseignement n'est pas contraire à la morale, à la Constitution et aux lois, suppose une inspection complète et approfondie des classes d'un collége, si toutefois on veut que ces paroles aient un sens. Nous demandons comment fera un inspecteur en entrant dans une classe de cinquième ou de quatrième, pour constater que l'enseignement du latin ou du grec n'y est ni *immoral*, ni *illégal*, ni *inconstitutionnel* ? Prenez, si vous le voulez, les hautes classes, où pourraient apparaître quelques traces d'opinion politique, quelques insinuations contre les lois reçues, contre le gouvernement établi. L'inspecteur pourra-t-il le constater consciencieusement par une visite d'une heure, de quelques heures ? Faudra-t-il qu'il institue une enquête parmi les élèves et contre leurs maîtres ? Comment s'y prendra-t-il ? Il est évident que s'il est homme de bon sens, et surtout droit et sincère, et qu'il n'ait point de parti pris, il ne s'y prendra en aucune manière et n'aura rien à vérifier. Que si au contraire c'est un homme prévenu, mal disposé, et qui ait l'envie, peut-être la mission de tracasser une école libre et de la discréditer, il trouvera dans les termes vagues et élastiques de la loi tous les moyens de se satisfaire personnellement, ou de répondre aux intentions vexatoires d'une autorité facilement malveillante, si elle est rivale.

Il reste donc clair que la surveillance de l'État, posée par la Constitution comme une condition de la liberté de l'enseignement, et organisée par l'art. 21 de la loi nouvelle dans les dispositions que nous venons d'examiner, sera tout à fait impuissante pour le bien, et très-efficace pour le mal et contre la liberté, quand on le voudra. Loin donc d'être une garantie de la liberté, elle lui est une menace et un danger imminent.

XXI

SUPPRESSION DES COLLÉGES DE L'ÉTAT, REMPLACÉS PAR DES
INSTITUTIONS COMMUNALES.

Le but principal de la nouvelle loi sur l'enseignement,
au moins dans l'intention de la moitié de ceux qui en
ont préparé le projet, a été d'affaiblir la centralisation
gouvernementale , qui nous dévore aujourd'hui au profit du despotisme et contre la liberté. Nulle part peut-
être elle n'est plus puissante, plus fortement organisée
que dans l'instruction publique, et cela s'explique par
le monopole dont l'Université jouit depuis son origine.
On a donc senti le besoin de donner, en ce qui concerne les écoles, plus d'influence, plus d'autorité aux
départements et aux communes, et c'est pourquoi on a
doté chaque département d'une académie, avec un conseil, auquel on a tâché de donner des attributions nouvelles et quelque apparence de puissance. Nous avons
montré plus haut que ce moyen ne va pas au but, et que
par cet éparpillement de l'autorité rectorale, et de l'action académique, on réussira seulement à rabaisser, à
déconsidérer l'Université sans lui ôter de son pouvoir
administratif, et à diminuer les recteurs aux yeux des

départements et des villes, sans leur donner plus de puissance réelle. Il y a selon nous, un moyen plus efficace de décentraliser dans une juste mesure l'instruction publique, c'est de supprimer les colléges de l'État, autrefois impériaux, puis royaux, maintenant lycées nationaux, et de n'avoir plus que des colléges municipaux, qui relèvent surtout des communes, tout en restant soumis à la surveillance du ministre de l'instruction publique.

Un collége, en effet, n'est que le suppléant ou le supplément de la famille. Il est évident que si chaque famille pouvait élever ses enfants par elle-même, dans son propre sein, elle ne les enverrait pas dans les colléges. Il faut donc que ces établissements participent à l'esprit de famille le plus qu'il sera possible. Or, après la *famille* vient la *commune*, ou la réunion de plusieurs familles dans une communauté municipale, dans une même cité ; et la grande unité de l'État, qui embrasse toutes les communes, ne vient qu'après. Comment les familles d'une même cité ne pourraient-elles pas s'entendre pour faire instruire leurs enfants en commun, à moins de frais et avec plus de succès ? Comment des villes telles que Paris, Lyon ou toute autre ne seraient-elles pas aptes à fonder et à administrer des colléges, d'autant qu'en définitive dans le système actuel il faut bien aussi qu'elles s'en occupent, ne fût-ce que pour payer ? Qu'est-il besoin que l'État vienne établir lui-même un collége dans chaque grande cité, qui ressorte immédiatement de l'autorité centrale pour le personnel et pour le matériel, en sorte que pour chaque chose et à chaque difficulté, il faille écrire à Paris ? Évidemment cela ne contribue en rien à l'amélioration de l'instruction ni

de l'éducation, pas plus qu'à la prospérité de ces établissements ; et au contraire il en résulte toutes sortes
d'embarras, de conflits et de lenteurs, qui entravent à
chaque instant l'administration locale. Mais c'est encore
une suite du système napoléonien, qui voulait avoir tout
dans la main, pour tout dominer, pour tout mener à ses
vues, les enfants comme les adultes. L'empereur avait
le besoin de dresser la jeunesse à sa manière et pour
ses desseins. Les lycées impériaux étaient les appren-
tissages de ses casernes. Il multipliait les bourses pour
se préparer des dévouements, et il faisait imprégner de
bonne heure la jeunesse dans ses lycées de l'esprit militaire, qu'il exploitait ensuite si habilement et si terri-
blement sur le champ de bataille. L'établissement des
colléges de l'État est une invention du despotisme,
et elle conviendrait tout aussi bien au socialisme, qui
n'est que le despotisme sous un autre nom, avec un
autre visage, le visage populaire ou démocratique.
D'ailleurs, qui paye en dernière analyse toutes ces
bourses, toutes ces subventions, nécessaires pour soutenir les colléges de l'État, qui certainement, en les
prenant en masse, ne vivraient pas sans elles ? Qui sup-
porte ces frais immenses, si ce n'est tout le monde,
puisque le trésor public en est la source ? Laissez donc
à chaque ville le soin de fonder, d'entretenir et de diriger son collége, comme ses écoles primaires, et vous
n'aurez pas à demander à la caisse municipale de quoi
fonder des bourses, dont elle n'est pas toujours maîtresse, et vous épargnerez aux familles et aux particuliers la partie considérable de l'impôt, qui va à cette fin.
Ils auront encore à payer sans doute pour l'entretien
du collége de leur ville ; mais ce sera leur collége, leur

maison, et comme une extension de leur famille. Ils s'y intéresseront davantage, à mesure qu'ils y auront plus d'influence, et les sacrifices ne leur coûteront pas, ou leur coûteront moins, quand ils en verront de près la nécessité, et les heureux effets.

Que chaque ville, qui a besoin d'un établissement d'instruction secondaire, établisse donc un collége comme bon lui semble, par son administration municipale, avec l'approbation et sous la surveillance du ministre. Avant 93, il n'y avait point de colléges de l'État ; il existait une multitude de colléges, fondés et dotés par des bien—faiteurs, et qui s'administraient eux-mêmes sous la surveillance de l'autorité ; il y avait également des établissements d'instruction secondaire ou supérieure, entretenus par les provinces ou par les villes. Les choses n'en allaient pas plus mal pour cela ; elles allaient mieux que de nos jours ; car il est constant qu'il y avait alors un plus grand nombre d'étudiants qu'aujourd'hui, parce que la charité chrétienne, qui avait présidé à toutes ces fondations, avait ouvert largement aux pauvres les accès du temple de la science, en leur donnant toutes sortes de facilités pour s'instruire gratuitement, et sans empêcher les riches de payer, ou sans faire payer aux pauvres l'instruction des riches, comme on est tenté de le faire maintenant. Les études en outre étaient plus fortes en somme, plus propres par leur concentration et leur persévérance à faire des hommes distingués sous le rapport intellectuel, comme on le voit par le grand nombre d'hommes forts, d'hommes remarquables, que la révolution de 89 a fait éclater, tandis que maintenant, avec notre instruction toute superficielle, justement parce qu'elle est trop étendue, et quoique les hommes aient plus de moyens de se produire, et de se faire remarquer à cause de nos institutions nouvelles, nous avons à tous les degrés une foule d'hommes médiocres, qui se croient capables de tout, qui aspirent à tout, et qui le plus souvent sont incapables de rien, et réussissent à peu de chose. Où sont les hommes marquants produits par nos dernières révolutions ? On est las d'en citer trois ou quatre, dont les noms reviennent toujours quand il s'agit de nous gouverner, et ils reviennent comme un vain murmure, sans exciter d'espérance ni de sympathie.

Il est certain que le conseil municipal et les habitants de chaque ville s'occuperaient avec plus de zèle, avec plus de dévouement, de leur collége, s'il était vraiment leur, et qu'ils fussent chargés de pourvoir à sa direction et à son administration. Il y aurait encore cet avantage, que les fonctions municipales seraient plus relevées, plus recherchées, parce qu'elles seraient plus puissantes. Et alors se formeraient dans les provinces des positions importantes, propres à satisfaire beaucoup d'ambitions, qui trouvant leur pâture dans leur localité ne seraient pas poussées à la chercher à Paris, et à y tenter la fortune, comme il arrive à présent par l'effet de la centralisation. Tout ce qui est un peu distingué, ou croit l'être, en province, toutes les imaginations qui rêvent un brillant avenir, se tournent maintenant vers Paris, et gravitent incessamment autour de ce centre dévorant, jusqu'à ce qu'ils aillent s'y perdre comme dans un gouffre. Paris est comme une machine pneumatique, qui aspire par mille conduits l'air vital des départements, en sorte que tout s'y précipite et s'y absorbe au détriment du reste de la France.

Les villes étant remises en pleine possession de leur collége pourraient, en vertu de la liberté de l'enseignement, l'organiser à leur manière, en y mettant des hommes gradués et qui présenteraient certaines garanties de capacité et de moralité, soit qu'elles traitassent avec l'Université, corporation officielle, soutenue par l'État, soit qu'elles demandassent des professeurs à une corporation enseignante libre, ecclésiastique ou laïque, soit qu'elles s'accommodassent avec une institution déjà établie qu'elles subventionneraient pour avoir le droit d'y envoyer un certain nombre d'externes. Car il nous paraît très-important que les colléges tenus par l'État, si on veut absolument qu'il en ait, contrairement à notre avis, ou gouvernés seulement par les villes, ce qui nous paraît plus utile au pays, n'aient que des élèves externes et se bornent à donner publiquement l'instruction. L'instruction en effet est comme la lumière ; elle se répand facilement, abondamment, et elle peut éclairer beaucoup de monde à la fois ; elle luit pour tout le monde. Mais l'éducation est comme la chaleur, qui s'épuise en se communiquant, en sorte que le trop grand nombre de ceux qui reçoivent fait tort à chacun. L'éducation a besoin de prendre l'homme individuellement, corps à corps, pour ainsi dire, ou plutôt âme à âme, pour le former, le pénétrer, le pétrir, le modeler, puis le mettre dans la voie du bien, l'y faire marcher et l'y affermir. Aussi l'éducation publique réussit rarement, quand elle s'applique à trop de personnes. Il y a trop d'individualisme dans une bonne éducation pour qu'on puisse la faire efficacement en grand, et d'une manière générale. La femme d'abord, et plus tard le prêtre, voilà les deux principaux instruments de l'éducation, et ni l'une ni l'autre ne peuvent avoir à la fois et d'une manière continue une grande influence morale sur des masses d'enfants. Ils ont besoin de les prendre chacun à part, et de les travailler individuellement, pour agir par le cœur sur la volonté, et la tourner, l'entraîner au bien par le sentiment et par l'affection, ce qui est le grand art de l'éducation.

Cette innovation serait du reste un grand soulagement pour le gouvernement et pour les villes. Les internats de l'Université, à les prendre en masse, et avec la moyenne de leurs revenus, coûtent plus qu'ils ne rapportent ; il faut voter chaque année pour les soutenir une subvention de plusieurs millions, et outre qu'ils font de la mauvaise besogne en ce qui concerne l'éducation, ils causent encore à l'Université et à l'État une multitude d'embarras et de soucis, par les révoltes qui éclatent sans cesse d'un côté ou de l'autre, et produisent des scandales. L'autorité s'y déconsidère et s'y use, le nom des familles y est compromis, et l'avenir des enfants y est plus ou moins gâté, non-seulement par la honte qui suit toujours les exclusions, mais encore par des voies brisées ou au moins interrompues, par un passé rendu inutile, par des vocations manquées. L'État ne formant plus ces grands troupeaux d'enfants qu'on appelle des colléges, et les villes ne se chargeant point de les loger ni de les nourrir, les frais d'établissement et d'entretien d'un collége seraient infiniment réduits. Il deviendrait beaucoup plus facile à une ville de fonder et de soutenir une école d'enseignement secondaire ; et les sommes énormes employées maintenant par le gouvernement et les communes dans ces immenses bâtiments, qui servent à caserner les enfants, les dépenses néces-

saires des pensionnats pour la nourriture, le vêtement,
la surveillance, le service et toutes les nécessités de la
vie,auxquelles il faut pourvoir administrativement,c'est-
à-dire très-chèrement, tout serait épargné au trésor
public ; et il en résulterait un double bien, d'abord, celui d'une économie notable pour l'État, et ensuite un
bénéfice tout clair pour l'industrie privée qui élèverait
autour des colléges externes une multitude de pensionnats, moins chers parce que l'intérêt privé ménage
mieux et fait plus avec moins, ce qui les rendrait accessibles à plus de monde, et qui atteindrait mieux le but
de l'éducation, parce que les élèves étant plus divisés,
les moyens de moralisation s'appliqueraient plus facilement, plus efficacement et iraient plus sûrement à leur
but. Il y aurait donc à gagner pour tout le monde, pour
l'État qui serait débarrassé d'une grave sollicitude et de
grandes dépenses; pour les communes, qui pourraient
fonder à peu de frais de bons établissements d'instruction, et ouvriraient en même temps à l'industrie privée
des ressources nouvelles en lui abandonnant les pensionnats, et enfin pour les particuliers, qui payeraient
moins cher l'éducation de leurs enfants, avec plus de
moyens et de garanties pour la mener à bonne fin. Aujourd'hui avec le système de l'Université, nous payons
très-chèrement à l'État par les impôts une éducation mauvaise, et une instruction très-contestable, au moins par
son fond ; et on peut comparer ses colléges à des vigno-
bles dégénérés, qui doivent compenser, par la quantité,
la qualité, qu'une culture mal entendue et trop intéressée
leur fait perdre. Espérons qu'avec le temps et les expériences si coûteuses qu'il amène, nous parviendrons
à secouer le joug de la routine et des préjugés établis

par le système impérial de l'instruction publique, qui nous régit depuis près d'un demi-siècle, et qui domine encore au mépris de toutes nos idées, de tous nos désirs de liberté ; système qui a pu avoir son utilité, sa vertu, au moment où il a été conçu et réalisé pour ramener à l'unité la France qui se dissolvait, et rattacher à un centre tous ses membres languissants et comme dispersés ; mais qui ne devait durer que le temps de la maladie à laquelle il s'appliquait. Dans l'état sain et normal de la société, il est ce qu'il y a de plus contraire à la dignité et à la liberté d'une nation, qui, n'appartenant à personne, ni homme, ni famille, ni dynastie, a le droit de n'être exploitée dans l'intérêt de personne, ni façonnée en instrument de la gloire ou de la puissance de qui que ce soit. Il est ce qu'il y a de plus contraire au bon sens, à cette vérité banale, qui ressort de la nature même des choses, savoir, que l'État étant pour les individus, et non les individus pour l'État, la société étant pour les familles, et non les familles pour la société, c'est aux individus, c'est aux familles à élever leurs enfants, en raison de leurs croyances, suivant leur conscience, dans l'intérêt bien entendu de leur vie actuelle et de leur vie future ; et que l'État et le gouvernement doivent se mêler le moins possible dans ces fonctions toutes paternelles, dans ces relations tout intimes. Que l'État veille à ce que dans l'exercice de ces fonctions sacrées, comme en tout le reste, rien ne se fasse contre l'ordre, la justice et l'intérêt de tous, c'est son droit et son devoir ; mais qu'il ne se fasse pas éducateur, professeur, pédagogue, pas plus que prêtre, cultivateur, fabricant ou négociant ; qu'il soit ce qu'il doit être, *législateur* et *gouverneur* pour le bien de tous et de chacun ; qu'il

maintienne l'ordre, et prévienne ou réprime le désordre,
voilà sa tâche. Qu'il laisse aux citoyens et aux familles,
par leurs efforts séparés ou associés, à faire le reste,
qu'il comprend mal, en général, et qu'il fait de travers
ou très-chèrement.

XXII

Mais, demandera-t-on, si tous les colléges deviennent municipaux et passent sous la direction des communes, qui donc en choisira les fonctionnaires et les professeurs ? Les communes certainement, mais avec l'agrément du ministre. Par là seront conciliés les droits de l'autorité centrale, qui doit connaître et surveiller tout ce qui se fait dans la sphère de l'instruction publique, et les prétentions bien légitimes des localités, qui veulent aussi connaître les hommes chargés d'instruire leurs enfants, et trouver dans leurs antécédents des garanties de leur moralité. Car il n'en est pas des fonctions de l'enseignement, comme des fonctions de l'administration en général. Instruire la jeunesse est un acte moral, qui ne s'accomplit pas avec des rubriques administratives et des règlements généraux. Tous les employés des contributions et des postes conviennent à peu près, quant au genre de travail, à toutes les localités. Ils n'ont qu'à suivre le roulement de la machine administrative ; et l'influence de la personne, sans être nulle, est cependant peu considérable. L'enseignement au contraire est une affaire toute personnelle. Il devient impuissant, stérile, funeste même s'il est machinal. Il faut qu'il soit intelligent et moral, comme tout ce qui est du ressort de l'esprit, et c'est pourquoi un homme, qui convient parfaitement dans un pays, peut être impropre ou incapable dans un autre. Or, c'est ce qu'une autorité centrale ne peut guère discerner. Elle peut difficilement sentir et saisir à Paris ce qui va justement à chaque localité ; et dans la multitude des emplois à pourvoir, et des personnes à placer, elle consulte plus souvent ses convenances, que les véritables intérêts des populations, avec lesquelles elle a peu de rapport. Il en sera autrement quand les choix seront faits sur les lieux ; les élus seront connus de tous, non pas seulement sous le rapport de la science et de l'intelligence, mais encore par leur bonne réputation de moralité, par l'expérience de toute leur vie. Alors sans doute on aura à craindre l'abus des influences locales, car il y a en toutes choses des inconvénients, mais cet abus sera combattu et affaibli, sinon détruit par la nécessité de l'institution ministérielle. Puis dans les grandes villes, et pour toutes les fonctions des colléges de chefs-lieux de département, on exigera le titre d'agrégé, et dans les maisons de second et de troisième ordre on demandera des grades académiques plus ou moins élevés, comme condition de la direction et de l'enseignement. Ainsi pourra s'opérer facilement et sûrement le recrutement des maîtres dans tous les établissements d'instruction publique.

Mais, dans un tel état de choses, à quoi servirait l'École normale supérieure ? Nous devons l'avouer, elle ne servirait pas à grand'chose ; et déjà maintenant, depuis l'institution des concours de l'agrégation, à laquelle on peut arriver sans passer par l'École, elle est peu utile; elle est devenue une espèce de double emploi, une affaire de luxe, une superfétation. On ne voit pas, en effet, que les professeurs, devenus tels par le concours d'agrégation et par les efforts d'une préparation solitaire, soient inférieurs dans l'exercice de leurs fonctions à ceux que l'École normale a préparés. Ils ont peut-être dans la tête un peu moins de théorie et d'esprit de système, et ce n'est pas un grand mal; en retour et comme compensation ils ont presque toujours plus d'expérience de l'enseignement qu'ils ont déjà exercé, plus de connaissance pratique des enfants, à cause de leurs antécédents ; et, en outre, ce qui est encore plus précieux, comme il leur a fallu vivre de leur travail en se préparant au concours, et gagner leur pain du jour tout en s'instruisant, ils ont fait à leurs dépens une certaine épreuve de la vie et du monde, qui les rend plus rassis, plus solides, plus sensés, moins exigeants, et surtout moins hasardeux dans leurs graves fonctions. Ils ont aussi les bénéfices de l'âge, ne pouvant se présenter au concours que plus tard à cause des nécessités de leur position, et ainsi c'est autant d'années d'imagination et de passions juvéniles épargnées à l'enseignement.

L'École normale, comme toutes les grandes écoles de notre temps, présente encore un inconvénient, très-embarrassant pour l'autorité, et qui est très-difficile à combattre : c'est l'*esprit de corps* qui s'y forme naturellement, et qui de nos jours, où la politique se mêle à tout, tourne facilement à l'*esprit de parti*. Cet esprit une fois établi devient comme une espèce de moule, où les recrues de chaque année viennent se couler et se façonner, en sorte que les jeunes gens des provinces qui ne se sont pas connus jusque-là, et qui arrivent à l'École avec des opinions et des sentiments divers ou même opposés, au bout de quelque temps de séjour et de cohabitation, en respirant son atmosphère, et vivant de sa vie qu'ils s'assimilent, sont tout transformés et souvent, il faut bien le dire, changés en mal, et détériorés dans le plus intime de leur esprit et de leur cœur. Ainsi, par exemple, si l'esprit d'irréligion règne dans une école, il est presque assuré que la plupart de ceux qui y entreront deviendront, après un laps de temps plus ou moins long, opposés ou tout au moins indifférents aux croyances religieuses; et ceux qui conserveront leur foi, et surtout l'habitude des pratiques religieuses, seront en minorité et presque des exceptions. On cessera peu à peu d'être chrétien de fait et de profession, et par conséquent on deviendra insensiblement esprit fort, libre penseur, philosophe, par l'entraînement de l'exemple, par imitation, par laisser-aller, par respect humain, par faiblesse, par lâcheté, enfin par ce je ne sais quoi de contagieux qui se forme dans les masses, et gagne peu à peu tous ceux qui entrent en commerce avec elles.

Voilà comment les écoles normales primaires ont gâté successivement presque tous les enfants simples et fidèles des campagnes. Chaque année une foule d'adolescents pieux et candides y arrivent de leurs villages pour y chercher l'instruction nécessaire aux fonctions d'instituteur, et ils viennent boire chaque année dans ces coupes d'une vaine science qui les enivre du vin de l'orgueil et de l'incrédulité, l'oubli des bons principes qu'ils ont reçus dans leur enfance, et de ce qu'ils doivent à Dieu, à son Église, et au salut de leur âme. Ils se transforment bientôt en pédants de village, en praticiens

vaniteux qui se croient capables de gouverner le monde,
et ils quittent l'école et retournent dans les campagnes,
tout pleins d'eux-mêmes et de leur supériorité, avec
une demi-science qui les exalte, ne doutant de rien
parce qu'ils savent mal, disposés à s'emparer partout
de l'autorité, qui leur appartient comme aux plus éclairés, et à la combattre partout, surtout entre les mains
du curé, s'ils trouvent de l'opposition ou de la résistance.

Voilà ce que l'on a gagné à établir dans presque tous
les départements ces tristes écoles, qui ont commencé
par démoraliser nos campagnes, et qui menacent aujourd'hui, par les doctrines absurdes du communisme et
du socialisme dont elles sont les foyers ou les instruments, de ruiner l'ordre public, les bonnes mœurs, les
familles, la société tout entière. On a semé du vent et
l'on recueille les tempêtes. Nos hommes d'État, si fiers
de leur science et de leur puissance, qui ont cru, il y a
bientôt vingt ans, régénérer la France par l'instruction
primaire, et transfigurer l'instruction primaire par les
écoles normales, peuvent reconnaître aujourd'hui combien leurs vues étaient courtes, et leur prévoyance bor-
née. Leur raison s'exaltait dans son œuvre, et elle a été
frappée et renversée par les suites de cette œuvre. Ils
ont tendu le filet où ils ont été pris; ils sont tombés
dans la fosse qu'ils ont creusée. Au fait ils ont eu ce
qu'ils ont voulu, sauf les mécomptes de leur vanité, et
les ruines de leurs personnes. Ils voulaient abaisser l'É-
glise de Dieu, affaiblir son influence dans l'opinion des
peuples sinon l'anéantir. Ils voulaient apprendre aux
peuples à se passer des prêtres, et remplacer le curé par
le maître d'école, afin de montrer au monde qu'on peut

devenir honnête homme et bien faire ses affaires, sinon sans religion aucune, au moins sans Église, sans clergé, et surtout sans pape. Ils voulaient séculariser l'éducation publique, et particulièrement l'instruction primaire qui embrasse l'universalité du peuple. A cette fin ils ont exalté l'instituteur de toutes manières, par l'instruction démesurée qu'ils lui ont fait donner et la science ridicule dont ils l'ont farci, par les louanges outrées qu'ils lui ont décernées, par les prétentions exagérées qu'ils lui ont inspirées, lui parlant sans cesse de sa sublime mission, le représentant comme le sauveur du pays, ayant les destinées de la France entre ses mains, et exerçant une espèce de sacerdoce égal sinon supérieur à tout autre. Ces pauvres jeunes gens ont pris ces belles paroles à la lettre; ils se sont crus en effet les hommes les plus importants au salut de l'État, et ils ont voulu le sauver à leur manière, en suivant leurs lumières qu'on disait si éclatantes. Nous avons vu ce qu'ils savent faire, comment ils s'y prennent, et où ils nous mèneraient si on les laissait aller. Et, chose remarquable ! ceux qui les ont le plus vantés, le plus excités, ceux qui par leurs systèmes et leurs flatteries les ont précipités dans ce dévergondage de pensées, de sentiments et de volonté que nous avons vu, sont aussi maintenant ceux qui les poursuivent et les frappent avec le plus de violence, pour les ramener à l'ordre dont ils les ont fait sortir.

Ce qui s'est passé dans les écoles normales primaires est aussi arrivé à l'Ecole normale supérieure, peut-être avec moins d'éclat en ces derniers temps, d'abord parce que le mal que nous signalons y a toujours existé, et ensuite parce que l'instruction secondaire agit moins sur les masses, et que les professeurs qui la donnent, disséminés par toute la France, ont été moins remarqués. Ce qui est constant, et je l'affirme sans malveillance aucune, sans aucune intention de dénigrement, je l'affirme parce que cela est, parce que je l'ai vu, reconnu et pratiqué moi-même comme élève de cette école, ce qui est constant, c'est que l'École normale, par le genre d'esprit littéraire, scientifique et philosophique qui y règne, qu'on y aspire avec l'air, tend à former, qu'elle le veuille ou ne le veuille pas, des maîtres de la jeunesse qui croiront pouvoir diriger l'instruction et l'éducation sans le secours de la foi religieuse. Ils inspireront ou donneront à leurs élèves le sentiment ou la conviction, que toute religion positive est une invention humaine ; que les vérités surnaturelles ou les dogmes sont les *idées* de la raison exagérées ou obscurcies par l'imagination ; que l'homme n'a pour se conduire ici-bas d'autre lumière que celle de son esprit, d'autre guide que sa volonté, d'autre autorité que sa conscience, et qu'il s'élève et devient plus parfait, c'est-à-dire plus homme, à mesure qu'il s'abstrait de ces images, de ces *idoles*, produits de la faiblesse ou de la ruse des hommes, pour ne suivre que sa raison, et se gouverner lui-même par sa volonté. C'est tout simplement le pur déisme ; et chez les plus habiles, les plus savants, les philosophes, c'est le panthéisme, sous le nom d'éclectisme, bien que l'éclectisme s'en défende ; ou c'est plus franchement le panthéisme sans masque, à la manière allemande.

Il suit de là que la plupart des jeunes professeurs, qui sortent de l'école mère et maîtresse de toutes les autres, vont se répandre dans toute la France et s'établir dans tous les colléges avec des opinions, ou au moins une disposition philosophique contraire au christianisme, et surtout à la religion catholique, qu'ils respecteront peut-être extérieurement par prudence, ou par convenance, mais qu'au fond ils regardent comme une niaiserie, comme une faiblesse, sinon comme une hypocrisie, ou une duperie. Voilà dans quel esprit ils exerceront leurs fonctions ; et bien que nous reconnaissions qu'il n'est pas nécessaire de faire de la religion en expliquant du grec et du latin, des mathématiques ou de la physique, cependant on nous accordera aussi que le professeur ne fait pas que professer, qu'il vit aussi un peu avec ses élèves, au moins avec les meilleurs, et qu'ainsi, soit par des explications accidentelles que le cours de la classe amène, soit par des conversations privées et dans un commerce de tous les jours, il peut avoir une grande influence sur leur esprit et sur leur cœur. Son exemple seul a déjà beaucoup d'importance, et par conséquent ce qu'il dit, ce qu'il fait et surtout ce qu'il ne fait pas, tout porte et laisse sa trace dans l'âme des enfants, qui regardent sans cesse leur maître, et sont tout prêts à se modeler sur lui. De cette manière un professeur qui a de la foi peut être très-utile à ses élèves sous le rapport religieux, même sans leur parler explicitement de religion, sans leur faire des sermons. Pourquoi un maître sans religion n'aurait-il pas la même puissance pour le mal, par le seul fait de sa présence et de sa parole de tous les jours au milieu des enfants? Oui, en vérité, la bouche parle toujours de l'abondance du cœur ; et du cœur de chacun à la longue sortent toujours, sans même qu'il s'en aperçoive, les choses qui le remplissent. Il faut un écoulement à la source, et l'eau douce ne peut pas sourdre d'une source amère. On ne cueille pas des figues sur des buissons, ni des raisins sur des ronces ; et si un bon arbre donne de bons fruits, un mauvais arbre n'en peut produire que de mauvais. Enfin chacun donne de ce qu'il a, de ce qu'il est, et rayonne autour de lui la vie qui est dans son âme.

Si cette influence occulte et cependant inévitable est déjà funeste dans les enseignements qui semblent les plus indifférents à la religion, que sera-ce donc pour ceux qui lui sont alliés, et se confondent souvent avec elle, l'histoire et la philosophie. Envisagez l'histoire avec Bossuet du point de vue catholique ; avec Luther et Calvin du point de vue de la réforme ; avec Hégel, et les autres du point de vue panthéistique, et voyez quelle immense différence dans l'appréciation des hommes et des choses ! Quelle opposition dans les principes et dans les résultats ! Quel contraste dans les dispositions morales, dans la direction des volontés, dans la pratique de la vie, en raison de la contradiction des sentiments, des pensées et des théories ! Et la philosophie, grand Dieu ! Le matérialisme, le déisme, le naturalisme, le rationalisme, l'idéalisme, l'éclectisme, le panthéisme, ou une philosophie chrétienne, qui, s'appuyant en même temps sur les principes de la raison et les dictées de la foi, marche à la lueur de ces deux flambeaux au milieu des obscurités du monde et de la nature ! Je le demande, est-il indifférent à la moralité, à la pureté de la jeunesse, à la moralité, au bonheur de la société, d'enseigner l'une ou l'autre de ces doctrines, et cela à des adolescents dont l'entendement est encore comme une cire impressionnable, dont le cœur commence à s'agiter par les sens et par les passions, et qui, incapables de juger une doctrine par eux-mêmes, embrassent avec ardeur tout ce qui rit à leur imagination, à leurs passions naissantes, à leur raison qui s'éveille, à leur volonté qui se sent et veut se faire sentir?

Les élèves de l'École normale, devenus professeurs d'histoire et de philosophie à un âge où l'on aurait encore tant de besoin d'étudier et d'acquérir de l'expérience, enseigneront donc comme ils ont été enseignés eux-mêmes, à savoir l'histoire au point de vue protestant ou hégélien, et la philosophie à tous les points de vue possibles, excepté le point de vue chrétien. Car c'est dans l'enseignement qu'on leur donne, un point fondamental, une maxime essentielle, que la philosophie, et c'est dit-on sa gloire, est tout à fait indépendante de la religion positive, qu'elle lui est même supérieure, comme science de l'idée pure, dégagée des formes, des images, des symboles, de tout ce qui tient à la sensibilité et à l'imagination, et que par conséquent elle doit dominer et expliquer toutes les religions, comme l'idée plane audessus de toutes ses conséquences et les juge par leur rapport avec elle. Telle est la position réelle, ou au moins la prétention bien décidée, sinon toujours avouée, de la philosophie universitaire vis-à-vis de la religion.

Il serait donc heureux sous ce rapport, et en ce qui concerne l'éducation, qui ne peut être bonne sans la religion, que l'École normale supérieure, foyer de toutes les doctrines antichrétiennes et centre du philosophisme de nos jours, n'existât plus. Au moins la jeunesse la plus intelligente de nos colléges, qui entre maintenant dans cette école pour se préparer à l'enseignement, n'irait plus chaque année s'y gâter systématiquement et comme par coupes réglées. Elle trouverait encore sans doute ces tristes doctrines dans certains cours des Facultés et d'autres écoles; mais alors ce ne serait plus qu'un mal

accidentel, passager, auquel d'ailleurs il serait facile
d'échapper par l'absence. Ils ne seraient plus plongés
journellement dans un milieu de mal et d'erreur, enve-
loppés par une atmosphère viciée qu'il faut cependant
respirer pour vivre, et ainsi ils ne seraient plus exposés
à la contagion, qui se développe toujours plus facilement
dans les rassemblements d'hommes. Puis il y aurait cet
avantage de plus et ce scandale de moins, que le pays
n'entretiendrait plus à grands frais une école supérieure,
de hauts fonctionnaires, un grand nombre de maîtres,
des bibliothèques, des cabinets et tout un immense atti-
rail scientifique, pour que officiellement et systématiquement on pervertisse par des mauvaises doctrines,
par un esprit antichrétien, l'élite de la jeunesse savante,
pour que celle-ci aille à son tour gâter sous le rapport
religieux et moral les enfants des familles les plus distinguées et des conditions les plus élevées de la France.
Il y aurait donc bénéfice de plusieurs côtés.

Mais il y a encore un côté, par où cette suppression
serait utile au pays ; c'est le côté politique.

De nos jours la politique se mêle à tout, et sous l'action ou l'influence du parti qui domine par le pouvoir
ou par l'opinion, les institutions, plus ou moins violen-
tées ou faussées par la main du vainqueur et à son profit, tendent à dévier de leur but spécial et de la ligne qui
y conduit. C'est ce qui est arrivé à toutes nos grandes
écoles. L'École polytechnique, qui doit faire des ingé-
nieurs et des artilleurs, a formé des opposants à tous
les gouvernements qui se sont succédé. Les écoles normales primaires, qui ont pour but de préparer des maîtres d'école, ont été employées à faire des républicains
sous la monarchie, des communistes et des socialistes

sous la République. J'ai entendu de mes oreilles en pleine assemblée électorale, un directeur d'école normale se vanter comme d'un mérite auprès des électeurs d'avoir fait de ses élèves des républicains sous le manteau de la cheminée. La même chose s'est passée à l'École normale supérieure. Au lieu de faire des professeurs, ou tout en faisant des professeurs, elle a toujours recruté des partisans à certaines opinions politiques, préparé des instruments à certains partis. Les doctrines philosophiques qui y règnent depuis plus de trente ans n'ont jamais négligé la partie pratique ou d'application, et elles ont toujours eu à cœur d'établir et de faire dominer des convictions politiques analogues à leur point de vue et à leurs fins. Je puis affirmer que de mon temps la plupart des élèves s'occupaient des choses de l'État, plus que de science, de littérature et de philosophie. Et nous avons déjà fait remarquer que la conspiration de quinze ans contre la Restauration avait son foyer dans l'Université, et particulièrement à l'École normale, le foyer de ce foyer. Les faits d'ailleurs l'ont prouvé, puisque la révolution de Juillet a été faite au profit de l'Université, et surtout des maîtres et des élèves de l'École normale. Ils ont alors envahi toutes les positions, occupé toutes les places, dirigé toutes les influences. L'Université régnait sous Louis-Philippe, et elle l'avait bien gagné, aussi est-ce surtout contre elle, contre sa domination pédante et mesquine, contre son aristocratie bourgeoise, que la révolution de 1848 s'est dressée. La démocratie a débordé cette bourgeoisie si satisfaite, si fière d'avoir détruit l'aristocratie de l'épée et du sang, pour y substituer celle de l'argent et du savoir, et surtout du savoir-faire, et qui avait la prétention de traîner la royauté à sa remorque, ou même de la faire passer sous ses fourches caudines. La coterie bourgeoise, représentée par la garde nationale de Paris, s'est prise elle-même au piége qu'elle avait tendu à la monarchie, et au moment où elle pensait la tenir, elle est tombée sous le coup imprévu de la démocratie qu'elle méprisait, et qu'elle croyait exploiter à son gré.

On ne peut qu'être étonné de la part que nos grandes écoles ont prise à nos dernières révolutions, et du rôle qu'elles y ont joué. Les jeunes élèves de l'École poly-technique ont eu plusieurs fois Paris et la France entre leurs mains; ils ont été exaltés, glorifiés comme les sauveurs du pays, et sans contester le bien qu'ils ont fait, et surtout le mal qu'ils ont empêché, tout en rendant pleine justice à leur bonne volonté et à leur courage, cependant on ne peut s'empêcher de regretter, qu'en des circonstances aussi critiques, où toute la force et l'expérience des hommes consommés dans les affaires ne seraient pas de trop, la chose publique tombe entre des mains si jeunes, et soit à la merci de têtes si peu mûries, et de volontés si mobiles.

Les autres écoles ont voulu marcher à l'unisson. Les lauriers de l'École polytechnique les empêchaient de dormir, et il a fallu aussi que l'École normale fournît des ordonnances, des aides de camp, aux généraux improvisés des révolutions. L'École normale, la docte fille des sciences et des lettres, la muse du grec et du latin, qui portait sur ses vêtements la palme littéraire et l'olivier de la paix, poussée un jour par je ne sais quel esprit, a jeté sa robe pour saisir l'épée. A l'encontre de Cicéron, l'un de ses plus glorieux patrons, qui faisait passer la toge avant les armes, elle a préféré les armes à la toge,

et elle est sortie de son sanctuaire, elle est descendue
dans la rue armée de pied en cap, le chapeau de Napoléon sur la tête, les bottes éperonnées aux pieds et le
glaive sur la cuisse. Oh! grand empereur, qu'avez-vous
pensé, quand du haut de votre colonne triomphale, vous
avez vu passer à vos pieds votre fille et ses enfants si singulièrement affublés ; vous, qui au milieu des nécessités
et des ardeurs de la guerre, quand votre puissante voix
soufflait l'esprit militaire dans tous les lieux et faisait
germer des soldats dans tous les sillons, aviez cependant
voulu, avec le bon sens qui accompagne toujours le génie, que les nourrissons de la science et de la littérature fussent mis à l'abri des fureurs de la guerre, afin
de cultiver en paix dans la retraite que votre munifi-
cence leur avait donnée, les champs de la science, de la
littérature et des arts, dont les fruits humanisent les
peuples ! Vous, grand capitaine et puissant conquérant,
vous vouliez que loin du bruit des camps, et de tout
appareil de guerre, ils se préparassent modestement
sous un habit humble et convenable à leur état futur,
aux fonctions si utiles qu'ils doivent exercer un jour,
l'instruction et l'éducation des enfants; et voilà qu'après
une révolution qui n'a rien de militaire, où le soldat
même est outragé jusqu'à être désarmé, en plein
triomphe de l'esprit bourgeois ou populaire, les nourrissons des muses vont prendre les armes de Mars, au
grand étonnement de leurs mères éplorées, et traver-
sent les rues de Paris étonné avec des allures soldates-
ques, font résonner le pavé de leurs talons d'acier, et
retournent aux bancs de leur école faire du latin et du
grec l'épée au côté, demandant au bruit du tambour ou
aux sons de la trompette les inspirations de l'orateur et

du poëte. Je ne sais si ce travestissement existe encore aujourd'hui. J'aime à croire que le bon sens public, qui nous revient peu à peu, en aura fait justice. Mais ce que je sais bien, c'est que nous autres, enfants de l'ancienne École normale, qui n'a cependant pas été sans gloire, nous avons été honteux de cette espèce de mascarade, indigne d'une si haute école, et si peu convenable à son caractère et à sa vocation.

Nous concluons donc, qu'il est dans l'intérêt bien entendu d'un gouvernement raisonnable, quel qu'il soit, qui veut l'ordre avant tout, et sa stabilité, sa propre conservation comme moyen de l'ordre, de supprimer une école, qui depuis l'institution des concours d'agrégation est si peu utile à l'instruction publique, qui coûte fort cher, et donne des résultats médiocres et très-contestables, qui pervertit les générations des maîtres et des élèves par des doctrines antichrétiennes, et qui enfin par le foyer du mauvais esprit qui s'alimente en son sein, par un esprit de corps, toujours porté à l'opposition contre l'autorité, comme l'est en général la jeunesse, prépare des ennemis, des contradicteurs à tous les gouvernements, de quelque nom qu'ils s'appellent, en excitant dans ses élèves tous les genres d'ambition et d'orgueil, et en envoyant chaque année dans toute la France comme précepteurs des peuples, des missionnaires d'une philosophie rationaliste, qui a la prétention de remplacer le christianisme ou au moins de le dominer.

XXIII

L'enseignement supérieur est celui qui est donné par les Facultés des lettres, des sciences, de la médecine, de droit et de théologie. C'est à la fois le complément des études classiques et la préparation à ce qu'on appelle les professions libérales de la société, savoir: l'instruction, l'art de guérir, toutes les fonctions qui se rapportent à la jurisprudence et à l'administration, et enfin le saint ministère, ou le gouvernement des âmes, le plus sublime de tous. A ces fonctions s'en rattachent d'autres qui participent plus ou moins de leur nature, tendent au même but, et aussi ont besoin d'une préparation analogue. L'enseignement supérieur a donc une grande importance puisqu'il prépare l'aristocratie intellectuelle de la société, tous ceux qui doivent la diriger un jour, à peu près comme l'esprit meut et gouverne le corps.

Or, nous sommes obligé de le dire, et nous le disons avec toute connaissance des choses, puisque nous y avons été employé toute notre vie, l'enseignement des Facultés est en France dans un état déplorable d'infé-

riorité et de langueur, malgré le zèle et la bonne volonté
de quelques ministres qui ont voulu le ranimer, malgré
les sommes énormes qu'il coûte à l'État, et presque sans
résultats utiles. Cela tient au vice de l'institution et de
l'organisation des Facultés, qui paralyse tous les efforts
généreux, empêche la vie d'y naître, ou l'étouffe quand
elle y paraît. Là peut-être, plus encore qu'ailleurs, se
fait sentir l'influence despotique, centralisante, absor-
bante du génie napoléonien, qui a jeté sur la surface de
la France quelques corps savants, comme il a mis dans
chaque département ou de distance en distance des di-
rections de douane ou de droits réunis, ne se doutant pas
qu'on ne fait pas marcher l'esprit comme la matière, et
qu'aux études intellectuelles et morales, il faut de la lumière, de l'air, de la dignité et surtout de la liberté.

Dans l'organisation primitive de l'Université, qui subsiste encore, sauf quelques modifications, les Facultés sont surtout destinées à conférer les grades pour
exercer telle profession, ou remplir telle fonction.
L'enseignement qu'on y donne est subordonné à
cette fin. Il y a un certain nombre de chaires, correspondant aux diverses branches de la science enseignée,
ou à la division des matières de l'examen imposé ;
et chaque professeur fait son affaire d'une manière exclusive, tout individuelle, sans s'inquiéter de l'enseignement de ses collègues, à peu près comme dans une
fabrique, où règne la division du travail, chaque ouvrier
fait sa pièce et la livre au metteur en œuvre, avec cette
différence, cependant, que dans une Faculté il n'y a
personne pour mettre en œuvre, pour donner de l'unité
et de la vie au travail de tous, et que le résultat final
de l'instruction s'obtient à peu près pour chacun au

hasard et comme il se peut. C'est par l'administration seulement, qu'une espèce d'unité s'établit, et comme elle ne porte que sur les dehors, c'est une unité apparente, superficielle, pour mettre de l'ordre matériel, mais qui n'a au dedans ni racine, ni vie, ni efficacité ! C'est une machine montée périodiquement par l'État au moyen du budget, et surveillée par quelques commis qu'on appelle recteurs et inspecteurs, afin qu'il n'y ait pas de dérangements notables, et qui chaque année fait son jeu, remplit son office et donne les mêmes résultats.

Tout le monde convient aujourd'hui, et les faits sont trop patents pour qu'on puisse les nier, que l'enseignement supérieur est en général languissant, presque mort, surtout dans les provinces. A Paris même, où il y a tant de monde, et qui absorbe tout aujourd'hui par la force de la centralisation, les cours des Facultés qui ne servent pas directement à l'obtention des grades pour le droit et la médecine, ou qui n'ont pas une utilité positive et d'application aux métiers et au lucre, comme quelques cours des sciences, sont très-peu suivis. Plusieurs causes concourent à ce triste résultat.

La première, qui est la plus générale et aussi la plus difficile à combattre, c'est l'esprit positif du siècle, qui n'apprécie plus guère que ce qui est directement utile, c'est-à-dire ce qui mène par la voie la plus courte et la plus facile à la satisfaction d'un intérêt, à l'acquisition d'une jouissance sensuelle ou matérielle. En sorte que de nos jours, dans les études comme ailleurs, règne le *cui bono, domine ?* et on ne veut plus se donner la peine d'apprendre que ce qui est strictement nécessaire, ou ce qui mène le plus tôt à une position fructueuse. Les pa-

rents sont pressés de voir un terme aux sacrifices que
leur impose l'éducation de leurs enfants, et ils croient
gagner du temps en supprimant des années d'étude,
pourvu que le diplôme ou le brevet qui ouvre une
carrière soit obtenu. Ils ne s'inquiètent plus de former
un homme, mais ils ont très à cœur de faire le plus tôt
possible un avocat, un médecin, un officier, un ingénieur. Les enfants participent volontiers à cet empressement des parents, pour être plus tôt libres. Ils accé-
lèrent encore cet empressement, de leurs vœux et de
leur importunité, et ainsi tout tend de nos jours à précipiter les études pour en avoir plus tôt fini, pour entrer
plus promptement en jouissance de la vie. Voilà pourquoi les enseignements les plus élevés des Facultés sont
peu suivis, sauf quelques exceptions pour des professeurs
très-distingués qui attirent par leur réputation, mais qui
encore, à cause de l'instabilité et de la légèreté de leur
auditoire, donnent des séances académiques et ne font
pas de leçons. On va le plus souvent à leur cours
comme à une espèce de représentation, pour le plaisir
d'un moment qu'on peut y trouver, ou parce que c'est
la mode d'y aller. Toutes ces misères réagissent nécessairement jusqu'à un certain point sur le professeur, qui
ne peut pas ne pas s'accommoder en quelque chose au
goût du public dont il doit conserver la faveur, et sa
position en est rabaissée ainsi que sa parole. Dans les
provinces surtout, l'état de l'enseignement supérieur et
surtout des Facultés des lettres fait pitié à voir. Les
cours qui servent le plus à former l'homme, qui l'humanisent en développant ses plus belles facultés, la philosophie, l'histoire, la littérature, sont à peine suivis,
parce que, dit-on, ils ne servent à rien ; c'est-à-dire

qu'ils ne coopèrent pas directement à faire des bacheliers ; et tel grimaud de collége qui donne des répétitions en ville, et qui a parfaitement la triture du manuel *Lefranc* ou autre, et de la manière de passer l'examen, est cent fois plus utile aujourd'hui et plus considéré par l'argent qu'il gagne, et par les services qu'il rend à la jeunesse, que le professeur le plus savant et le plus éloquent d'une Faculté. Voilà où nous en sommes arrivés, à force de programmes d'examen et de manuels.

Une seconde cause de cet état misérable, c'est l'organisation même des Facultés. D'abord elles relèvent toutes d'une autorité centrale, qui nomme les professeurs sur présentation ou au concours. Elles ont toutes le même traitement fixe et à peu près le même éventuel, excepté celles de Paris. Une fois là, il n'y a plus d'avancement possible pour un professeur, et qu'il fasse bien ou mal, il n'en retirera ni plus ni moins que son traitement habituel. Il n'y a donc aucune stimulation. On est de plus assuré d'être inamovible, et alors l'inamovibilité devient presque toujours de l'immobilité. En quelques années un professeur de Faculté est cristallisé, pétrifié, et son enseignement à peu près stéréotypé. Il ne peut en être autrement, puisque rien ne le pousse à mieux faire, et que ses efforts ou son travail ne seront pas récompensés, sauf par l'approbation de sa conscience, par le sentiment du devoir accompli, ce qui ne suffit pas à la plupart des hommes, surtout pour les pousser en avant. Si ces hommes ont une famille nombreuse, ils peuvent donc à grande peine l'élever, ou du moins la mettre dans une position sociale conforme à leur dignité, ce qui les rabaisse encore par les nécessités de la vie matérielle. En outre, les villes où sont placées les Facultés n'y ont aucune influence, et n'y prennent guère d'intérêt. Un grand enseignement suivi par une multitude d'élèves était autrefois en France la gloire et la richesse d'une ville, d'une province, et cela est encore ainsi en Allemagne. De là les grandes Universités qui ont avancé la science et illustré les peuples. Rien de cela n'existe plus aujourd'hui chez nous. Il n'y a plus qu'une Université royale, impériale, nationale, ou comme on voudra l'appeler, mais qui n'est pas autre chose qu'une grande administration de l'instruction publique, où on donne juste ce qui est nécessaire aux populations pour les besoins de la vie et de la position de chacun. L'amour de la science et des lettres, l'enthousiasme du vrai, du beau, du sublime, la poésie, l'éloquence, les arts, la philosophie, tout ce que les anciens exaltaient avec tant d'ardeur, et ce qui fait encore leur couronne et leur gloire, tout ce que le christianisme a élevé encore plus haut en le transfigurant par une science divine, une littérature sublime, et l'éloquence du ciel, tout cela est méprisé de nos jours et laissé à quelques fanatiques ou à quelques rêveurs. Les professeurs de talent sont donc peu ou point encouragés ; arrivés aux Facultés ils n'ont plus d'avenir et il faut qu'ils végètent au même poste, jusqu'à leur retraite. En outre, comme ils ont le mono-pole de leur enseignement et que personne ne peut, sauf de très-rares exceptions, venir leur faire concurrence dans leur poste, ils se laissent très-facilement aller à la routine, et s'endorment volontiers dans leurs chaires où la voix importune d'aucun rival ne vient les réveiller. De cette manière l'enseignement supérieur devient un métier qui donne le pain du jour.

Que faudrait-il donc pour faire cesser cette torpeur et ranimer tous ces ossements desséchés? Quelques mesures bien simples, bien faciles à exécuter si on le voulait sérieusement, mais qui détruiraient l'organisation actuelle. Il faudrait que la liberté entrât dans cette espèce de champ clos, ou de terrain privilégié, et cela de deux manières, ou par deux ouvertures, d'un côté dans l'enseignement officiel, qu'elle élargirait et vivifierait par l'émulation, et de l'autre côté par un enseignement libre à côté de l'enseignement officiel, et qui le stimulerait vivement par la concurrence.

Il faudrait d'abord que les Facultés officiellement établies pour le perfectionnement de l'instruction publique, ou pour la préparation aux professions libérales, dépendissent en grande partie des localités où elles sont placées, fussent payées et en grande partie dirigées par elles, en sorte que ces Facultés devinssent des corps vivants, enracinés dans le pays, et vivant de sa substance et de sa vie. Il faudrait que nous eussions en France, tout en conservant l'administration générale de l'instruction publique, un certain nombre d'Universités ou d'Académies, comme on voudra les appeler, qui se gouvernassent en grande partie par elles-mêmes, et pussent appeler dans leur sein les hommes distingués du dehors, en leur offrant des avantages plus considérables qu'ailleurs, pour être enrichies de leur enseignement et illustrées par leur science. C'est ce qui a lieu en Allemagne, où les Universités se disputent les hommes éminents, en sorte qu'un savant qui a usé sa vie à acquérir de la science et à la communiquer devient un des hommes les plus importants du pays, et arrive à une position de fortune considérable. Et pour la lui faire, le pays n'a pas besoin

comme chez nous d'épuiser le budget en gros traite-
ments. C'est le public qui paie lui-même l'enseignement
qu'il reçoit, et cela est tellement tourné en habitude
depuis le moyen âge, que personne ne s'en plaint. Il y
a toujours des exceptions pour les étudiants pauvres et
bien méritants, mais au moins on leur fait gagner l'exception. Chez nous nous avons la manie de vouloir tout
faire gratuitement, et on ne voit pas que toutes ces
belles gratuités sont faites aux dépens de tout le monde,
et qu'en définitive de cette manière ce sont les pauvres
gens qui paient pour les riches, car certainement, comme
il y a plus de pauvres que de riches, ce sont les pauvres
qui fournissent le plus au trésor public. Les Allemands
ont plus de bon sens sous ce rapport. Ils font payer
l'instruction à ceux qui la reçoivent, quand ils peuvent
la payer ; et dans chaque Université, tout professeur,
outre le cours public qu'il doit pour son traitement fixe,
peut ouvrir des cours privés, payés par ceux qui les
suivent. Donc son travail lui devient éminemment profitable. D'un côté il cherche tous les moyens de se faire
une réputation, soit par des livres, soit par son enseignement, pour être demandé un jour par une Université
plus fameuse ; de l'autre, en travaillant solidement ses
cours, et mettant du zèle et du talent dans son enseignement, il a l'espérance d'attirer les élèves, et ainsi
d'améliorer notablement sa position et par la gloire
et par les profits de son enseignement. Voilà la vraie
manière de stimuler les hommes au travail, au
progrès, à la vie, tant qu'ils ne seront pas des anges,
c'est-à-dire tant qu'ils voudront tirer de leur travail
et de leurs efforts une récompense et un bien-être
qui les en dédommagent. Nous autres en France, avec

notre vanité et nos beaux sentiments, nous avons toujours l'air de tout faire pour la gloire et pour le bien public, et en définitive cette belle ardeur tombe bien vite ; les choses ne se font pas ou se font mal, et nous n'avons ni gloire ni profit. Nous nous croyons toujours assez riches pour payer nos gloires, qui le plus souvent se réduisent à des illusions ou à des duperies.

Puis, il faudrait encore transporter chez nous ce qui se fait si utilement en Allemagne, savoir les professeurs privés, PRIVAT DOCENTEN. Tout docteur d'une Faculté devrait pouvoir, en vertu même de son diplôme, ouvrir un cours dans cette Faculté, et sur une partie quelconque de l'enseignement. L'Académie lui fournirait le local et la protection ; et ainsi les talents naissants pourraient se montrer, se faire connaître, et il en résulterait une vive excitation pour les titulaires, qui n'aimeraient pas à se laisser dépasser ou éclipser. Les cours seraient gratuits ou payés, comme on voudrait ; mais il y aurait cet avantage, que quand une chaire serait occupée par un homme peu capable, ou qui aurait vieilli, pour que l'enseignement ne restât point en souffrance, on ferait naître tout aussitôt un cours particulier qui remplirait la lacune, ou plutôt il naîtrait tout seul, les jeunes docteurs qui ont du talent et le désir d'avancer étant toujours prêts à saisir l'occasion de se mettre utilement en avant. Voilà des moyens, et il y en a encore d'autres très-simples, très-peu dispendieux, pour stimuler et vivifier l'enseignement supérieur, et ils seraient efficaces chez nous comme ils le sont ailleurs, parce qu'ils sont tirés de la nature même des choses, et qu'ils répondent aux dispositions du cœur humain. Au lieu de cela nous avons des institutions gigantesques, qui ont été créées dans l'intérêt de l'ambition démesurée d'un homme, et qui sont démesurées comme lui. Tant que son génie était là pour galvaniser ce cadavre, il avait l'air de se remuer et de vivre, mais encore d'une manière bien semblable à la mort. Aujourd'hui qu'il n'a plus même ce semblant de vie, ce sont des membres séparés, qui ne peuvent plus se rejoindre par un sang commun et par un même mouvement vital, et qui ne tiennent plus l'un à l'autre que par les quelques filets nerveux de l'administration, qui les rattachent au centre, et qui les font vivre justement assez pour qu'on ne puisse pas assurer leur mort. Voilà comme vit ce qu'on appelle l'Université de France.

Mais en même temps que la liberté viendrait délier et mettre au large l'enseignement supérieur officiel, il faudrait aussi qu'elle se réalisât hors de lui, à côté de lui, comme pour les deux autres degrés de l'instruction publique. Ici, sans doute, l'établissement d'institutions rivales est plus difficile, mais enfin il n'est pas impossible. Une Université libre, ou du moins une Faculté, est une chose plus malaisée à fonder qu'une institution ou une école primaire. Cependant au moyen de l'association et par les forces réunies de beaucoup d'hommes ayant les mêmes vues et les mêmes sentiments cela peut se faire, et l'Église catholique surtout est admirablement organisée pour cela. Elle établit un lien commun entre une multitude d'hommes ; ce lien est la foi ; et elle a pour les conduire au bien et à la perfection, le stimulant le plus noble et le plus efficace, l'amour de Dieu et du prochain, la charité. Elle peut avec ce levier soulever le monde et faire des merveilles, et elle en fera certainement si elle le veut. Il ne faut pour cela que de l'entente intelligente et cordiale entre ses chefs, et plus qu'ailleurs on peut l'espérer. Ainsi s'est établie l'Université de Louvain, qui n'a pas tardé à primer les autres Universités de la Belgique. Nous voyons aussi par l'exemple du même pays qu'une Université libre peut être fondée par une association de laïques. L'Université de Bruxelles s'est élevée en rivalité de celle de Louvain. Et en Angleterre l'association laïque, qui est si puissante dans ce pays, a créé l'Université de Londres.

Il serait donc à désirer que dans les plus grandes villes de France, ou au moins dans plusieurs grandes métropoles, il s'élevât par les mains du clergé, ou par des associations laïques, de grandes écoles qui rappelassent et fissent revivre, avec toutes les conditions nouvelles du siècle, les Universités si savantes et si fréquentées du moyen âge. Par là ressusciteraient des corporations savantes, religieuses ou autres, qui deviendraient des foyers de lumière et de science, et qui rayonneraient sur le pays de tous côtés et dans un certain horizon. Il ne serait pas même nécessaire que ces associations établissent une Université complète. Ce pourrait être un Collége de médecine, de droit, de sciences mathématiques et physiques, de philosophie et de littérature, de sciences économiques et sociales, etc. En chaque province on ferait suivant son goût, ses habitudes, ses besoins, ses antécédents. Il y aurait des actionnaires, une commission d'administration, un directeur, toute une organisation, qui serait bien simple et peu dispendieuse si l'on voulait, et les élèves paieraient l'enseignement comme dans les écoles de l'État. Si l'on demandait encore des certificats d'études pour la présentation aux grades, les certificats libres légalement institués seraient valables comme ceux des écoles officielles ; et si on les supprimait, tous les candidats aux grades se présenteraient aux jurys d'examen n'ayant à faire preuve que de leur instruction et non de la manière dont ils l'ont acquise et du lieu où ils l'ont reçue.

Ici s'élève une question qui doit nécessairement être résolue. Qui conférera les grades en droit, en médecine, ès sciences et ès lettres ? Sous le régime du monopole, c'é-taient les Facultés de l'Université. Et là où la concurrence était la plus vive, dans tout ce qui concerne l'instruc-tion secondaire, et pour la collation du grade de bache-lier, qui a pris tant d'importance depuis qu'il est devenu la clef de toutes les professions libérales, la collation des grades est devenue une cause très-vive de discussions, d'accusations, de récriminations ; les partis opposés à l'Uni-versité soutenant, non sans apparence de raison, qu'en con-férant seule les grades non-seulement à ses élèves, mais à ceux des institutions rivales, elle se faisait en définitive juge et partie, juge aussi de ses rivaux, et que par con-séquent elle pouvait sans injure être taxée de partialité en faveur des siens et contre ses adversaires. Je crois qu'on a beaucoup exagéré les effets de cette partialité et les conséquences de cette position, fausse en effet, de l'Université, mais qui peut-être, pour plusieurs raisons que nous ne pouvons énumérer ici, a produit moins d'in-convénients qu'on ne l'a dit. Cependant dans une nou-velle organisation établie sous l'empire de la liberté, il est évident que cet état de choses ne peut subsister. Tout le monde comprend que si les Facultés de l'État conféraient seules les grades, les Facultés libres seraient découragées et discréditées par la haute puissance de leurs rivales et par la crainte ou les espérances du public. Il faut donc établir un tribunal, en dehors des Facultés enseignantes, qui présente toutes les garanties d'impartialité ; et comme pour examiner *ex professo* sur des matières scientifiques il faut vivre habituellement dans ce genre d'études et en avoir l'esprit journellement occupé, et la mémoire toujours fraîchement remplie, il faut des hommes spéciaux de l'enseignement pour faire les examens; tout autre, sauf quelques rares exceptions, n'en serait plus capable, non par manque de talent ou de science véritable, mais par défaut d'habitude ou de mémoire. En un mot, pour les examens de tous les jours servant à la collation des grades, il faut des hommes du métier, autrement vous restez dans le vague des généralités, et l'enseignement en pâtirait bientôt; l'instruction des élèves s'affaiblirait, car elle est toujours en raison des examens.

Nous pensons donc que dans chaque localité où il y aurait une Académie ou une Université de l'État, ou même une Faculté, ou un ensemble de quelques Facultés, le ministre nommerait tous les ans un jury d'examen, pour chaque ordre de Facultés, lequel tiendrait une ou plusieurs sessions par an; et ce jury, pour offrir toutes les garanties d'impartialité, et représenter tous les intérêts, serait composé moitié de professeurs de l'État, et moitié de professeurs des écoles libres, ou au moins de docteurs de cet ordre d'enseignement, qui ne seraient point employés dans l'enseignement officiel. Ce jury nommerait à chaque session son président et ses secrétaires, et les membres recevraient les justes droits de présence en indemnité du temps qui leur serait demandé. De cette manière tous les intérêts seraient garantis. Une vive émulation serait excitée entre les corporations rivales; d'abord par la manière dont l'enseignement serait suivi des deux côtés pendant le courant de l'année, et par l'affluence des élèves d'un côté ou de l'autre; puis, aux examens, par le nombre et la distinction des candidats heureux appartenant à l'enseignement officiel ou à l'enseignement libre. Tout le monde gagnerait donc à cet arrangement qui satisferait à tous les intérêts, à toutes les prétentions, autant qu'on peut raisonnablement y faire droit, et qui détruirait enfin cette guerre d'accusations, de récriminations et quelquefois d'injures qui a eu lieu si longtemps entre l'Université et ses adversaires. L'enseignement officiel y gagnerait extrêmement parce qu'il serait toujours stimulé par la concurrence, il n'y aurait plus moyen de s'endormir dans sa chaire sans préjudice grave de son honneur et de sa fortune; et l'enseignement libre, obligé de faire des efforts incessants pour se mettre au niveau de l'enseignement de l'État, s'animerait, s'évertuerait sans cesse pour atteindre le prix si désiré et ferait de notables progrès en y tendant toujours.

XXIV

Dans notre système, l'enseignement libre étant complétement séparé de l'enseignement officiel ou universitaire, l'administration de l'instruction publique pourrait être singulièrement simplifiée ; ce qui produirait un double bénéfice, d'un côté parce que les choses iraient tout aussi bien, sinon mieux, avec moins de rouages, d'instruments et de complication, de l'autre parce que cela coûterait infiniment moins cher, ce qui dégonflerait le budget de l'instruction publique qui grossit tous les ans, et soulagerait d'autant la bourse du peuple, c'est-à-dire de tout le monde.

Nous admettons la nécessité d'un ministre de l'Instruction, à cause de la centralisation, qui est une bonne chose quand elle n'est point exagérée et exclusive. Elle est le reflet de l'unité de la nation dans le gouvernement. Il est évident que dans une nation une et bien organisée, l'action du pouvoir central dòit influer partout, et tout doit graviter vers lui dans une certaine mesure, directement ou indirectement, pour que la vie de l'ensemble se répande dans toutes les parties et que toutes ces parties conspirent à la vie commune et au bien général. Le ministre de l'Instruction publique présidera donc à l'enseignement libre comme à l'enseignement officiel ; seulement il n'exercera sur le premier qu'une surveillance générale, pour constater si les lois qui le régissent sont accomplies, s'il ne s'y passe rien qui soit contraire à l'ordre public et aux bonnes mœurs. S'il apprend par ses agents ou autrement qu'il y a du désordre dans les institutions libres, il les dénonce par ses agents au procureur de la République qui poursuit les coupables devant les tribunaux, et les tribunaux appliquent les peines prévues.

Le ministre a tout le gouvernement de l'enseignement officiel ou universitaire ; il nomme à tous les emplois ; mais sa tâche sera très-allégée, puisque nous supprimons les colléges de l'État, pour n'avoir plus que des colléges municipaux, dont nous remettons l'administration aux villes, avec la condition de présenter les fonctionnaires à la nomination du ministre. De plus, l'École normale étant supprimée, et le concours d'agrégation pour les colléges de premier ordre devenant le moyen unique de recrutement, c'est encore une décharge pour le ministre, qui a beaucoup moins à s'occuper du personnel. L'agrégation en effet ouvre la porte de l'enseignement à tout individu déclaré capable ; et les villes choisissent ensuite les hommes qui leur conviennent le mieux, et elles sont certainement plus intéressées que personne à les bien choisir.

Dans l'état des choses que nous supposons, je ne vois pas l'utilité d'un Conseil supérieur. Il me semble qu'il doit tomber avec la pensée gigantesque de Napoléon, qu'il était appelé à réaliser pour sa part. Quand l'Université embrassait toute l'instruction publique sous sa domination, il fallait un certain nombre d'hommes pour assister le ministre, préparer cette masse énorme d'affaires, et lui proposer constamment des solutions. C'était un conseil d'État au petit pied, dans l'empire en raccourci de l'Université impériale. Le Conseil a pu être utile tant que cet arrangement a subsisté, et il a subsisté jusqu'à cette année. La loi nouvelle vient de le modifier complétement pour le mettre en harmonie avec l'ordre constitutionnel et avec l'organisation bâtarde qu'elle donne à l'instruction publique. Il a fallu, pour donner à ce Conseil une raison d'être, lui donner un but nouveau, une idée nouvelle, savoir, de représenter tous les intérêts de toutes les classes de la société pour l'instruction publique ; et ainsi on n'en a plus fait un petit conseil d'État, mais une petite chambre des représentants, qui au fond ne représentera rien du tout, et ne devra son existence qu'à la malheureuse pensée de vouloir fondre ensemble l'Église et l'Université, et de concilier ce qui est inconciliable. D'après l'idée mère de la nouvelle loi, qui conserve la juridiction universelle de l'Université, et qui y soumet dans une certaine mesure l'enseignement libre et même l'enseignement ecclésiastique, le Conseil supérieur devait en effet contenir des délégués de l'Église et de l'enseignement libre, et on a ajouté les autres par surcroît, pour faire passer les deux premiers. Comment fonctionnera cet amalgame, cette espèce de macédoine délibérante, c'est ce que l'expérience va prouver. Pour nous, nous sommes tenté de croire que cette création anormale, extraordinaire, presque monstrueuse de la loi nouvelle, n'est pas née viable.

Dans notre système, où les deux enseignements sont divisés, et n'ont rien de commun que leur but et leurs fonctions, le Conseil supérieur, s'il existait, ne serait plus composé que d'universitaires, et tout au plus d'un ou deux ecclésiastiques, parce qu'enfin le gouvernement ne peut pas élever et instruire la jeunesse sans le concours de la religion. Mais comme, d'un autre côté, nous avons remis aux villes la plus grande partie des Facultés et des colléges ; comme nous voudrions qu'elles en fissent leur affaire et qu'elles y missent toute leur sollicitude, cela seul pouvant donner de la vie dans la province aux établissements officiels d'instruction, le ministre n'ayant plus qu'à nommer les professeurs présentés à la suite de concours ou autrement, et ayant tout au plus à faire quelques règlements généraux pour toutes les académies de France, on ne voit vraiment pas à quoi servirait une assemblée de huit ou dix personnes, qui n'auraient pas grand'chose à délibérer ni à conseiller. Le Conseil supérieur nous paraît donc inutile, et sa suppression entraînerait encore une notable économie sans être dommageable à l'instruction publique.

Que si on veut seulement conserver le Conseil supérieur comme une espèce de sénat, où les membres émérites de l'enseignement les plus distingués, et qui ont le plus longtemps travaillé, sont appelés pour y trouver une retraite honorable, et en même temps faire encore profiter le pays de leur expérience par les conseils qu'ils peuvent donner au ministre, nous ne nous y opposons pas ; nous y verrons alors une honorable récompense pour d'anciens ou d'éclatants services, une espèce de couronne de l'*éméritat*, qui servira aux fonctionnaires de l'instruction publique d'aiguillon, de motif d'espérance et d'encouragement dans leur carrière pénible, et pour arriver jusqu'au bout. Mais nous demanderions alors que le traitement des conseillers ne dépassât point le maximum des retraites.

L'inspection générale est une conséquence de la centralisation, et d'un ministre unique. Il est clair que le ministre ne peut voir les choses par lui-même, et qu'ainsi il doit avoir sous la main des agents qu'il envoie inspecter et qui lui rendent compte. Puis, justement parce que les villes auront plus de part à la direction et à l'administration des colléges et des Facultés, le ministre devra mieux s'assurer de ce qu'on y fait sous le rapport des études, des mœurs, de la discipline, afin de faire sentir au besoin la main du gouvernement dans les provinces et dans toutes les administrations munici-pales. Mais d'un autre côté, l'inspection spéciale de l'État ne s'exerçant que sur les établissements officiels et n'ayant rien à voir dans les institutions libres, il faudra moins d'inspecteurs généraux qu'aujourd'hui, et ce sera encore une économie.

Restent les recteurs, c'est encore une création napo-léonienne et tout à fait en rapport avec le système de l'Université impériale. Comme elle embrassait toute l'in-struction publique, on avait divisé celle-ci en académies qui se partageaient tout le territoire absolument comme les divisions militaires, les cours impériales et les dé-partements. Tant que ce système a prévalu, c'est-à-dire jusqu'à la loi nouvelle, l'institution des recteurs a dû subsister. La nouvelle loi, conservant le principe faux de l'État enseignant, et par conséquent de la juridiction universelle de l'Université, devait conserver aussi les recteurs, peut-être en en diminuant encore le nombre, puisque par une demi-émancipation de l'enseignement privé ou libre, elle leur donnait moins à faire. Au grand étonnement de tous les hommes entendus dans la matière, elle a fait tout le contraire ; elle les a multipliés d'une manière ridicule, en plaçant une académie dans chaque département, sans s'inquiéter s'ils y auraient une position digne et quelque chose à faire. On a trouvé très-rationnel de mettre une espèce de directeur de l'instruction publique dans chaque département, comme il y a un préfet, un général, un évêque, un directeur de l'enregistrement, des contributions directes, des impôts indirects, des hypothèques. L'on a cru sans doute qu'un recteur manquait à cette organisation administrative, et dans un temps aussi difficile que le nôtre sous le rapport financier, quand on devrait à tout prix faire des économies, de gaieté de cœur, ou pour faire un tableau exact et régulier de fonctionnaires dans chaque département, on a imposé au pays épuisé un million, ou un million et demi d'impôts en sus. C'eût été insensé, absurde, s'il n'y avait pas une autre pensée par derrière, une pensée de parti qui ne calcule pas pour se satisfaire, et qui malheureusement s'est satisfaite, dans la loi nouvelle, sans profit pour la cause qu'elle voulait soutenir, au moins nous le croyons, mais au grand détriment de la fortune publique. On nous fait payer fort cher la pensée fausse que voici. Les adversaires de l'Université, ne pouvant la détruire, ont voulu l'affaiblir le plus possible, et surtout diminuer son action centralisante dans les provinces. Alors ils ont espéré affaiblir le pouvoir universitaire dans les départements en le divisant, en le brisant en fractions minimes, en faisant ce qu'on a appelé de petits recteurs ; puis, toujours dans le même but, ils ont cru renforcer l'influence des localités en flanquant chacun de ces petits recteurs d'un conseil académique, auquel ils ont donné le plus de force et d'influence qu'ils ont pu, espérant que le recteur serait débordé par son conseil, et qu'ainsi les départements deviendraient plus forts, en ce qui touche à l'instruction, contre le ministre et l'Université proprement dite. Ils ont cru renouveler dans chaque conseil académique ce qu'ils ont fait dans le Conseil supérieur, et, à notre avis, ils n'ont fait que multiplier l'erreur qui a présidé à la création du Conseil supérieur, et l'étendre à toute la France. Nous avons montré plus haut tout ce qu'il y a de faux dans cette pensée, et qu'en résultat les choses tourneront contre le but des auteurs de la loi, qui voulaient affaiblir l'Université et qui n'auront réussi qu'à la fortifier en multipliant ses académies, sa bureaucratie et ses agents de toutes sortes. Nous renvoyons à ce que nous avons dit là-dessus au chapitre XVIII. Que peuvent donc être les recteurs dans notre système ? Nous ne trouvons plus de place pour eux, tels qu'on les a institués jusqu'à présent. Seulement nous voyons la nécessité qu'il y ait de distance en distance à la surface du pays, et dans les grands centres d'instruction que nous appellerons Université ou Académie, un commissaire de la République près cet établissement, et qui soit là comme un inspecteur permanent et en chef, pour tout ce qui se passe dans ce ressort concernant l'instruction publique. Il communiquerait d'un côté avec le ministre auquel il rendrait compte de ce qui se fait dans les Facultés et dans les colléges, et de l'autre avec les autorités municipales et académiques qui administrent ces établissements. Il peut avoir sous lui deux inspecteurs d'académie qu'il envoie examiner et faire des enquêtes, et il est chargé aussi de dénoncer au procureur de la République tout ce qui serait contraire aux lois et règlements dans l'instruction libre.

Ce fonctionnaire ne devrait donc point s'appeler recteur puisque dans la réalité il ne régirait rien. Il s'appellerait Commissaire du ministre de l'instruction publique, et il serait uniquement chargé d'inspecter les établissements officiels au nom du ministre et de veiller à ce que, soit dans ceux-ci soit dans les autres, il ne se passe rien de contraire aux lois et au bon ordre.

D'après cela nous voudrions qu'on rétablît à peu près l'ancienne circonscription des académies, au nombre de quinze ou vingt, et qu'on plaçât près de chacune un Commissaire spécial pour l'instruction publique.

Dans chacun de ces centres d'enseignement nous voudrions que l'Université ou l'Académie prît son nom de la ville la plus importante, et devînt un grand foyer de lumière et de science. Mais pour cela nous demandons que l'administration de cette Université et des établissements qui en dépendent ressorte surtout du conseil municipal, et que celui-ci soit le maître de faire ses conditions avec les professeurs qu'il présenterait ensuite à la nomination du ministre; que dans cette Université il y ait un recteur, comme dans chaque Faculté un doyen, nommé par ses collègues pour un certain nombre d'années; et en outre un conseil académique pour la bonne direction de l'Université, pour la stimulation des professeurs et la bonne police des élèves. Le Commissaire du ministre résiderait auprès de cette académie, et la présiderait dans toutes les cérémonies publiques au nom du ministre. Un règlement particulier déterminerait ses attributions et leurs rapports.

Par cette organisation beaucoup plus simple et qui dérive de la vraie liberté de l'enseignement, laquelle ne peut s'établir et subsister que par la séparation de l'enseignement libre et de l'enseignement officiel, réunis seulement en un point, dans la main du ministre et sous sa surveillance, l'Université d'un côté subsisterait comme corporation savante payée par l'État, avec toutes les académies et les colléges qui en ressortiraient, et d'un autre côté l'enseignement libre, par des corporations religieuses ou laïques, produirait des Facultés libres, des colléges libres, des écoles libres de tout genre, qui rivaliseraient avec celles de l'Université et la stimuleraient vivement par une concurrence incessante. L'instruction du pays et surtout l'éducation publique y gagneraient énormément, et le budget de l'instruction publique serait notablement dégrevé. Nous ferions mieux à moins de frais.

XXV

DE L'INSTRUCTION PRIMAIRE.

Nous ne pouvons parler de l'éducation en France depuis le commencement de ce siècle, sans dire quelques mots sur l'instruction primaire, qui est une si grande partie de l'éducation du peuple, et qui a une si grande influence sur sa moralité et par conséquent sur son bonheur et sur celui de toute la nation, suivant la manière dont elle est dirigée.

Nous ne sommes pas de ceux qui prétendent que le peuple ne sera bon et heureux, que quand il saura lire et calculer. Ces choses en effet peuvent contribuer à le moraliser et ainsi à le rendre plus heureux, comme des moyens bien employés mènent au but ; mais ces mêmes moyens mal dirigés vont à côté du but, ou même en détournent complétement, s'ils vont contre leur fin.

Ainsi la vraie question n'est point d'apprendre à lire à tout le monde pour rendre tout le monde juste et honnête ; ce résultat, la faculté de lire ne peut le produire toute seule, car on peut lire de très-mauvaises choses, et alors au lieu d'améliorer elle pervertit. La vraie question est de rendre les hommes honnêtes par tous les

15

moyens qui peuvent les moraliser, de leur donner de bonne heure le goût de l'ordre et de la justice, les principes de la moralité ; et pour leur inspirer ce goût et ces principes, la lecture et l'écriture peuvent certainement être fort utiles dès qu'ils ne lisent que de bonnes choses, et qu'ainsi ils trouvent dans ce pouvoir, que l'instruction leur confère, un moyen de plus de se perfectionner et de travailler à leur bonheur.

Nous ne sommes donc pas non plus de l'avis de ceux qui réprouvent la lecture et l'écriture, comme nécessairement funestes au peuple, et qui croient qu'il serait beaucoup plus heureux dans cette ignorance qui le préserverait de beaucoup de tentations et de la contagion du mal. Ces personnes, souvent bien intentionnées du reste, tombent dans un autre excès. De ce que beaucoup de pauvres gens, enfants ou adultes, sont gâtés par les mauvais livres, et surtout par les mauvais journaux, ils concluent qu'il vaudrait mieux pour eux ne les avoir jamais lus, et en cela ils ont raison. Mais cela ne prouve pas du tout que ces connaissances soient mauvaises en soi ; cela prouve seulement qu'on peut en faire et qu'on en fait souvent un mauvais usage ; et les abus des meilleures choses sont ordinairement les plus fâcheux : *corruptio optimi pessima*.

D'ailleurs ces discussions sont oiseuses; il ne s'agit plus de savoir si on donnera ou non l'enseignement primaire au peuple, la question est résolue par le fait; on ne peut pas aujourd'hui ne pas l'instruire ; l'important est de le bien instruire, de manière, non pas précisément à l'instruire par la méthode la plus facile, la plus rationnelle et la moins coûteuse, ce qui est aussi quelque chose, mais à ce qu'il retire des connaissances qu'on lui donne le plus de profit possible pour lui et le bien public, ce qui revient à dire, que ce qui importe le plus maintenant, c'est de donner au peuple les meilleurs instituteurs qu'il se pourra, ou ceux qui, en l'instruisant, concourent le plus efficacement à son éducation morale.

Or, l'éducation morale du peuple ou des masses, et il en est de même au reste pour les individus quels qu'ils soient, ne peut se faire efficacement et solidement que par la religion, qui est sous ce rapport la morale et la philosophie, mises à la portée de tout le monde, des enfants comme des hommes mûrs, des ignorants comme des savants. Le privilége de la religion est de parler à tous et de se faire comprendre de tous. Elle est le vrai pédagogue moral du genre humain. Elle agit par deux voies principales dès l'enfance ; par la parole maternelle qui communique la foi et qui apprend à prier Dieu, à le craindre et à l'aimer ; et par la voix du prêtre, qui annonce et explique la loi divine, les commandements divins, et donne par les sacrements les moyens de grâce qui rendent capable d'observer la loi et de pratiquer la justice chrétienne. L'instituteur doit donc être un auxiliaire à ces deux grandes influences, s'il doit servir à l'éducation morale du peuple, sinon il devient un obstacle, et sous le prétexte spécieux de l'instruire il le dégrade, car sans la religion il ne le moralisera jamais. Il faut donc que l'instituteur soit un homme religieux sous peine d'être un mauvais instituteur, quelque instruit ou habile qu'il soit d'ailleurs ; et au contraire, plus il aura de connaissances et d'habileté, plus il sera dangereux, s'il est contraire à l'influence religieuse, ou même s'il ne coopère pas avec elle.

Voilà pourquoi les instituteurs, appartenant à des

congrégations religieuses, à mérite égal, vaudront toujours mieux que des laïcs, et surtout que des laïcs sans religion, par indifférence ou par hostilité. C'est surtout dans l'enseignement primaire que la séparation entre l'élément laïque et l'élément ecclésiastique a eu des effets déplorables, parce que la religion doit être l'âme de l'instruction populaire, et que l'en séparer ou la mettre seulement de côté, c'est lui ôter la vie ou la rendre malade et impuissante. Voilà cependant ce qu'on a voulu faire par la loi de 1833 ; et cela par réaction contre la Restauration, qui avait d'abord mis l'instruction primaire entre les mains du clergé. Alors on se jeta dans l'excès opposé, et pour échapper à l'influence cléricale on chercha à rendre le maître d'école indépendant du curé, et même par l'instruction exagérée qu'on réclama de lui, à le mettre dans l'opinion du peuple au-dessus du curé. C'est pour cela qu'on créa des écoles normales dans la plupart des départements avec la pensée secrète de les opposer par la science du monde aux séminaires qui donnent la science divine, et d'y préparer une sorte de sacerdoce pour les campagnes, chargé d'y répandre et d'y entretenir le culte de la science, et qu'on opposerait avec succès à l'Église et à ses ministres. Telle a été la pensée, ou au moins la tendance secrète, de la loi de 1833, qui, tout en établissant tous les principes de la liberté dans l'enseignement primaire, c'est-à-dire le droit d'ouvrir une école sous certaines conditions et en prévenant l'autorité, a fait un mal affreux dans les campagnes par la guerre qu'elle a organisée entre le curé et le maître d'école ; en sorte que l'influence religieuse, qui seule peut moraliser la masse, loin d'être aidée par la science, représentée par l'instituteur, a été contrariée, combattue, ou même entravée par elle, ce qui l'a déconsidérée aux yeux des peuples et trop souvent annulée.

Ce mal est devenu si fort, si flagrant par la révolution de 1848, qui a exalté les instituteurs au point de les mettre au premier rang de la société, et de les déclarer les sauveurs du pays, qu'on n'a pas pu attendre pour réprimer leurs écarts et empêcher leurs excès la promulgation de la nouvelle loi qui devait les remettre à leur place. Il a fallu une loi d'exception qui les mît momentanément à la disposition des préfets, jusqu'à l'application de la loi nouvelle. Leurs prétentions en effet étaient devenues intolérables. En partant de la loi de 1833, leur destitution était devenue presque impossible, en sorte que, par la plus bizarre des contradictions, suite ordinaire de la passion, au dernier rang de l'instruction publique, les fonctionnaires les plus humbles jouissaient d'une espèce d'inamovibilité, que les professeurs des colléges n'avaient pas. Une chose me frappe en ce moment, et je ne puis m'empêcher de l'indiquer ici comme signe caractéristique de nos deux dernières révolutions, et du progrès que la démocratie y a fait.

Nous avons montré plus haut que la révolution de juillet avait été faite par l'Université et à son profit, et que l'Université représentait, dans sa partie la plus éclairée, à savoir par les professeurs des Facultés et des colléges, la bourgeoisie, c'est-à-dire les parlements, la robe, le commerce, toute cette classe moyenne qui a détrôné l'aristocratie nobiliaire et militaire qui dominait l'ancien régime. Eh bien ! la révolution de Février a, à son tour, détrôné cette bourgeoisie, représentée par l'Université et la garde nationale, au profit de la démocratie, ou des classes ouvrières ; et, comme toujours une classe est représentée par ce qu'il y a de plus éclairé en elle , en Juillet, la bourgeoisie l'a été par les savants de l'Université, et en Février les classes ouvrières l'ont été par les maîtres d'école ; la révolution de 1848 a été en effet l'ère de l'avénement des maîtres d'école, et M. Carnot, dans sa fameuse circulaire qui les appelait à la représentation nationale, exprimait parfaitement la situation du moment. De Juillet à Février, nous avons donc baissé d'un cran, nous sommes tombés des professeurs de l'Université aux maîtres d'école.

La nouvelle loi a été destinée à remettre un peu d'ordre dans ce désordre, en même temps qu'elle devait mettre en pratique les principes de la liberté dans l'instruction primaire. Cela a été fait, je crois, beaucoup plus franchement que dans l'instruction secondaire ; et cela parce que l'Université, qui a été au moins pour moitié dans la confection de cette loi, d'un côté n'avait rien à perdre à ce qu'on appliquât la liberté à l'enseignement primaire qui lui tient moins à cœur, vu que ses priviléges y sont moins engagés, et que de l'autre elle n'était pas fâchée de frapper sur les instituteurs que la révolution de Février avait comme émancipés, et qui se dressaient insolemment contre elle et menaçaient son autorité. Les universitaires s'accordèrent donc parfaitement sur ce point avec les hommes religieux qui étaient appelés à faire la loi avec eux, tandis qu'ils les combattaient vivement sur tout le reste.

La loi de 1833 accordait déjà la liberté à l'enseignement primaire, en ce sens que tout Français, non frappé d'incapacité, pouvait ouvrir une école en accomplissant certaines conditions faciles et sans avoir besoin d'une autorisation préalable. La loi de 1850 n'a rien ajouté à cette faculté, ni plus de facilités ni plus d'entraves. Ni l'une ni l'autre de ces lois cependant ne sont complétement libérales, ou adéquates à l'idée de la liberté, en ce sens qu'elles impliquent toutes deux le droit de l'État enseignant, ce qui comme nous l'avons montré est la racine du despotisme universitaire, et par conséquent l'antipode de la liberté; toutes deux font ressortir de l'Université l'enseignement libre ; elle est encore posée comme l'État lui-même, et par conséquent au fond c'est toujours l'enseignement libre soumis à l'autorité de l'enseignement officiel. A ce point de vue, qui est le fond de la question, ce n'est pas même une loi de liberté, parce que le principe de la vraie liberté n'y est pas réalisé, c'est au contraire le principe opposé qui y domine. Mais il faut reconnaître qu'il y a vraiment des concessions faites à la liberté, et qu'elle peut dans la réalité se manifester et se déployer par des écoles privées, qui rivalisent légalement avec les écoles officielles. La loi de 1833 a certainement été un progrès sous ce rapport, et celle de 1850, tout incomplète qu'elle est encore, confirme ce progrès.

Un bien réel qui se trouve dans la loi nouvelle, c'est d'avoir remis à sa véritable place l'enseignement primaire, en le bornant à la lecture, à l'écriture, aux éléments de la langue française, à l'instruction morale et religieuse, au calcul et au système légal des poids et mesures. Le législateur a fait en cela preuve de bon sens et de bon goût. C'est là en effet tout ce qu'il est nécessaire au peuple de savoir, et il sera même bien heureux s'il peut apprendre cela et le bien savoir. L'histoire, la géographie, les sciences physiques, l'histoire naturelle, l'agriculture, l'industrie, l'hygiène, l'arpentage, le nivel-

lement, le dessin linéaire, etc., tout cela est devenu
facultatif; et c'est un grand bonheur pour les maîtres et
pour les écoles. Rien de pire que les demi-savants, et
c'est justement ce qu'on formait de tous côtés avec cette
prétention d'un enseignement primaire au niveau des lumières et des progrès du siècle. Les écoles normales
devenaient des Facultés des sciences, et les malheureux
jeunes gens, arrachés à la charrue ou aux métiers des
villes, et dont on voulait absolument faire des savants,
risquaient fort de n'avoir de la science que l'orgueil et
des mots vides. Et tout cet étalage de science, ce luxe
de maîtres, de leçons et d'examens pour aller apprendre
à lire, à écrire et à compter aux enfants d'un village ! La
plupart de ceux qui se préparaient à soutenir leur examen pour obtenir le brevet perdaient le bon sens, quelquefois la raison, à se mettre dans la tête tant de choses
pour eux inutiles ; ils y perdaient presque toujours l'hu-
milité et la simplicité de leur cœur, si conforme à leur
humble et simple condition. Que dans les villes on demande davantage, la loi l'a prévu sagement, et l'enseignement primaire pourra devenir enseignement supérieur là où les besoins des localités le demanderont, et
où l'on trouvera des instituteurs plus instruits. Nous périssons aujourd'hui, à tous les degrés, par la vaine
science, par cette science de mots qui étouffe la pensée
et fausse le bon sens, parce que ceux qui la possèdent
croient savoir quelque chose et ne savent effectivement
rien ; et cette maladie, cette manie du faux savoir est
excitée et entretenue par ces examens forcés, ces programmes exagérés, qui imposent à de pauvres jeunes
gens des connaissances presque universelles, en sorte
qu'ils n'ont d'autre ressource pour réussir que de pa-

raître savoir par le luxe des mots, par l'effort de la mémoire, ce dont ils répètent les définitions, les explications
toutes faites, sans y rien comprendre au fond. Voilà
comment depuis vingt ans on abâtardit notre génération
sous prétexte de la mieux instruire et de la rendre plus
savante. On la rend imbécile, stérile, impuissante,
n'ayant que du bavardage et pas une idée.

La loi de 1850 a encore détruit un grand inconvénient de celle de 1833 : savoir l'inamovibilité des maîtres
d'école, ou quelque chose qui y ressemblait. D'après toutes
les garanties qu'elle leur avait données, il était tellement
difficile de les révoquer, de les déplacer, que par le fait
ils étaient devenus inamovibles. Ça a été un des plus
grands vices de cette loi, et il en est résulté des conséquences très-fâcheuses. Les instituteurs avaient plus de
racines et de fixité. dans les communes que qui que ce
soit. Maire, conseil municipal, curé, tout cela changeait
ou pouvait changer souvent. Le maître d'école était
sûr d'être le plus fort par sa durée même ; et quand la
lutte s'engageait, il n'avait qu'à paraître pour triompher.
C'est ce qui est arrivé souvent d'une manière déplorable
avec les maires et surtout avec les curés ; aussi en beaucoup d'endroits ils étaient devenus comme les tyrans
des villages, et leur orgueil s'en était singulièrement
exalté. On a vu en 1848 jusqu'où cela pouvait aller ;
leurs prétentions qu'on encourageait encore, qu'on excitait, n'ont plus connu de bornes, et peu s'en est fallu
que nous ne fussions gouvernés par des maîtres d'école.
La loi nouvelle les a sagement remis entre les mains
des recteurs et des conseils académiques, qui peuvent
les révoquer et même les interdire à toujours, sauf
appel devant le conseil supérieur. Elle a aussi sa-

gement défendu qu'un instituteur communal révoqué ou destitué pût ouvrir une école libre dans la même commune ; inconvénient grave que la loi de 1833 avait laissé subsister.

Mais on peut aussi reprocher à la loi nouvelle plusieurs choses qui sont contraires au principe de liberté ou qui ne satisfont pas l'opinion publique à certains égards.

Ainsi l'article 31 porte : « Les instituteurs communaux sont nommés par le conseil municipal de chaque commune, et choisis sur une liste d'admissibilité et d'avancement dressée par le conseil académique du département, ou bien sur la présentation qui est faite par les supérieurs, pour les membres des associations religieuses vouées à l'enseignement, et autorisés par la loi, ou reconnues comme établissements d'utilité publique. » Cet article laisse à la liberté des communes le choix entre les instituteurs laïques et les instituteurs religieux ; c'est bien, mais pour le choix entre les laïques, la commune est-elle forcée de prendre dans la liste du conseil académique ? L'article semble le dire. Le conseil académique dans ce cas décernerait donc un privilége aux instituteurs qu'il comprendra dans sa liste ; il pourra admettre ou exclure à son gré, car on ne dit nullement à quelle condition on sera admis, et ainsi il aura entre les mains une espèce de feuille des bénéfices de l'enseignement primaire, ce qui lui donne un pouvoir considérable et tout arbitraire. Mais, en outre, cette position qu'on lui fait détruit en partie le bienfait de la loi, car elle porte que celui qui a obtenu le brevet d'instituteur peut en exercer les fonctions par toute la France et dans tous les départements. Or, si pour être choisi par une commune, il faut être sur la liste d'un conseil académique, comme on ne peut être porté à la fois sur la liste de tous les conseils académiques, et que d'ailleurs chaque conseil ne connaît que le ressort de son département, il suit d'un côté que la commune ne peut pas choisir l'instituteur qui lui conviendrait, et qui n'appartiendrait pas au département, et d'un autre côté que tous les instituteurs de la France, ou tous ceux qui ont des brevets sont restreints dans leurs droits à un seul département, et n'ont plus la faculté d'exercer leurs fonctions comme instituteurs communaux par toute la France, ce qui restreint singulièrement les droits qu'ils tiennent de la loi. L'article 31 est donc en contradiction avec l'esprit de la loi.

On peut encore reprocher à la loi de n'avoir point été assez franche ni assez courageuse en ce qui concerne les écoles normales primaires. Elle les laisse subsister d'une manière équivoque, les remettant à la disposition des conseils généraux et du ministre, qui les supprimeront ou les conserveront suivant les circonstances ou leur bonne volonté. Mais qu'arrivera-t-il si ces deux autorités ne s'accordent pas, si le ministre veut supprimer une école normale que le conseil général veut conserver, et vice versa? La loi ne le dit pas. Il est probable qu'on ne pourra la conserver sans le consentement du ministre. Mais si à son tour le conseil général veut en supprimer une malgré le ministre, et que dans ce dessein il ne vote pas les fonds nécessaires, que fera le ministre? aura-t-il la main forcée? La loi n'en dit rien. Puis, voilà des écoles dont le sort est remis en question chaque année par le vote du conseil général ; et comme aux écoles, ainsi qu'à toute institution morale, il faut du temps pour se développer et s'affermir, les études et la discipline demandant une longue pratique, de l'expérience et de l'exactitude, les écoles normales primaires, auxquelles il y a déjà tant de choses à reprendre, seront encore bien plus mal dirigées sous un tel régime et présenteront des inconvénients plus graves n'ayant point l'assurance d'une certaine durée.

L'indécision qui règne à cet égard dans l'article 35 est encore une suite de la manière dont la loi a été faite et des deux partis qui se partageaient la commission appelée à préparer le projet. Il est clair que les universitaires voulaient à tout prix conserver les écoles normales qui sont une partie de leur armée ; ce sont les séminaires de l'Université en face de ceux du clergé. Elles ont été élevées dans cette intention. Cependant, comme on ne peut nier le mal qu'elles ont fait, et qu'elles sont devenues en 1848 des foyers de communisme et de socialisme, les universitaires de la commission, dépossédés par la démocratie, et devenus très-conservateurs, n'avaient plus pour leurs enfants de 1835 la même tendresse ni surtout la même confiance, et ils ont été portés à se relâcher en quelque chose à leur endroit. Il est clair d'un autre côté que les membres de la commission, favorables à l'Église, auraient voulu supprimer les écoles normales, comme des institutions vicieuses, parce qu'elles gâtent dans les grandes villes la simplicité des jeunes gens de la campagne, qui viennent s'y former aux fonctions d'instituteur, et qui y prennent avec les vices des villes la morgue, la suffisance, et surtout l'esprit d'indépendance qui règne aujourd'hui dans toutes les grandes réunions de jeunes gens. Des adolescents, qui en restant dans leur village et en faisant quelques années d'apprentissage dans une école, sous un instituteur expérimenté, auraient conservé leurs mœurs, leur régularité, leur foi religieuse et leurs bonnes habitudes d'obéissance et de subordination, et ainsi auraient fait des instituteurs, peut-être moins savants, mais en effet plus religieux, plus honnêtes, et par conséquent plus propres à faire le bien dans leurs humbles fonctions ; étant au contraire versés un à un et comme goutte à goutte dans le milieu d'une institution déjà établie, qui a ses usages, ses pratiques, son esprit, sont transformés nécessairement et pénétrés par la contagion qui en fait bientôt d'autres hommes ; ils se dégourdissent singulièrement comme on dit vulgairement, et ils contractent toutes sortes d'habitudes nouvelles, conformes à leur nouvelle situation, qui leur donnent l'esprit, l'orgueil et les prétentions que nous avons déplorées. Puis les amis de la religion et de l'Église savaient très-bien que la pensée cachée des écoles normales était de suppléer le clergé autant qu'il se pourrait, et que par conséquent l'esprit d'hostilité contre la religion et ses ministres était inoculé à cette jeunesse, non pas peut-être explicitement, mais par toutes les influences qui les pénètrent et surtout par la position et la force des choses. Ils voulaient certainement la suppression des écoles normales, et je suis persuadé qu'ils étaient arrivés avec l'intention de la demander. Puis dans la discussion il y a eu des accommodements, des atermoiements. On voulait faire une loi de transaction, de conciliation, un concordat, comme on l'a dit, c'est-à-dire une œuvre de concorde. Là encore on a transigé, et comme les uns voulaient conserver et les autres supprimer, on a fait un article qui ne dit ni l'un ni l'autre, et qui laisse la possibilité de faire l'un ou l'autre, en sorte qu'aucun des deux partis n'est vainqueur ni vaincu ; mais ils se sont parfaitement entendus dans plusieurs autres endroits de la loi, et principalement dans les plus délicats, pour ne rien dire et ne rien décider. Voilà comme on fait les lois en des temps de transaction et pour opérer des fusions entre ce qui ne se fondra jamais, pour concilier ce qui est inconciliable. C'est l'esprit de l'éclectisme, du syncrétisme appliqué à la législation ; c'est la philosophie du jour dans les affaires publiques, et qui là comme ailleurs laisse subsister toutes les difficultés foncières sous une apparence d'unité, et croit avoir fondu ensemble tout ce qu'elle a confondu.

XXVI

DE L'ÉDUCATION DES FILLES.

L'éducation des filles se divise comme celle des garçons en deux degrés, l'éducation primaire et l'éducation
secondaire. Ces deux degrés sont moins distincts, moins
clairement séparés que dans l'instruction des hommes.
Là l'enseignement du grec et du latin fait la séparation.
Chez les filles, il n'y a guère de différence que celle du
pensionnat à l'externat ; et encore il peut y avoir des
pensionnats primaires, comme des externats secondaires.
Cependant dans la pratique on ne confond point ce
qu'on appelle les *pensions de demoiselles*, avec les
écoles primaires. Jusqu'à présent elles ont toujours été
distinctes même par la législation, les écoles de filles
étant rentrées dans la juridiction de l'Université, et les
pensionnats de demoiselles n'en relevant pas, et étant
restés depuis cinquante ans sous la surveillance spéciale
des préfets. Et, chose singulière, la loi nouvelle laisse
subsister cette anomalie ; elle règle la position des écoles
primaires de filles, et ne dit pas un mot des pensionnats

de demoiselles, qui appartiennent cependant à l'enseignement secondaire, comme les écoles primaires de filles font partie de l'enseignement primaire. C'est un oubli du législateur, dont on peut s'étonner puisqu'on a voulu faire une loi complète de l'instruction primaire et secondaire.

La nouvelle loi applique aux écoles de filles toute la législation des écoles de garçons, sauf quelques articles relatifs à la pension et aux caisses de retraite. Elle réserve aussi ce qui se rapporte à l'examen des institutrices, à la surveillance et à l'inspection des écoles de filles.

La loi laisse aux conseils municipaux la faculté de choisir pour les filles, comme pour les garçons, des institutrices laïques, ou des religieuses. Il est à désirer qu'à mérite égal, ils prennent toujours des religieuses, non que nous prétendions qu'une demoiselle ou une femme mariée, vraiment chrétienne, ne puisse bien instruire les enfants et exercer sur elles une bonne influence ; cela se voit quelquefois, mais il faut pour cela des circonstances tellement exceptionnelles, qu'il est beaucoup plus sage pour les communes de s'arranger autrement. Il est rare en effet qu'une jeune fille, qui est institutrice, ne veuille tôt ou tard se marier. C'est donc pour elle un état de transition, un moyen de vivre jusqu'à l'état auquel elle aspire ; et tout ce qu'entraîne dans son esprit le désir de se marier, et par conséquent l'attente ou la recherche des occasions, ne peut être moralement favorable à ses fonctions, à l'esprit avec lequel elle les remplit, même quand elle serait une très-honnête personne. Il est évident que son cœur n'est pas là tout entier, que son espérance est ailleurs ; et qu'ainsi, quand même elle remplirait exactement ses pénibles fonctions, cependant elle n'y mettra jamais, elle ne peut y mettre le dévouement complet qu'inspire à une religieuse le sacrifice de toute sa vie. Puis elle en fera plus ou moins un moyen de lucre ; elle calculera de plus près, et cela n'est pas défendu pour se faire une position, une dot, mais ici encore l'intérêt prend jusqu'à un certain point la place du dévouement.

Tout cela est encore bien plus vrai si l'institutrice est mariée. Alors ce sont les besoins de la famille et les affaires physiques et morales du ménage qui la préoccupent le plus, et cela doit être. Puis la vie habituelle du ménage convient peu à cette atmosphère de jeunes filles qui doit être si pure, si calme, si à l'abri des influences du monde. Il n'est pas possible que la présence du mari de l'institutrice ne se fasse sentir d'une manière ou de l'autre, et c'est rarement à l'avantage de l'éducation des enfants, surtout dans la basse classe, où les sentiments sont plus rudes, et les passions plus grossières. La position la plus favorable serait celle de la viduité, alors que l'institutrice n'a plus à songer à un établissement dans le monde, ou n'est plus embarrassée par les soins d'un mari et les soucis d'un ménage. Les veuves chrétiennes, qu'on appelait primitivement des diaconesses, étaient très-propres à cet emploi ; mais qui ne voit qu'elles étaient comme la préfiguration des religieuses, et que tout ce qu'elles faisaient alors se fait bien mieux et d'une manière plus générale aujourd'hui par des femmes entièrement consacrées à Dieu.

Mais surtout que Dieu nous préserve des écoles normales de filles ! c'est déjà trop de celles des garçons. Et l'instruction primaire sera toujours en danger, par le mauvais esprit qu'elles répandent en général, tant qu'elles subsisteront. Il ne manquerait plus que cela à notre dévergondage actuel, à l'anarchie de nos pensées, de nos sentiments et de nos croyances, que de faire, des femmes et des filles, des savantes et des philosophes. Si nous voulons achever le chaos moral où nous pataugeons aujourd'hui, nous n'avons qu'à entrer dans cette voie. C'est la foi chrétienne des femmes, leurs sentiments et leur dévouement religieux qui sauvent le monde de nos jours ; et c'est l'éducation chrétienne seule, l'instruction religieuse qui peut nourrir et fortifier cette foi. Par là se conserve et se transmet dans la famille le bon sens chrétien, qui résulte des croyances et des traditions de l'Église, et cela seul donne encore du fond à la société actuelle, une sorte de lest moral qui l'empêche d'être submergée ; cela seul la dirige encore, presque malgré elle, comme une boussole cachée, vers le rivage qu'elle doit atteindre, vers le port du salut. A côté de la confusion des pensées, des systèmes, des utopies, des théories, des spéculations, en un mot de toutes les vaines opinions que peut enfanter la raison humaine livrée à elle-même, et qu'on voit se manifester aujourd'hui de toutes parts dans la politique, dans la littérature, dans les sciences, dans les arts ; au milieu de l'agitation réelle et factice que produisent ces éléments de chaos, qu'aucune main n'est assez puissante pour conduire et pour régler, il y a cependant encore un courant d'idées saines, de pensées élevées, de sentiments nobles, de traditions généreuses, d'habitudes honnêtes, de bon sens divin, si je puis m'exprimer ainsi, et de mouvement supérieur, d'instinct céleste, que nous devons à la vie surnaturelle que le christianisme a apportée à la terre, et qu'il renou-

velle sans cesse dans l'Église au moyen de la régénération, de la transformation et de la sanctification des âmes.
C'est là ce qui sauve encore notre société ; c'est le sel
qui la conserve encore et qui l'empêche de se corrompre ; or c'est surtout dans le cœur des femmes que
ce sel est semé d'en haut ; c'est là surtout que cette
semence du ciel s'enracine, germe, fleurit et fructifie ;
et par elles, elle pénètre la famille, et imprègne les
générations naissantes, que la femme enfante, nourrit
et forme tout d'abord.

Il est donc extrêmement important à la moralité et au
salut de la société actuelle que les femmes soient élevées
chrétiennement, et elles ne peuvent l'être que par des
institutrices profondément chrétiennes et pleines de foi.
Pour tous sans doute, mais surtout pour la femme, la foi
est le fondement et la garantie de toutes les vertus. Rien
ne vaut en elle que par là, et si cette base manque, une
femme aurait-elle toute la science du monde, tout ce
que l'intelligence et l'imagination produisent de plus
brillant, elle pourra devenir une créature remarquable
par sa beauté ou par son esprit, elle pourra attirer les
regards et s'entourer d'une gloire factice, elle ne sera
jamais ce qu'une femme doit être, une véritable femme.
Elle sera tout au plus un homme manqué.

C'est ce qu'ont très-bien compris les adversaires de
l'Église, ceux qui ne croyant point à sa mission divine,
ou au moins gênés par son autorité, cherchent par tous
les moyens à affaiblir, à détruire son influence, et se sont
faits par conséquent les ennemis de l'éducation chrétienne. Ce sont les prôneurs, les protecteurs de l'enseignement mutuel, contre l'enseignement des frères; ce sont
eux qui ont espéré remplacer dans les campagnes le curé

par le maître d'école, et opposer à la milice sacrée du sacerdoce catholique la milice des instituteurs dont ils croient disposer. Ils voudraient aussi ôter l'éducation des filles du peuple des mains des sœurs, que le clergé forme et dirige, pour la remettre à la direction des institutrices laïques, qu'ils sont sûrs de gouverner par l'intérêt ou par les passions. Et pour préparer cette armée de maîtresses d'école qui doivent remplacer les religieuses, ils font tous leurs efforts pour faire établir des écoles normales de filles, où des institutrices seront élevées et formées avec un grand appareil de science, un grand luxe de pédantisme, dans l'amour des choses du monde et dans la haine de l'Église. On dira aux populations rurales, et surtout aux conseils municipaux qui les représentent : Vos enfants n'auront plus rien à envier à celles des villes ; nous vous donnerons des institutrices très-instruites qui en feront des demoiselles ; et cela ne vous coûtera pas plus cher ! En beaucoup d'endroits on a ainsi surpris la vanité des hommes des champs ; ils se sont laissé prendre à cette grossière amorce, séduits aussi par le désir de l'instruction, et ils verront trop tard, par les égarements de leurs filles, que l'instruction ne suffit pas, qu'elle est même funeste, quand elle n'est pas éclairée et dirigée par la foi.

Ce que nous disons des écoles primaires de filles est encore plus vrai des écoles secondaires ou des pensionnats ; car là l'influence de l'éducation est encore plus puissante, puisqu'elle est de tous les instants et qu'elle persévère plus longtemps. Les mêmes objections s'adressent à ces établissements, et il est d'autant plus difficile qu'ils soient bien conduits par des femmes du monde, qu'ils demandent encore plus de dévouement et de sacrifices. Nous en connaissons cependant de très-recommandables, et où nous n'hésiterions pas à placer des jeunes filles. Mais nous osons dire aussi que ce n'est qu'une exception dans le grand nombre de ces maisons, et, qu'à mérite égal, nous préférerons toujours les maisons d'éducation tenues par des religieuses. La raison qu'on met souvent en avant, qu'il faut des mères de famille pour préparer des mères de famille, est plus spécieuse que fondée, d'autant plus que dans la plupart des ordres religieux qui élèvent la jeunesse, il y a presque toujours des mères de famille, des femmes du monde qui y ont renoncé pour se donner à Dieu. Quand on est convaincu que la foi est le fondement de toutes les vertus, principalement chez les femmes, et que les convictions religieuses sont les véritables bases de la moralité, on sait aussi qu'en formant de bonnes chrétiennes on est sûr de faire des femmes honnêtes, capables de connaître et d'accomplir tous leurs devoirs, et par conséquent ceux de l'épouse et de la mère comme tous les autres.

Quant à l'expérience de la vie et des choses du ménage, tout le monde sait qu'on ne l'acquiert pas plus dans les pensionnats laïques que dans les couvents, et qu'on y prend le plus souvent, par contre, une morgue, de grands airs et des façons prétentieuses, qu'on ne trouve pas en général dans les maisons religieuses. L'éducation des pensionnats laïques, pas plus que celle des couvents, ne dispense de quelques années d'apprentissage dans la maison maternelle, pour apprendre la direction du ménage, la pratique des devoirs domestiques et le gouvernement intérieur de la maison.

Nous ne pouvons que louer la loi nouvelle d'avoir mis

à huis clos l'examen des aspirantes au brevet d'institutrice. La femme n'est point faite pour parler en public, et c'est pourquoi l'apôtre saint Paul lui interdit de prendre la parole dans l'église. Le public la trouble ou l'exalte. Et la femme très-capable d'enseigner dans une école et quand elle n'est entourée que de ses petites filles perd la présence d'esprit et la mémoire devant un auditoire presque toujours composé d'hommes que la curiosité ou la malignité y amène. Rien n'émeut et ne trouble plus que la pudeur, et il est toujours très-pénible à une femme qui a le vrai sentiment de son sexe, de s'exposer sans réserve aux regards des hommes ; ou bien, si cette publicité l'exalte et la monte, la vanité s'en empare, et la prétention au succès de la science, qui ne lui va guère, lui ôte ses principaux avantages de femme et la plus heureuse influence qu'elle puisse exercer. Ceux-là se trompent, nous le croyons, qui s'imaginent qu'il faut de nos jours rendre les femmes très-savantes, pour en faire des apôtres, pour qu'elles puissent défendre leur foi et au besoin l'annoncer aux hommes qui en sont privés, avec toutes les preuves et les arguments qui la soutiennent. Ils espèrent par là joindre la solidité de la raison à l'attrait de la grâce et de la douceur, et ainsi doubler l'empire que la femme exerce sur l'homme en y joignant la force de l'intelligence. Ils ne voient pas que ces deux choses sont ordinairement en raison inverse l'une de l'autre ; qu'il n'y a rien de moins gracieux que ce qui est raisonnable, et rien de moins raisonnable que ce qui est gracieux ; que l'empire de la femme tient au sentiment qu'elle excite dans le cœur de l'homme, sentiment plus profond à mesure qu'il est plus pur, et que si elle se mettait à parler à son esprit, elle trouverait

le plus souvent la résistance du dédain ou de la pitié.
C'est par le cœur qu'elle gagne la victoire, c'est sur le
cœur qu'elle agit et triomphe; son arme principale est
un charme de douceur et d'amour qui persuade et vainc
sans convaincre; et quand elle voudra convaincre pour
persuader, elle ne vaincra plus, et au lieu de l'entraînement de l'affection, elle aura la lutte de la pensée et les
conflits de la raison... Laissez-lui donc l'usage des
facultés principales que Dieu lui a données, et dont elle
sait si habilement se servir pour le mal comme pour le
bien; et tâchez seulement de la gagner de bonne heure à
la cause de Dieu, d'imprégner son cœur dès le bas âge
des semences de la foi et des parfums du ciel; tâchez de
lui apprendre une fois, et surtout à l'aurore de la vie; à
aimer Dieu, et que ce soit, après l'amour de ses parents,
son premier amour, et alors elle l'aimera toute sa vie,
même au milieu des agitations ou des passions du monde;
elle l'aimera au fond et de préférence, et y reviendra
toujours, comme à ce qu'on a aimé la première fois. Car
jamais une femme ne cesse d'aimer ce qu'elle a aimé
une fois véritablement. Ce n'est pas à dire pour cela que
nous voulions en faire des ignorantes, surtout en fait de
religion. On a raison de leur apprendre très-exactement,
et même avec une certaine intelligence, tout ce qui s'y
rapporte, afin qu'elles puissent le redire fidèlement,
sûrement, et qu'elles ajoutent à l'exposition exacte ou
rigoureuse du dogme l'expression chaleureuse de leur
foi et l'accent de leur âme aimante. Mais ce que nous ne
voulons pas non plus, c'est qu'on en fasse des savantes,
des docteurs, des mères de l'Église; c'est qu'on veuille
les mêler aux controverses et aux disputes. Elles ne
sont pas faites pour cela, au moins la grande généralité,

et si quelques femmes hors ligne, quelques saintes ont fait exception, c'est qu'elles ont été élevées par la grâce au-dessus de leur nature, au-dessus des conditions de leur sexe, parce que Dieu a voulu les employer d'une manière spéciale à ses desseins.

Reste la question de l'inspection des écoles de filles que la loi réserve au conseil supérieur. Nous espérons que ce conseil y mettra toute la prudence, toute la délicatesse que réclame la matière. Nous ne voyons pas un grand inconvénient à faire inspecter les écoles primaires par des hommes, parce que les élèves de ces écoles sont en général de petites filles qui n'y restent guère après leur première communion ; et, d'un autre côté, les institutrices ont besoin de temps en temps d'une stimulation un peu vigoureuse et d'une parole d'homme pour les réveiller et les faire avancer. En général les femmes n'aiment pas plus à marcher par l'intelligence que par le corps ; il y a en elles une mollesse et une paresse d'esprit qui les tient volontiers dans la voie battue, dans une ornière, et il faut une force plus grande que la leur pour les en tirer et les pousser en avant. Comme en général elles savent peu enseigner, elles ont besoin d'être relevées de temps en temps, remises en voie et soutenues.

Mais là où l'inspection des hommes serait déplacée, c'est dans les pensionnats et surtout dans les couvents. Les hommes ne doivent point pénétrer seuls dans cette vie intime des femmes, leur visite peut donner occasion à toutes sortes d'inconvénients. Si donc il fallait une inspection d'hommes pour animer et pousser l'enseignement, il faudrait au moins y joindre une dame inspectrice, qui fût chargée d'assister aux examens, et de voir

par elle-même l'intérieur où un homme ne doit pas
pénétrer. Par là on évitera de graves inconvénients,
dont on s'est plaint quelquefois avec raison, et surtout
on ôtera les occasions de ces inconvénients et les prétextes d'incriminations toujours fâcheuses.

XXVII

PROJET DE LOI SUR L'ENSEIGNEMENT.

Il est facile de critiquer, nous le savons ; il n'est pas aussi aisé d'établir, et c'est ordinairement dans le positif qu'échouent les hommes, qui ont attaqué avec le plus d'ardeur, blâmé le plus sévèrement et censuré avec le plus de perspicacité ; nous ne refusons donc pas de subir cette épreuve, afin de confirmer nos idées, et de donner plus de poids aux assertions précédentes. Nous avons voulu montrer que jusqu'à présent la législation de l'instruction publique a toujours été dominée par une pensée principale, qui n'est pas celle du développement des intelligences, et du bien véritable des âmes, mais une pensée politique, à laquelle tout a été subordonné. L'éducation en France est devenue continuellement l'instrument et le moyen de réalisation d'un but humain, ce qui l'a constamment faussée et dévoyée : domination exclusive de Napoléon sous l'Empire, affermissement de la légitimité sous la branche aînée des Bourbons, conservation de la dynastie sous Louis-Philippe, et enfin sous la République, nouvelle continuation du même système, au profit d'un parti ou d'un autre, chacun cherchant à s'emparer de l'éducation pour l'exploiter dans son inté-rêt. En dernier lieu, par la loi nouvelle, au lieu de la liberté si longtemps demandée, et toujours promise, on a une espèce d'éclectisme, qui prétend concilier tous les partis, combiner tous les intérêts et qui au fond, au milieu d'une confusion qui n'est pas une fusion, marie en-semble la liberté et le despotisme, laissant cependant à ce dernier toute la puissance et tous les droits de l'époux. Voilà le résumé de la situation de l'instruction publique depuis près de cinquante ans ; voilà où nous en sommes après tant d'années de réclamation et de lutte, après trois ou quatre révolutions, dont la dernière devait être l'inauguration solennelle et la réalisation complète de la liberté. Je n'ai pas à m'occuper ici de ce que la liberté a gagné après tant d'agitations dans notre organisation politique ; là aussi il y a peut-être plus de paroles que de faits, plus d'ombres ou d'apparence que de réalité. Mais ce que je sais bien, c'est que dans l'instruction publique, nous vivons encore de petites concessions, qui permettent à la liberté d'enseignement de s'essayer timidement, à grands frais, et avec des risques consi-dérables ; et que, bien loin que le principe fondamental de la liberté d'enseignement, qui entraîne toutes les con-séquences libérales pour l'instruction et pour la science, soit fermement installé et posé carrément dans la loi nou-velle, c'est ce qui lui est le plus contraire, le plus direc-tement contradictoire, qui s'y trouve établi, le principe, non plus du monopole exclusif, mais de l'autorité uni-verselle, gouvernementale, de l'État enseignant, principe qui règne dans la nouvelle législation, et qui par consé-quent, comme il arrive toujours au principe dominateur, finira par absorber ou neutraliser dans la pratique, dans la réalisation de tous les jours, toutes les tendances de la liberté, qu'on appellera des prétentions ; et il produira à son aise avec le temps, et par le développement même de l'organisation du système de la loi, tous les fruits de bureaucratie et de servitude qu'il renferme. L'Université napoléonienne, qui n'a pas cessé de vivre jusqu'à ce jour, et qui n'a été que vivement secouée, se rassurera bientôt, se raffermira, et retrouvera par cette loi, qu'elle a tant redoutée, une position nouvelle, un peu différente de l'ancienne dans les formes, mais au fond tout aussi favorable à sa domination qu'elle complètera en la rendant légale. Dieu veuille que nous soyions faux prophète, car nous ne voyons dans cette prétendue loi de liberté et de conciliation que de la confusion et du despotisme déguisé ! En attendant, soit pour nous consoler un peu de nos espérances déçues, soit pour nous encourager par une vue d'avenir en montrant par aperçu ce que la liberté d'enseignement réclame, et comment on devrait et pourrait la réaliser et l'organiser, nous donnons ici un projet de loi, qui résume nos pensées dispersées dans les pages précédentes.

PROJET DE LOI SUR L'ENSEIGNEMENT

TITRE PREMIER

DISPOSITIONS GÉNÉRALES.

Article premier.

L'enseignement se divise en trois degrés : l'enseignement primaire, l'enseignement secondaire et l'enseignement supérieur ou académique.

A tous les degrés il est donné par deux espèces d'écoles : les écoles publiques fondées et entretenues par l'État, les écoles privées ou libres fondées et entretenues par des particuliers.

Les écoles publiques de tous les degrés sont sous la direction du ministre de l'instruction publique ; les écoles libres sont sous la surveillance de l'État exercée par l'administration et par la justice.

TITRE II

DE L'ENSEIGNEMENT PRIMAIRE.

—

CHAPITRE I

DISPOSITIONS GÉNÉRALES.

ART. 2.

L'enseignement primaire comprend strictement l'instruction religieuse et morale, la lecture, l'écriture, le calcul et le système légal des poids et mesures.

Il peut comprendre en outre les éléments de la langue française, l'arithmétique appliquée aux opérations pratiques, des notions sur l'histoire de France et la géographie, l'arpentage, le dessin linéaire, le chant et la gymnastique.

ART. 3.

Il y a deux espèces d'écoles primaires : 1° des écoles fondées et entretenues par les communes et qui s'appellent *communales* ; 2° des écoles fondées et entretenues par des particuliers ou des associations et qui se nomment *écoles libres*.

ART. 4.

L'enseignement primaire est donné gratuitement à tous les enfants dont les familles ne sont point en état de la payer.

CHAPITRE II

—

SECTION I

DES INSTITUTEURS LIBRES.

ART. 5.

Tout individu âgé de vingt et un ans accomplis peut exercer la profession d'instituteur dans toute la France, s'il est muni d'un brevet de capacité.

ART. 6.

Les condamnés à des peines afflictives ou infamantes, les condamnés pour vol, escroquerie, banqueroute, abus de confiance, adultère, attentat aux mœurs et délit politique, les individus privés par jugement de tout ou partie des droits mentionnés à l'article 42 du Code pénal sont incapables de tenir une école communale ou libre.

ART. 7.

Quiconque aura ouvert ou dirigé une école en contravention aux articles 5 et 6 de la présente loi sera poursuivi devant le tribunal correctionnel du lieu du délit et condamné à une amende de cinquante à deux cents francs ; l'école sera fermée. En cas de récidive, le délinquant sera condamné à un emprisonnement de quinze à trente jours, et à une amende de cent à quatre cents francs.

ART. 8.

Toute personne qui veut ouvrir une école libre doit

préalablement déclarer son intention au maire de la commune où il veut s'établir, en lui exhibant son brevet de capacité et lui indiquant les lieux où il a résidé et les professions qu'il a exercées pendant les dix années précédentes. Cette déclaration sera adressée immédiatement par le maire au sous-préfet de l'arrondissement et au procureur de la République. A défaut d'aucune opposition, l'école pourra être ouverte à l'expiration d'un mois sans aucune autre formalité.

ART. 9.

Tout instituteur libre qui pendant l'exercice de sa profession aura encouru les peines énoncées à l'article 6 sera interdit par le tribunal, de l'exercice de sa profession, à toujours.

SECTION II

DES INSTITUTEURS COMMUNAUX.

ART. 10.

Les instituteurs communaux sont choisis par le conseil municipal de chaque commune. L'institution est donnée par le recteur de l'académie au nom du ministre de l'instruction publique. Ils sont révoqués par le recteur sur la demande du conseil municipal.

ART. 11.

Les jeunes gens qui se préparent à l'enseignement primaire communal ou libre, les membres ou novices des associations religieuses consacrées à l'instruction sont dispensés du service militaire, s'ils ont, avant l'époque déterminée pour le tirage, contracté devant le préfet du département où ils résident l'engagement de se vouer pendant quinze ans à l'enseignement ordinaire, en lui exhibant leur brevet de capacité. Néanmoins si pendant la durée de leur engagement ils restent une année entière, et par l'effet de leur volonté, en dehors de l'enseignement primaire, ils retomberont sous la loi du recrutement.

Art. 12.

Il est interdit aux instituteurs communaux d'exercer aucune profession commerciale ou industrielle.

Art. 13.

Tout instituteur communal accusé de négligence dans ses fonctions est mandé devant la réunion des délégués cantonaux dont il sera parlé ci–après, qui peut lui donner un simple avis ou le réprimander, et même le suspendre de ses fonctions jusqu'à décision du recteur. En cas d'urgence, l'instituteur peut être suspendu par le maire, à charge pour celui-ci d'en rendre compte dans les quarante–huit heures au délégué cantonal.

Art. 14.

Les écoles normales primaires sont supprimées. Tout Français muni d'un brevet de capacité, et non frappé des incapacités ci-dessus énoncées, peut être choisi par toute commune et présenté à la nomination du recteur.

Art. 15.

Il sera institué au chef–lieu de chaque département un jury d'examen pour la collation des brevets de capacité de l'instruction primaire. Ce jury sera composé de sept membres dont le préfet ou son délégué, Président, deux membres de l'enseignement public désignés par le recteur, deux membres de l'enseignement libre délégués par les

17

instituteurs libres du département, un ecclésiastique désigné par l'évêque, un magistrat ou un juge de paix choisi par la cour d'appel ou à son défaut par le tribunal de première instance. Les membres de ce jury seront nommés pour trois ans ; ils recevront des droits de présence.

CHAPITRE III

DES ÉCOLES COMMUNALES.

ART. 16.

Toute commune doit avoir une ou plusieurs écoles. Le recteur peut autoriser une commune à se réunir à une ou plusieurs communes voisines, pour l'entretien d'une école.

Toute commune peut entretenir une école purement gratuite ; elle peut aussi être dispensée par le recteur d'entretenir une école communale à condition de pourvoir dans une école libre à l'éducation gratuite des enfants dont les familles ne sont point en état d'y subvenir.

ART. 17.

La commune doit fournir à l'instituteur un local convenable tant pour son habitation que pour la tenue des classes, et un traitement.

ART. 18.

La rétribution scolaire sera perçue dans la même forme que les contributions publiques directes, sera exempte des droits de timbre, et donnera droit aux mêmes remises que les autres recouvrements. Il est interdit à l'instituteur communal de percevoir lui-même cette rétribution sous quelque forme que ce soit.

Art. 19.

A défaut de fondations, dons ou legs, le conseil municipal délibère sur le moyen de pourvoir aux dépenses de l'enseignement primaire dans la commune.

En cas d'insuffisance des revenus ordinaires, il est pourvu à ces dépenses au moyen d'une imposition générale, votée par le conseil municipal, ou, à défaut du vote de ce conseil, établie par arrêté du pouvoir exécutif. Cette imposition, qui devra être autorisée chaque année par la loi de finances, ne pourra excéder trois centimes additionnels au principal des quatre contributions directes.

Lorsque des communes, soit par elles-mêmes, soit en se réunissant à d'autres, n'auront pu subvenir de la manière qui vient d'être indiquée aux dépenses de l'école communale, il y sera pourvu sur les ressources ordinaires du département, ou, en cas d'insuffisance, au moyen d'une imposition spéciale votée par le conseil général, ou, à défaut du vote de ce conseil, établie par arrêté. Cette imposition, autorisée chaque année par la loi de finances, ne devra pas excéder deux centimes additionnels au principal des quatre contributions directes.

Si les ressources communales et départementales ne suffisent pas, le ministre de l'instruction publique accordera une subvention sur le crédit qui sera porté annuellement pour l'enseignement primaire au budget de l'État. Chaque année un rapport annexé au projet du budget détaillera l'emploi des fonds alloués pour l'année précédente.

CHAPITRE IV

DE LA SURVEILLANCE DE L'ENSÈIGNEMENT PRIMAIRE.

ART. 20.

Les écoles communales seront surveillées spécialement 1° par un inspecteur primaire, 2° par des délégués cantonaux, 3° par le maire, et le curé ou pasteur de la commune.

ART. 21.

Il y aura au moins un inspecteur primaire par département ; il sera nommé par le ministre et placé sous la direction du recteur de l'académie.

ART. 22.

Les délégués cantonaux, au nombre de trois par canton, seront nommés par le recteur pour trois ans ; ils doivent résider dans le canton : chaque délégué est en relation, tant avec le recteur auquel il adressera ses rapports, qu'avec les autorités légales pour tout ce qui regarde l'état et les besoins de l'enseignement primaire communal dans la circonscription.

Les délégués se réunissent, au moins une fois tous les trois mois, au chef-lieu du canton sous la présidence du juge de paix, pour convenir des rapports à transmettre au recteur, ou pour mander devant eux les instituteurs communaux comme il est dit à l'article treize.

ART. 23.

Le maire est spécialement chargé de veiller à la salubrité et au régime disciplinaire des écoles soit communales soit libres. Il dresse chaque année la liste des enfants qui doivent être admis gratuitement dans les écoles communales. Cette liste est arrêtée par le conseil municipal.

ART. 24.

Le curé ou pasteur est spécialement chargé de surveiller l'enseignement religieux et la direction morale de l'école. Dans les communes de population mixte, un ministre de chacun des cultes aura toujours l'entrée de l'école pour surveiller l'enseignement religieux des enfants de son culte.

CHAPITRE V

INSTITUTIONS COMPLÉMENTAIRES.

ART. 25.

Tout instituteur âgé de vingt-cinq ans et muni d'un brevet de capacité peut ouvrir un pensionnat primaire après avoir déclaré son intention au recteur de l'académie et au maire de la commune, s'il est instituteur communal ; au maire seulement, s'il est instituteur libre. Dans ce dernier cas, le maire en réfère immédiatement au sous-préfet et au procureur de la République. Un mois après, s'il n'y a point d'opposition, le pensionnat peut être ouvert sans autres formalités. Il ne pourra être reçu dans ces pensionnats d'élèves des deux sexes.

ART. 26.

Nul instituteur ne pourra ouvrir une école d'adultes ou d'apprentis sans en avoir prévenu le maire un mois à l'avance. Si, à l'expiration du mois, il n'y a pas d'opposition, l'école sera ouverte sans autres formalités.

CHAPITRE VI

MESURES TRANSITOIRES.

ART. 27.

Une caisse de retraite et une caisse de secours seront substituées par un règlement, dans le plus bref délai, aux caisses d'épargne des instituteurs communaux.

ART. 28.

Un règlement sera fait pour l'application du titre II de la présente loi à la ville de Paris et à l'Algérie.

TITRE III

DE L'ENSEIGNEMENT SECONDAIRE.

—

CHAPITRE I

DISPOSITIONS GÉNÉRALES.

ART. 29.

L'enseignement secondaire comprend l'instruction religieuse et morale, et les études classiques proprement dites, c'est-à-dire, pour les lettres, les langues mortes et vivantes, et les éléments de la littérature ancienne et moderne ; et pour les sciences, tout ce qui est nécessaire aux examens des écoles spéciales.

ART. 30.

Il y a deux espèces d'écoles secondaires : 1° les écoles fondées et entretenues par les communes et qui s'appellent lycées ou colléges communaux ; 2° les écoles fondées ou entretenues par des particuliers ou des associations et qui se nomment colléges libres.

CHAPITRE II

DES ÉCOLES SECONDAIRES LIBRES.

ART. 31.

Tout Français âgé de 25 ans au moins, et n'ayant encouru aucune des incapacités comprises dans l'article 6 de la présente loi, pourra former un établissement d'instruction secondaire, s'il est muni du diplôme de bachelier ès lettres.

Il devra préalablement déclarer son intention au maire de la commune où il veut s'établir, en lui exhibant son diplôme et lui indiquant les lieux où il a résidé et les professions qu'il a exercées pendant les dix années précédentes. Cette déclaration sera adressée immédiatement par le maire au sous-préfet de l'arrondissement et au procureur de la République. A défaut d'aucune opposition le mois expiré, l'école secondaire pourra être ouverte sans autre formalité.

ART. 32.

Quiconque, sans avoir satisfait aux conditions prescrites par la présente loi, aura ouvert un établissement d'instruction secondaire, sera poursuivi devant le tribunal correctionnel du lieu du délit et condamné à une amende de 100 à 1000 fr.; l'établissement sera fermé. En cas de récidive, le délinquant sera condamné à un emprisonnement de 15 à 20 jours, et à une amende de 1000 à 3000 francs.

Art. 33.

Les certificats d'études délivrés par les colléges libres auront la même valeur que ceux des colléges communaux.

Art. 34.

La surveillance de l'État sur les écoles secondaires libres s'exercera par l'administration et par la justice. Tout chef d'une école secondaire libre qui, pendant l'exercice de sa profession, aura encouru les peines énoncées à l'article 6, sera interdit à toujours de sa profession par le tribunal.

Art. 35.

Plusieurs personnes désirant s'associer pour fonder un collége libre et lui assurer des immeubles, des revenus, un fonds pour les retraites, etc., seront admises à établir une société anonyme à cette fin, en présentant à qui de droit les statuts de la société et se soumettant aux exigences et aux garanties des lois sur la matière.

CHAPITRE III

DES COLLÉGES COMMUNAUX.

Art. 36.

Toute commune peut établir un collége avec l'autorisation du ministre de l'instruction publique. Elle devra faire les dépenses de construction et d'appropriation requises à cet effet, fournir le mobilier, les collections nécessaires à l'enseignement, assurer le traitement des fonctionnaires, pourvoir à l'entretien et à la réparation des bâtiments.

Art. 37.

Les colléges communaux ne recevront que des externes, ils seront administrés par une commission nommée par le conseil municipal, sous la surveillance du recteur de l'académie. Tous les fonctionnaires seront présentés par la commission à la nomination du ministre ; ils ne pourront être révoqués que sur la demande de la commission. Ils devront avoir des grades académiques correspondant à leurs fonctions, comme il sera établi par un règlement ultérieur.

Art. 38.

Toute commune qui n'aura pas les moyens de fonder un collége pourra subventionner une école secondaire libre, suivant des conditions librement débattues entre le conseil municipal et le chef de cette école.

Art. 39.

L'État, le département et la commune pourront établir des bourses en faveur des élèves les plus distingués des familles pauvres, ou qui ont bien mérité du pays. Ces bourses seront internes ou externes. Les externes donneront la faculté de fréquenter gratuitement les classes du collége communal. Les internes procureront l'admission gratuite dans un pensionnat libre qui suit les cours du collége communal et qui sera désigné par le donateur de la bourse. Les bourses de l'État seront données par le ministre de l'instruction publique, celles du département par le conseil général, celles de la commune par le conseil municipal.

Art. 40.

Les écoles secondaires libres pourront envoyer leurs

élèves aux classes des colléges communaux, moyennant la rétribution fixée par le conseil municipal.

TITRE IV

DE L'ENSEIGNEMENT SUPÉRIEUR OU ACADÉMIQUE.

—

CHAPITRE I

DISPOSITIONS GÉNÉRALES.

ART. 41.

L'enseignement supérieur ou académique comprend les cinq Facultés des lettres, des sciences, de la médecine, du droit et de la théologie.

ART. 42.

Il y a deux espèces d'écoles supérieures : 1° les écoles supérieures fondées et entretenues par l'État et qui s'appellent *Universités* ou *Académies* ; 2° les écoles supérieures fondées et entretenues par des particuliers ou des associations et qui se nomment *Universités libres*.

CHAPITRE II

DES UNIVERSITÉS LIBRES.

ART. 43.

Tout Français, âgé de vingt-cinq ans au moins et n'ayant encouru aucune des incapacités comprises dans l'article 6 de la présente loi, pourra former un établissement d'instruction supérieure, s'il est muni d'un diplôme de docteur en l'une ou en l'autre Faculté. L'établissement pourra comprendre une, plusieurs ou toutes les Facultés.

Il devra préalablement déclarer son intention au

maire de la commune où il veut établir une école supérieure, en lui exhibant son diplôme et lui indiquant les lieux où il a résidé et les professions qu'il a exercées pendant les dix années précédentes. Cette déclaration sera adressée immédiatement par le maire au sous-préfet de l'arrondissement et au procureur de la République. Trois mois après, à défaut d'aucune opposition, l'école supérieure pourra être ouverte sans aucune autre formalité.

Art. 44.

Quiconque, sans avoir satisfait aux conditions prescrites par la présente loi, aura ouvert un établissement d'enseignement supérieur, sera poursuivi par le tribunal correctionnel du lieu du délit et condamné à une amende de 200 à 2000 francs ; l'établissement sera fermé. En cas de récidive, le délinquant sera condamné à un emprisonnement de trente à soixante jours et à une amende de 2000 à 4000 francs.

Art. 45.

La surveillance de l'État sur les écoles supérieures libres s'exerce par l'administration et par la justice.

Art. 46.

Plusieurs personnes désirant s'associer pour fonder une école supérieure libre, lui assurer des immeubles, des revenus, un fonds pour les retraites, etc., seront admises à établir une société anonyme à cette fin en présentant à qui de droit les statuts de la société, et se soumettant aux exigences et aux garanties des lois sur la matière,

CHAPITRE III

DES ACADÉMIES OU ÉCOLES SUPÉRIEURES DE L'ÉTAT.

ART. 47.

Il y aura au chef-lieu de chaque académie une école supérieure comprenant une, plusieurs ou toutes les Facultés fondée et entretenue par l'État.

ART. 48.

Chaque Faculté aura trois ordres de professeurs: 1° les titulaires qui sont inamovibles, 2° les agrégés, 3° les docteurs attachés à la Faculté. Les titulaires et les agrégés seuls reçoivent un traitement fixe; les agrégés suppléent de droit les titulaires absents ou malades. Les attachés suppléent au défaut des agrégés.

ART. 49.

Les attachés sont désignés par la Faculté à la nomination du ministre. Les agrégés et les titulaires sont nommés au concours. Tout docteur âgé de vingt-cinq ans peut concourir. Le ministre de l'instruction publique choisit les juges du concours et institue le candidat élu par le jury.

ART. 50.

Outre les cours publics donnés par les professeurs en vertu de leur titre, il peut y avoir des cours particuliers payés par ceux qui les suivent. Tout professeur titulaire, agrégé ou attaché pourra ouvrir un cours sur quelque matière que ce soit du ressort de sa Faculté, à la seule condition d'en faire la déclaration quinze jours d'avance au doyen de la Faculté. Le recteur, les inspec-

teurs de l'académie et le doyen ont le droit d'assister à
tous les cours particuliers.

ART. 51.

L'État, les départements et les communes peuvent
fonder des bourses auprès des Facultés de l'État qui exemp-
tent des droits d'inscription et d'examen les élèves
les plus distingués ou appartenant à des familles pauvres
qui ont bien mérité du pays.

CHAPITRE IV

DES JURYS D'EXAMEN POUR LA COLLATION DES GRADES.

ART. 52.

Il sera institué au chef—lieu de chaque académie un
ou plusieurs jurys d'examen pour la collation des grades
selon le nombre des Facultés qui y sont établies. Ces
jurys tiendront plusieurs sessions par an, en raison
du nombre des candidats et sur la décision du ministre
de l'instruction publique.

ART. 53.

Les jurys d'examen seront composés par le ministre,
qui prendra la moitié des juges parmi les professeurs
des écoles supérieures de l'État, et l'autre moitié parmi
les professeurs des Facultés libres ou parmi les docteurs
et les licenciés de chaque Faculté non attachés aux écoles
publiques. Les membres de ces jurys seront renommés
tous les ans et sont rééligibles. Chaque jury choisit son
président et son secrétaire pour chaque session à la plu-
ralité des voix.

ART. 54.

Les jurys d'examen ont seuls le droit de conférer des

grades ; sur leur décision le ministre donne le diplôme au nom de l'État. Tous les Français peuvent se présenter devant tous les jurys d'examen, en produisant les certificats d'études ou les diplômes exigés pour l'examen de tel grade. Les certificats des Facultés librès ont la même valeur que ceux des Facultés de l'État.

Art. 55.

Les étrangers pourront être admis aux examens sur la présentation des certificats ou des diplômes de leur pays équivalant aux nationaux. Les pièces seront d'abord envoyées au ministre de l'instruction publique qui décidera de l'équivalence. Il en sera de même de l'échange des grades. Le ministre seul pourra l'autoriser.

TITRE V

DES AUTORITÉS PRÉPOSÉES A L'INSTRUCTION PUBLIQUE.

Art. 56.

L'instruction publique est dirigée par un ministre assisté d'un conseil supérieur, et d'inspecteurs généraux et par des recteurs d'académie qui ont sous eux des inspecteurs.

Art. 57.

Le conseil supérieur est composé de neuf membres nommés à vie et néanmoins révocables par le président de la République en conseil des ministres. Deux ecclésiastiques en font nécessairement partie ; les conseillers seront choisis parmi les anciens membres du conseil de l'Université, les inspecteurs généraux, les recteurs et les professeurs des Facultés.

Art. 58.

Les inspecteurs généraux au nombre de..... seront choisis parmi les recteurs, les professeurs des Facultés, les inspecteurs d'académie, les proviseurs des colléges communaux et les professeurs de premier ordre des colléges.

Art. 59.

Il sera établi..... académies. Chaque académie est administrée par un recteur, assisté de deux inspecteurs au moins et d'un conseil académique.

Art. 60.

Le conseil académique est composé ainsi qu'il suit : le recteur, Président, les inspecteurs d'académie, le préfet du département, l'évêque du diocèse ou son délégué, un ecclésiastique désigné par l'évêque, un ministre des cultes évangéliques dans les départements où il existe une église consistoriale, un membre délégué par la Cour d'appel, ou, au défaut de Cour d'appel, un magistrat choisi par le tribunal de première instance, un membre du conseil général de chaque département compris dans le ressort de l'académie.

Art. 61.

Les recteurs sont choisis parmi les professeurs des Facultés, les inspecteurs d'académie, les proviseurs des colléges communaux, et les professeurs de premier ordre des colléges.

Art. 62.

Les inspecteurs d'académie sont choisis parmi les professeurs des Facultés, les proviseurs et censeurs des colléges communaux et tous les professeurs des mêmes colléges qui auront le grade de licencié ès lettres ou ès sciences.

ART. 63.

Il y aura dans chaque département un inspecteur et une inspectrice de l'instruction primaire communale.

TITRE VI

DE L'ENSEIGNEMENT DES FILLES.

—

CHAPITRE I

DE L'ENSEIGNEMENT PRIMAIRE.

ART. 64.

L'enseignement des filles comprend : l'instruction religieuse et morale, la lecture, l'écriture, le calcul, le système légal des poids et mesures, le chant et les travaux de tricot et d'aiguille les plus élémentaires.

ART. 65.

Il y a deux espèces d'écoles primaires de filles : 1° les écoles fondées et entretenues par les communes et qui s'appellent communales ; 2° les écoles fondées et entretenues par des particuliers ou par des associations et qui se nomment écoles libres.

ART. 66.

Toute femme âgée de 21 ans accomplis peut exercer la profession d'institutrice communale ou libre dans toute la France, si elle est munie d'un brevet de capacité. Les art. 7, 8, 9, 10, 15, 16, 17 de la présente loi sont applicables aux écoles de filles et aux institutrices.

ART. 67.

Dans chaque commune où il y aura plus de quatre-vingts enfants des deux sexes à l'école, les garçons et les filles devront être divisés en deux écoles distinctes.

ART. 68.

Les écoles communales de filles seront surveillées spécialement 1° par l'inspectrice du département ; 2° par des dames déléguées du canton ; 3° par le maire et le curé ou le pasteur de la commune. Les dames délé-guées au nombre de trois pour chaque canton sont nom-mées pour trois ans par le recteur de l'académie. Elles doivent résider dans le canton et communiquent avec le recteur et les autorités locales pour tout ce qui concerne l'État et les besoins de l'enseignement communal pri-maire des filles dans la circonscription.

Les articles 23, 24, 25, 26, 27 et 28 de la présente loi sont applicables aux écoles de filles et aux institu-trices communales.

CHAPITRE II

DE L'ENSEIGNEMENT SECONDAIRE DES FILLES.

ART. 69.

L'enseignement secondaire des filles comprend : L'in-struction religieuse et morale, la langue et la littérature françaises, l'arithmétique et les éléments de géométrie, l'histoire de France et la géographie, les langues vivan-tes, la musique et tous les travaux propres aux femmes.

18

Art. 70.

Toute femme, âgée de vingt-cinq ans au moins et n'ayant encouru aucune des incapacités comprises dans l'art. 6 de la présente loi, pourra former un établissement d'instruction secondaire pour les filles, si elle est munie d'un brevet de capacité. Elle devra préalablement déclarer son intention au maire de la commune où elle veut s'établir, en lui exhibant son brevet et lui indiquant les lieux où elle a résidé et les professions qu'elle a exercées pendant les dix années précédentes. Cette déclaration sera adressée immédiatement par le maire au sous-préfet de l'arrondissement et au procureur de la République. A défaut d'aucune opposition, le mois expiré l'école secondaire pourra être ouverte sans autres formalités.

Les articles 33 et 34 sont applicables aux écoles secondaires de filles et aux institutrices de ce degré.

Art. 71.

Le brevet de capacité pour l'enseignement secondaire des filles sera délivré par le jury d'examen du département institué par l'art. 14. Les matières de l'examen pour l'instruction secondaire seront déterminées par un règlement ultérieur.

CHAPITRE III

DES SALLES D'ASILE.

Art. 72.

Les salles d'asile ou écoles enfantines reçoivent les enfants des deux sexes depuis deux ans jusqu'à six ans.

On y enseigne les éléments de l'instruction religieuse et morale, les éléments de la lecture, de l'écriture et du calcul. Elles sont tenues par des femmes.

ART. 73.

Il y a deux espèces de salles d'asile : 1° les salles d'asile fondées et entretenues par les communes et qui s'appellent communales; 2₀ celles fondées et entretenues par des particuliers ou des associations et qui se nomment *écoles enfantines libres.*

ART. 74.

Toute femme âgée de vingt-un ans accomplis peut tenir une école enfantine communale ou libre, si elle est munie d'un brevet de capacité et si elle n'a encouru aucune des incapacités comprises dans l'art. 6 de la présente loi. Ce brevet sera délivré par le jury d'examen du département institué par l'art. 14, après un examen qui portera sur l'instruction religieuse et morale, la lecture, l'écriture et la numération.

ART. 75.

L'institutrice de la salle d'asile communale est nommée et révoquée par le conseil municipal.

ART. 76.

Toute personne qui voudra ouvrir une école enfantine libre doit préalablement déclarer son intention au maire de la commune où elle veut l'établir, en lui exhibant son brevet de capacité et lui indiquant les lieux où elle a résidé et les professions qu'elle a exercées pendant les dix années précédentes. Cette déclaration sera adressée immédiatement par le maire au sous-préfet de l'arrondissement et au procureur de la République. A défaut d'aucune opposition, le mois expiré, l'école enfantine peut être ouverte sans autres formalités.

Art. 77.

Les salles d'asile communales et les écoles enfantines libres sont sous la surveillance du maire, du curé ou du pasteur de la commune, et de trois dames résidant dans la commune et désignées par le conseil municipal.

Art. 78.

Sont abrogées toutes les dispositions des lois, décrets ou ordonnances relatifs aux établissements d'instruction publique contraires aux dispositions de la présente loi.

XXVIII

DE DEUX CAUSES PARTICULIÈRES QUI ONT SINGULIÈREMENT CONTRIBUÉ
DE NOS JOURS A VICIER L'ÉDUCATION EN FRANCE. — LA PREMIÈRE
EST L'ORGANISATION DU BACCALAURÉAT ÈS LETTRES.

Jusqu'ici nous avons montré comment l'éducation en
France a été faussée, viciée dans sa racine même, depuis le commencement de ce siècle, parce qu'elle a
cessé d'être essentiellement chrétienne, chrétienne dans
son principe, dans sa fin, dans ses moyens, et que, sous
prétexte de la séculariser, et dans le but réel de la soustraire à l'influence dominante de l'Église, qui a cependant été la mère, la nourrice et l'institutrice de la civilisation et du monde moderne, pour la rendre laïque, on
l'a rendue irréligieuse, antichrétienne ou du moins indifférente à la religion. Quand l'esprit de l'Évangile a
cessé d'y régner, l'esprit mondain, l'esprit du siècle a
dû s'en emparer ; et alors, toujours dominée par cet
esprit, elle en a subi toutes les influences et toutes les
vicissitudes ; elle est devenue le jouet des circonstances,
l'instrument de tous les gouvernements ; et ne servant
plus à faire des hommes pour Dieu, et des citoyens pour
le ciel, elle a travaillé à former des hommes pour le

temps, pour les besoins du moment, pour ce qu'on appelle les gloires et les intérêts du pays, et qui n'ont été le plus souvent que la gloire ou l'intérêt d'un homme, d'une dynastie, d'un parti, de quelques hommes. Nous pouvons donc affirmer de nouveau, après tout ce développement, ce que nous avions annoncé en commençant, savoir que l'éducation donnée par l'Université aux Français depuis cinquante ans n'a pas été autre chose qu'une exploitation morale de l'homme par l'homme, sous toutes sortes de prétextes, et pour toutes sortes de vues, qui en définitive se réduisent toutes en un intérêt humain. Ainsi faussée dans son principe et dans sa direction, il est clair que l'éducation publique ne pouvait donner que ce qu'elle a donné, des fruits analogues à son principe. Ce sont ces tristes fruits que nous récoltons aujourd'hui.

A cette cause principale et essentielle de la maladie, se joignent deux causes spéciales, qui en sortent directement, et qui ont singulièrement contribué à développer le mal et à le fortifier. La première est le baccalauréat ès lettres, qui est devenu l'aboutissant de toutes les études secondaires, et la porte des études académiques ; la seconde est l'engouement pour les écoles spéciales militaires de l'État, et leurs conditions d'admission.

Certes, rien n'est plus convenable que de clore le cours des études classiques par un examen général, qui en résume toutes les parties, et qui garantisse, quand il est bien fait, l'instruction et les progrès des jeunes gens dans tout ce qu'on leur a enseigné. L'examen en lui-même est donc excellent comme but proposé à leurs efforts, et le grade qu'il confère est sous ce rapport très-utile et très-honorable. Tout le monde a besoin d'être stimulé au travail, les jeunes gens plus que les autres à cause de la légèreté de leur âge et de leur penchant aux distractions ; et s'il n'y avait point d'examen à subir, on peut affirmer que très-peu travailleraient suffisamment, et auraient la force de secouer la paresse et de vaincre l'inertie. Pour travailler avec suite, avec constance, il faut qu'on voie l'utilité positive du travail, à quoi il sert, à quoi il mène, et la jeunesse ne peut l'apercevoir quant à son avenir dans le monde, tant elle est encore éloignée des affaires sérieuses. Il faut donc lui proposer des buts plus rapprochés, qu'elle peut apercevoir et atteindre, et ces buts deviennent des moyens et des conditions pour des fins plus élevées et plus utiles, c'est-à-dire pour son établissement, pour son état dans le monde.

Mais si l'examen du baccalauréat est bon en lui-même, la manière dont on l'a organisé depuis vingt ans[1] à peu près est déplorable, et de là sortent des conséquences plus déplorables encore, et qui pervertissent peu à peu l'instruction et par suite l'éducation de la France.

Dans l'origine, sous l'Empire, l'examen du baccalauréat était une simple formalité. On faisait expliquer un peu de latin, on faisait quelques questions de philosophie, et tout était dit. Il était rare qu'on fût refusé. Sous la Restauration on renforça l'examen avec raison. On y ajouta successivement le grec, l'histoire, les mathématiques, un peu de physique, en sorte que toutes les choses enseignées pendant la période de l'enseignement secondaire y fussent jusqu'à un certain point représentées et résumées. C'était convenable ; et surtout la ma-

____

1. Après la révolution de 1830.

nière large dont on s'y prenait était bonne, on faisait quelques questions sur chaque partie, pour s'assurer si l'élève l'avait étudiée, ou savait quelque chose, et surtout s'il y comprenait quelque chose, et s'il avait une certaine intelligence des matières. Alors l'esprit l'emportait encore sur la forme dans les examens et dans leur préparation. Les jeunes gens, ne pouvant pas prévoir précisément les questions qui leur seraient faites, étudiaient leurs cours plus en conscience, tâchaient de savoir ce qui leur était enseigné, et d'embrasser un ensemble de science quelconque, afin d'avoir quelques idées à exposer ; ne sachant sur quels détails ils seraient interrogés, ils ne pouvaient préparer des réponses toutes faites, et par conséquent il fallait se préparer à répondre par la pensée et l'intelligence plus que par la mémoire. Pendant quinze ans nous avons fait à la Faculté des lettres de Strasbourg des examens de cette sorte, et avec un peu de sévérité et d'intelligence nous en avons retiré d'excellents résultats.

Malheureusement on ne s'en est pas tenu là. On a voulu encore renforcer les examens, ou au moins tel a été le prétexte des innovations, et on les a gâtés ; on les a rendus tout positifs ; on les a matérialisés ; la forme l'a emporté sur l'esprit, et ils sont devenus une affaire de mémoire, une espèce de mécanique, où l'intelligence a été mise en seconde ligne, en arrière, tant pour la préparation, que dans l'examen lui-même.

Pour cela on a réduit en questionnaires toutes les matières de l'examen multipliées outre mesure. Toutes les sciences sur lesquelles les candidats doivent être interrogés ont été dépecées tant bien que mal en trente ou quarante questions, qu'on en a présentées comme le sommaire, et l'élève a dû tirer au sort la question à répondre. On a cru faire merveille par cette espèce de loterie scientifique, et pour forcer les élèves à tout savoir, et pour empêcher la partialité des examinateurs. On a espéré rendre par là les épreuves plus fortes, plus équitables, plus décisives, et on n'a fait en réalité que les formaliser, les mécaniser, de sorte qu'au lieu d'être un stimulant, un encouragement à l'instruction véritable de la jeunesse, elles sont devenues un empêchement, un obstacle, en même temps qu'elles ont paralysé en partie l'examinateur, en lui ôtant jusqu'à un certain point les vrais moyens de discerner la capacité et la force des candidats.

Voici en effet ce qui est arrivé : une fois les matières des examens réduites à un certain nombre de questions, l'industrie des préparateurs et des répétiteurs a mis en face de ces questions un nombre égal de réponses. Aux programmes si bien déterminés et numérotés ont répondu aussitôt des manuels parallèles, en sorte que les candidats, au lieu d'étudier la science dans les cours qui l'enseignent, ce qui est long et exige du travail, ont trouvé bien plus commode d'apprendre par cœur des réponses toutes faites, qu'ils ont débitées imperturbablement à l'examinateur d'abord étonné et qui s'aperçoit bientôt que la mémoire fait tous les frais de cette exhibition. Mais au fond que voulez-vous qu'il fasse ? La réponse a été faite à la question ; et bien qu'il soit convaincu que le répondant sait peu de chose et qu'il n'a point travaillé comme il le devait, cependant il a peine à refuser, quand les conditions de l'examen en face du public ont été à peu près accomplies. Il peut bien sans doute reprendre l'élève en sous-œuvre, en posant les questions en d'au—

tres mots, et déroutant ainsi la correspondance du manuel et des programmes, mais il a l'air aux yeux des spectateurs intéressés, de vouloir embarrasser le candidat, et il prendrait sur lui un rôle odieux aux yeux des élèves. Il laisse donc aller, quand la faiblesse n'est pas trop scandaleuse, quand l'honneur de la Faculté paraît n'être pas compromis. Et puis au fond, on lui a fait une position commode par ce mécanisme. Ce n'est plus lui qui cherche la question, on la tire au sort ; sa fonction est de constater si on répond à la question sortie de l'urne ou du sac. On y répond par une kyrielle de mots, que l'élève ne comprend pas le plus souvent, mais qu'enfin il articule et défile tout juste comme c'est écrit dans le manuel ; l'affaire est donc faite régulièrement : il y a eu une question tirée au sort, il y a une réponse faite, le règlement est satisfait, et ainsi tout le monde doit l'être : et l'examinateur qui a eu la réponse correspondant au numéro du programme, et l'élève qui a débité la recette comme elle est formulée dans son manuel, sans peut-être y rien comprendre il est vrai, mais au fond on n'a pas le droit strict de lui en demander davantage.

Oh ! bienheureux manuels de philosophie, d'histoire, de rhétorique, de mathématiques, de chimie, et même de grec et de latin, avec traduction interlinéaire afin que rien n'y manque. Salut ! Vous avez fait une révolution dans l'instruction publique, vous avez mis la science à la portée de tout le monde, et par votre admirable secours, c'est maintenant ceux qui savent le moins, et qui sont le moins capables de savoir, qui paraissent les plus savants et qui passent leurs examens le plus sûrement et quelquefois avec le plus d'éclat. Vous avez fait, par exemple, qu'un élève de quatrième, pour peu qu'il ait de la mémoire, est aussi avancé qu'un rhétoricien, ou un philosophe, et que sans avoir suivi des cours d'humanités, de littérature, d'histoire et de philosophie, il répondra imperturbablement sur toutes ces choses, au moins assez pour être bachelier ès lettres en l'Université de France, ce qui est la chose uniquement nécessaire ! Soyez donc bénis par la jeunesse paresseuse, qui a horreur des études et du travail qu'elles exigent, qui trouve le temps des classes trop long, et qui est pressée d'en finir avec la vie de collége, où il faut obéir et travailler, pour arriver à s'amuser et à jouir dans le monde, faire toutes ses volontés, et n'avoir plus rien qui la gêne. Mais il faut cependant aussi rendre justice à tout le monde ! Cette révolution si admirable et surtout si profitable aux études, est due aux magnifiques programmes dressés par l'Université. C'est elle, cette mère des bonnes études, qui vous a mis sur la voie, ô jeunesse française, qui vous a frayé la route, et vous n'avez fait que tirer les heureuses conséquences de cette admirable institution, qui a mis toute la science en tablettes que vous avez garnies, qui a distribué l'enseignement dans des tiroirs étiquetés que vous avez si bien remplis, en sorte que ses disciples si intelligents n'ont justement qu'à exhiber ce qui est sur la tablette ou vider le tiroir sans se tromper d'étiquette, pour servir à souhait l'examinateur le plus terrible, lui fermer la bouche et lui arracher sa voix.

Depuis ce temps les études classiques sont en pleine déroute. Dès la troisième l'élève, qui commence à s'ennuyer au collége, parce qu'il commence à entrevoir et à sentir le monde et ses joies, ne pense plus qu'à son examen qui est pour lui l'heureux terme des études scolaires, et la porte bienheureuse d'une vie nouvelle et de la liberté. Si ses parents ont la faiblesse de l'écouter, il sortira du collége et ira chez un préparateur, qui en un an, à forfait, lui répondra de son admission. Il ne paiera même qu'après avoir été reçu. S'il reste au collége, il ne prend presque plus d'intérêt aux cours qu'il doit suivre. L'explication du latin et du grec l'intéresse encore, parce qu'il faut faire une version et traduire ces langues à l'examen; tout le reste ne sert de rien, humanités, rhétorique, discours français, latin, vers, histoire, philosophie, tels qu'on les enseigne dans des cours suivis et développés; tout cela est inutile; il a bien mieux que tout cela dans son manuel; il a les réponses aux fameuses questions toutes prêtes, toutes mâchées; il n'y a plus qu'à les avaler et à les rendre convenablement quand il en sera temps. Il passe tout son temps à les apprendre par cœur, à les stéréotyper dans sa mémoire pour le grand jour. Ainsi il n'exerce plus que sa mémoire, et encore sur des choses la plupart du temps mal écrites, mal pensées, mal présentées, qui ne donnent aucune idée à son intelligence, et ne laissent que des mots vides dans son esprit, et même rien du tout quand l'examen est passé.

Voilà comment se passent aujourd'hui les dernières années des études classiques, grâce aux programmes du baccalauréat et aux manuels qu'ils ont suscités; c'est-à-dire que maintenant, pour devenir bacheliers, les quatre-vingt-dix-neuf centièmes des jeunes gens s'abrutissent pendant plusieurs années, n'exerçant plus leur intelligence, ne développant pas leur esprit et par conséquent leur cœur, qui restent sans cette culture morale, sans cette nourriture spirituelle que doivent leur donner les humanités, la littérature, l'histoire et surtout la philosophie, et qui à cet âge où les sens s'exaltent par de nouveaux instincts, où les passions les plus violentes commencent à gronder, devraient avec le secours bien plus efficace de la religion humaniser l'homme de plus en plus, exciter et faire dominer en lui sa partie spirituelle, et donner à l'âme la puissance de vaincre et de conduire son corps. Toutes ces bonnes influences sont perdues, puisque les enseignements par lesquels elles peuvent agir ne sont plus écoutés. Les influences grossières ont le dessus, car il n'y a rien pour les contre-balancer, pour les refréner ; et ainsi avec la délicatesse de l'esprit, avec la sagacité de l'intelligence, avec la beauté de l'imagination et de son idéal, avec la force et la droiture de la raison, qui sont choses si belles à voir poindre dans le jeune homme, dégrossi, élevé, et moralement formé par la saine discipline des bonnes études, on a à regretter aussi dans la plupart de nos jeunes gens, au moins en ceux qui terminent ainsi leur scolarité, la grâce de l'innocence, la candeur de la foi, et la pureté si touchante de la piété. C'est en cela que ce malheureux examen fait tant de mal à l'éducation par la manière dont il est organisé. On ne se douterait pas qu'une mesure de discipline, qui paraît en soi si peu de chose, ait une influence si désastreuse ; et cependant les faits que nous venons d'exposer le montrent avec évidence.

Et pourquoi a-t-on ainsi arrangé les choses? qui a motivé ces programmes nouveaux, et tous ces questionnaires qui sont devenus par les manuels les tombeaux du vrai savoir, la perte de l'enseignement et par suite de l'éducation publique ? A-t-on cru vraiment rendre par là un service aux études? Y a-t-on vu un moyen efficace de les renforcer en les rendant plus positives et plus pratiques? Nous voulons le croire, mais si réellement on l'a pensé d'abord, ne doit-on pas être désabusé aujourd'hui qu'on en voit à plein les si tristes effets? Pourquoi donc les conserver encore, quand il est démontré que c'est au contraire la mort de l'instruction et de l'éducation? Hélas! là encore nous retrouvons ce que nous avons signalé ailleurs, l'instruction de la jeunesse sacrifiée à des vues particulières de gloire personnelle et de misérable intérêt. On a cherché par ces programmes, surtout en certaines parties, à assurer le succès de quelques doctrines, de quelques systèmes ; on les a stéréotypés, généralisés, universalisés par les questions, avec le langage technique de telle école, ses méthodes, ses divisions, pour populariser cette école, pour forcer à lire les livres qu'elle publie, et ainsi à s'imprégner des doctrines qu'elle enseigne. Et en même temps que la vanité d'auteur était satisfaite de ce succès commandé et forcé par l'autorité, l'intérêt du libraire venait s'y joindre, et ainsi on avait à la fois et la gloire d'être le législateur, le directeur moral, le prince de l'instruction publique, et les profits abondants de cette haute position; car les doctrines se répandent par les livres, et les livres classiques autorisés, vantés par l'Université, et surtout recommandés par les chances de l'examen, rapportent aux auteurs privilégiés autant de profit que de gloire. Ainsi les générations nouvelles, leur instruction et leur moralité, c'est-à-dire leur vrai bonheur de ce monde et de l'éternité, sont quelquefois sacrifiées à la vanité, ou à la cupidité de quelques hommes.

XXIX

Sous l'Empire, presque tous les jeunes gens, enlevés par la conscription, qui finissait toujours par les atteindre sous une forme ou sous une autre, étaient forcés d'être militaires, et alors c'était une grande émulation pour arriver aux écoles qui donnaient en peu de temps le grade d'officier. De là une haute prédominance des mathématiques dans les études de l'époque, comme servant plus directement à se faire un état et une position. L'Empire tombé, on pouvait croire que cette prédominance tomberait aussi, la paix rouvrant toutes les autres carrières, et le commerce et l'industrie pouvant prendre de nouveaux développements. Cela eut lieu en effet pendant quelques années sous la Restauration. Comme toujours, il y eut un temps de réaction en toutes choses contre le régime précédent et tout ce qui s'y était fait. Mais bientôt l'engouement pour les écoles spéciales du gouvernement reparut, non qu'on fût pris de nouveau de l'enthousiasme militaire, mais par un motif tout opposé et qui produisit cependant à peu près le même résultat. Ce fut l'École polytechnique qui ressuscita cet engouement. Elle devint en grande faveur dans l'opinion publique, d'abord par sa conduite en 1815 devant les alliés sur les hauteurs de Chaumont, mais surtout en 1830, où ces jeunes gens furent regardés comme les sauveurs du pays, et encore un peu quoique avec moins d'éclat en 1848. L'École polytechnique a été mêlée à toutes nos révolutions et s'y est montrée avec un certain éclat. Bref, pour cette cause et d'autres encore, la plupart des jeunes collégiens d'aujourd'hui veulent entrer à l'École polytechnique, surtout pour la gloire d'être élèves de cette école et d'en porter l'uniforme. Ils regardent beaucoup moins ce qu'ils seront après en être sortis, que les années qu'ils y devront passer, et le renom qui leur reviendra de lui avoir appartenu. Ceux qui n'espèrent pas réussir se rabattent sur Saint-Cyr, et enfin grand nombre d'autres veulent entrer à l'École de marine, à l'École forestière ; et les familles les y poussent vivement, par cette considération surtout, qu'après avoir passé quelques années dans ce noviciat, pour peu qu'on accomplisse les conditions ordinaires, on est sûr d'être placé, on a, comme on dit, le pied dans l'étrier, et il n'y a plus qu'à aller devant soi pour faire son chemin. Le secret de toutes ces vocations militaires, marines ou forestières est tout simplement le désir d'être placé au sortir des études, et de n'avoir pas la peine de se faire laborieusement et par ses propres efforts une carrière, qui se trouve toute faite. Les familles, on le comprend, sont très-désireuses d'abréger le plus possible leurs sacrifices et de caser leurs enfants le plus tôt qu'il se pourra. C'est bien naturel sans doute, et nous ne les en blâmons point; mais il sort de là un immense inconvénient, qui reflue sur toute l'instruction publique et sur l'éducation, et qui contribue puissamment à la démoraliser.

En effet, le nombre des candidats à toutes les écoles croissant tous les ans, surtout par cette manie dominante de nos jours d'avoir une place toute faite pour vivre, tout le monde aspirant de nos jours à être fonctionnaire et à vivre du trésor public, il arrive, comme toujours quand il y a concurrence, que les conditions du succès ont dû hausser et devenir plus difficiles. Il est tout simple que le choix soit plus exigeant, quand il doit se faire entre beaucoup. Il en résulte que les connaissances les plus directement nécessaires au terrible examen sont les plus demandées, et par conséquent l'étude des mathématiques et des sciences physiques devient d'une exigence extrême, d'une exigence telle qu'elle absorbe à peu près tout le temps et toutes les facultés des élèves depuis l'âge de quinze ans, sinon plus tôt. La préparation à l'École de marine par exemple commence avec l'enfance, puisque l'examen doit être passé à seize ans. Les enfants sont donc appliqués presqu'exclusivement à l'étude des mathématiques et des sciences physiques, mais surtout des mathématiques pures, qui, tout excellentes qu'elles soient sous le rapport scientifique, sont ce qu'il y a au monde de plus sec, de plus abstrus, de plus formaliste, de plus séparé de tout ce qui est vivant, intelligible, spirituel, moral et religieux. Elles restent en effet dans la sphère de l'abstraction, ayant une manière de raisonner toute spéciale, et sans rapport avec les réalités temporelles et éternelles de la vie. Elles doivent donc donner à l'esprit, qui ne se développe que par elles, une direction spéciale, une tournure originale, un procédé de penser tout particulier, qui peut très-bien convenir à l'étude des mathématiques, mais qui ne va plus dans la vie pratique, et qui se trouve déplacé, quand on l'applique aux hommes et aux dures nécessités de la vie de tous les jours. Les hommes et les choses en effet ne sont pas des chiffres d'une valeur déterminée et dont tous les rapports résultent invariablement de leur position, ni des figures exactement définies, dont toutes les propriétés découlent fatalement de la définition même. Ce sont des unités morales et contingentes, dans lesquelles il y a beaucoup de latitude et d'éventuel, en raison de la vie qui les anime, de la liberté qui les conduit ou les domine ; en raison aussi de toutes les circonstances qui influent sur elles, et dont personne ne peut calculer exactement, mathématiquement, le nombre, la présence et l'action.

Il sort donc de là d'abord que tous ces jeunes esprits appliqués presqu'exclusivement aux mathématiques, et s'y livrant avec toute l'ardeur qu'inspire le désir du succès, et aussi avec cette exagération que la jeunesse met à tout ce qu'elle entreprend, ne sont développés que d'une seule manière, par un seul procédé de penser, et justement par le procédé qui s'applique le moins à la réalité, et qui s'accorde le moins avec la vie pratique. Ils deviennent donc très-habiles à raisonner mathématiquement, et en général très-inhabiles à raisonner sur tout le reste, et surtout dans les choses morales, politiques et religieuses. On dit banalement que les mathématiques rectifient le jugement. Oui, en ce qui concerne les abstractions scientifiques. Oui encore, une étude modérée de cette science est utile, donne du poids et de la conséquence à la pensée, en la maintenant par des formules bien arrêtées, et la contraignant de suivre une voie strictement marquée et d'arriver à des résultats incontestables. Mais non, cent fois non, s'il s'agit d'une étude exclusive ou même prépondérante. Il n'y a rien, au contraire, qui fausse plus l'esprit, qui le rende plus incapable, plus impuissant pour les autres manières de penser et de savoir, justement parce qu'il veut toujours leur appliquer une mesure incompétente, et un instrument déplacé. Et nous en trouvons la preuve dans les excentricités politiques, morales et religieuses du jour, qui sont sorties presque toutes du cerveau d'anciens élèves, et des plus distingués, de l'École polytechnique.

Mais là ne s'arrête pas le mal. En s'épuisant dès l'âge le plus tendre à apprendre les mathématiques, à piocher l'x et l'y, comme disent les élèves, on n'apprend pas autre chose, d'abord parce qu'il ne reste plus de temps, ensuite parce que les facultés des enfants n'y suffisent plus, puis parce qu'ils en perdent le goût et même la volonté, n'estimant plus toute autre étude qui ne mène pas directement au but proposé, si ardemment désiré, entrer à l'école. Tout le reste est donc négligé ; on l'étudie en passant, pour la forme, et uniquement parce qu'on en demandera quelque chose à l'examen. Ainsi on fera un peu de latin, juste assez pour réussir dans la version ; un peu d'histoire, tout juste ce que le programme en demande. Mais la littérature, l'éloquence, la poésie, la philosophie, en un mot les études qui forment le goût, l'imagination, le style, la pensée dans toutes ses formes, et par là l'homme intelligent et moral,

l'homme civilisé, vraiment humanisé, tout cela est méprisé ou au moins négligé, laissé en arrière comme
inutile. Et en effet ces choses n'ont pas leur part dans
le programme et ainsi elles ne servent de rien au jour
de l'examen. La philosophie et la religion sont tout aussi
dédaignées, la première n'enseignant que des rêveries
creuses, même dans ses spéculations les plus sublimes,
et pour entrer à l'école il faut des doctrines positives.
La seconde étant bonne pour les enfants, par sa morale
et sa discipline, et d'ailleurs ne soutenant pas l'épreuve
du raisonnement dans sa partie dogmatique, tout enve-
loppée des mystères de la foi, qui n'a rien à faire avec
le calcul, ni avec la démonstration mathématique. Voilà
donc les jeunes intelligences faites pour connaître la vérité, qui sont dressées à ne la chercher et la voir que sous
une seule face, d'un seul côté, et c'est encore le côté le
plus abstrait, le plus formel, le moins pratique, le moins
applicable à la vie de l'âme ; et sur tout le reste elles ne
reçoivent aucune culture, aucun développement, aucune
nourriture, et deviennent semblables, si l'on peut parler
ainsi, aux objets de leur considération perpétuelle, un
chiffre, une figure, une lettre morte, un x ou un y,
sans sens, sans signification vivante, sans idée percep-
tible et applicable, sans vraie vie.

Mais, hélas ! le mal n'est pas au bout. Avec le desséchement de l'esprit vient le desséchement du cœur, la
mort de l'âme, et cela dans l'adolescence, dans la jeunesse, où le cœur et l'âme commençant à s'agiter par le
besoin de vivre et d'aimer auraient le plus besoin d'être
nourris d'une nourriture morale, dirigés dans leurs aspirations, éclairés et maintenus dans leurs désirs et poussés
vers les véritables objets de leur amour. Or, c'est

d'abord la religion avec toutes ses influences, c'est ensuite la saine philosophie avec ses idées, puis c'est encore
la littérature, les arts, l'histoire avec leurs beautés, leur
idéal, leurs enseignements moraux, qui devraient remplir le vide qui se fait alors sentir dans les jeunes âmes,
et leur imprimer doucement la direction qui peut seule
les conduire à la vérité et au bonheur. Or tout cela est
exclus ou au moins très-négligé, admis à peu près
pour la forme et par convenance. Et alors justement les
instincts du corps les plus violents se développent ; la
sensualité s'exprime par ses emportements ; l'existence
physique tend à se compléter, la vie animale réclame la satisfaction de ses appétits. Et quand il faudrait toute la puissance de la vie religieuse et morale,
toutes les grâces qu'elle attire, tous les secours qu'elle
fournit pour combattre la partie animale, la comprimer
et la dominer, c'est alors qu'elle manque complétement
et que le jeune homme sans croyance, ou au moins sans
pratique religieuse, sans instruction morale, sans idée
philosophique, sans aucune direction, est laissé à
lui-même, c'est-à-dire à toute la fougue de ses passions
grossières et à tout l'emportement de la vie animale. Ce ne
sont pas les mathématiques à coup sûr qui viendront à
son aide en une pareille crise ; tout au plus font-elles
diversion pour les plus studieux, qui pressés par
l'examen n'ont pas le temps de faire des sottises ; mais
les plus zélés sont toujours le petit nombre, et la grande
majorité se dégrade à plaisir, et ruine d'avance sa santé,
use ses forces avant l'âge par l'abus prématuré des
jouissances grossières contre lesquelles rien ne la
défend, et ensuite par le travail exagéré qu'il faut subir
au moment des examens tout en ayant un corps

fatigué par le désordre, et un sang échauffé par la dé—
bauche. Plusieurs n'y peuvent tenir et meurent avant le
temps. La plupart se ressentent toute leur vie, dans leur
santé, dans leur esprit, et surtout dans leur âme, de
cette triste préparation à se poser dans le monde ; ils ont
tué leur vie dans sa fleur pour arriver à vivre.

Qu'on s'étonne après cela que nous ayons dans la
société actuelle un si grand dévergondage de pensées,
d'opinions et de conduite. Les jeunes gens ainsi formés
appartiennent aux familles les plus distinguées, ils rem—
plissent avec le temps des fonctions importantes ; et par
leur instruction, et leur influence scientifique, politique,
civile, ils deviennent un jour les maîtres et les directeurs
de la société. Quels principes voulez-vous qu'ils y appor-
tent en fait de religion ou de moralité ? On ne gouverne
pas les peuples avec les mathématiques et le raisonnement pur. On les conduit avec des croyances, avec des
sentiments, avec des idées, et surtout avec le bon sens,
qui ressort des principes éternels de la justice et du bien
si admirablement enseignés par l'Évangile, avec l'autorité, qui ne vient pas des opinions et de l'arbitraire ou de
la force de chacun, mais des doctrines supérieures et de
la puissance qui en dérive enseignée aux hommes par
Dieu même. Quand toutes ces choses n'ont pas été con-
nues, acceptées, ou ont été rejetées, que reste-t-il pour
gouverner les hommes ? Des théories, des systèmes,
des utopies plus bizarres, plus excentriques les unes que
les autres, qui peuvent prouver l'esprit et l'imagination
de leurs auteurs, mais qui trahissent en même temps leur
ignorance, leur vanité et leur inexpérience ; et avec tout
cela, pour mettre ces choses à l'épreuve et en application,
il reste la force quand on l'a dans la main, et l'abus de la

puissance publique par la violence et même par la terreur, sous le prétexte du bien public et au nom du progrès du genre humain. Voilà ce qui a produit le chaos intellectuel où nous nous agitons aujourd'hui ; la plupart des esprits les plus distingués de nos jours, ceux qui ont le plus d'influence sur les affaires publiques, par suite de l'instruction partielle, incomplète, qu'ils ont reçue, ne comprenant point ou ayant rejeté tous les grands principes qui dirigent et soutiennent la vie des hommes et des sociétés, ayant même des préjugés, des préventions contre ce qui a fait de tout temps la solidité, la prospérité des familles et des nations, et s'imaginant qu'ils trouveront par leur propre raison et dans leur pensée propre de quoi subvenir à tous les besoins de la société, à tous ses progrès, à toutes ses gloires et à son bonheur ! Illusions misérables, dont nous payons les conséquences, et qui nous font moissonner des tempêtes après le vent qu'elles ont semé.

XXX

INFLUENCE DE LA FAMILLE SUR L'ÉDUCATION PUBLIQUE.

Après toutes les causes exposées jusqu'ici, qui ont contribué directement ou indirectement à vicier l'éducation en France au xixᵉ siècle, nous en signalerons une dernière, plus générale et plus profonde que toutes les autres, et qui, par l'étendue et la vivacité de son action, nous montre combien est grand le mal que nous combattons : nous voulons parler de l'éducation première, de l'éducation domestique. Il est évident qu'on ne met pas les enfants au collége à leur naissance ; ils ont dû vivre dans la maison paternelle plusieurs années avant de pouvoir commencer les études secondaires ; ils ont déjà une certaine éducation et même quelque instruction, et par conséquent ils arrivent au collége avec une préparation quelconque, bonne ou mauvaise, mais dont les résultats ne doivent point être imputés, en bien comme en mal, à l'enseignement qui lui succède. C'est ce que répond l'Université, et avec quelque raison, à ceux qui l'accusent de détruire la foi et l'innocence des enfants qu'on lui confie. Elle dit que la plupart ont déjà perdu l'une et l'autre au sein de leur famille par l'éducation domestique avant de venir à elle, et qu'ainsi ils ne peuvent pas perdre dans ses établissements ce qu'ils n'y avaient pas apporté. Il est vrai qu'elle pourrait s'inquiéter davantage de leur rendre ce qu'ils ont perdu, et c'est malheureusement ce qu'elle ne sait pas faire. Or, nous l'avouons avec douleur, l'éducation première des enfants, qui précède et doit préparer celle du collége, est en général mauvaise, anti-chrétienne en raison même de l'état des familles où elle se donne. On ne donne pas ce qu'on n'a pas, et chacun ne peut donner que ce qu'il a. Si donc la majorité des familles d'aujourd'hui sont dépourvues de foi, si on y vit comme s'il n'y avait ni Évangile, ni christianisme, ni Église, il est clair que les enfants y apprendront à vivre comme leurs parents, et qu'ainsi l'éducation domestique sera pour eux une espèce d'apprentissage d'irréligion et d'immoralité. La plaie de l'éducation publique est donc préparée par la plaie de l'éducation domestique qui est la maladie primitive, essentielle, dont l'autre est une dérivation. Il faut donc en montrer par des faits sensibles, de tous les jours, les tristes con-séquences et les déplorables effets, et à cette fin nous citerons quelques pages du dernier mandement du cardinal Giraud, archevêque de Cambrai, enlevé trop tôt à l'Église et aux lettres, et qui serait encore un des écrivains les plus distingués de la France actuelle, s'il n'était un de ses prélats les plus éminents. Ce tableau nous a paru si frappant, si juste et peint d'une manière si vive, qu'il nous semblerait à la fois téméraire et ab-surde de le recommencer. Nous ne croyons pas qu'on puisse faire mieux.

« Quelque grande que soit l'importance de l'éducation publique, elle est loin d'égaler celle de l'éducation pre-

mière, de l'éducation domestique. En vain multiplierait-
ou les écoles les plus saines, si les exemples, les leçons
qu'on y reçoit sont en désaccord avec les leçons et les
exemples de la famille. Quand on veut avoir des eaux
salubres, on doit s'assurer d'abord de la pureté de la
source. Or la source de toute bonne éducation est dans
la maison paternelle... A quelques exceptions près,
d'autant plus honorables qu'elles deviennent plus rares,
nous n'hésitons pas à dire que l'éducation domestique
considérée en général est notre première, notre plus
grande plaie. La plaie de l'éducation publique ne vient
qu'en seconde ligne. Telle est du moins la conviction
qui s'est formée en nous pour avoir beaucoup vu et
beaucoup observé.

« Quelles sont les causes de ce désordre? La première
en est dans le défaut de foi, dans l'absence de réflexion
chez les jeunes époux qui fondent une famille, et par
suite dans un vice originel de vocation, dans une privation
de grâces qui les rend impropres à remplir les graves
obligations de ce saint état. Parmi cette multitude de
mariages, qui renouvellent chaque année, chaque jour,
le flot des générations humaines, combien pourriez-vous
compter de maris, de femmes chrétiennes, qui se sont
dit à eux-mêmes dans la profondeur de leur conscience,
avant de se lier par l'engagement le plus redoutable: « Je
vais contracter une alliance sainte. Dieu sans doute
daignera la bénir en me donnant des enfants. Ces enfants
par leur côté terrestre auront des besoins physiques : ce
sera un devoir pour moi d'y pourvoir par l'alimentation,
par le vêtement, par le régime et les soins nécessaires
au développement de leurs forces, à la conservation de
leur existence. Mais ils seront dotés aussi d'une âme

immortelle, d'une âme qui vit de vérité et qui se développe et se perfectionne par la vertu, qui aspire à une
fortune plus haute que toutes les richesses et les félicités
d'ici-bas, et ici ma tâche devient bien autrement sérieuse.
Élever des corps en leur procurant la nourriture qui
leur est propre et qu'ils assimilent à leur substance, les
animaux le font bien, même les plus féroces, à l'égard
de leurs petits. Élever des esprits en les introduisant
dans le sanctuaire des lettres, des sciences et des arts,
les païens le font bien. Mais élever des âmes, c'est-à-
dire les abreuver de la vraie lumière, les échauffer au feu
du saint Amour, en faire des temples vivants de la
Divinité et des élus pour le ciel, quelle effrayante responsabilité ! » Non, la plupart des époux ne pensent
point à ces choses ; ils se marient, comme on se mariait
aux temps qui ont précédé le déluge, *buvant, mangeant,
se proposant de vendre ou d'acheter, de bâtir des maisons
ou de planter des héritages,* sans nul souci ni prévoyance
de ce qui doit s'en suivre. Ils ont des idées de fortune,
d'établissement, de jouissance sensuelle, d'avancement
dans le monde, ou bien même ils n'ont pas d'idée autre
que celle de suivre le torrent, de faire comme la foule.
Ils procréeront des enfants pour le siècle, mais quant à
former des enfants de Dieu, ils n'y songent seulement
pas.

« De cette absence de réflexion, de cet oubli de la fin
principale du mariage, vous voyez déjà les conséquences.
Les enfants naissent, la mère les nourrit de son lait. Ils
grandissent, le père travaille pour subvenir à leur entretien. Rien de mieux sans doute. Mais est-ce là tout ? Qui
leur donnera le lait de la doctrine céleste ? Qui leur
rompra le pain de l'intelligence ? Car l'homme ne vit

pas seulement du pain matériel, mais de toute parole sortie de la bouche de Dieu. On nous répond d'un côté qu'on se repose de ce soin sur les bonnes et les nourrices, sur les précepteurs et les gouvernantes ; de l'autre, que c'est l'affaire du magister et du curé, qu'on ne manque pas d'envoyer les enfants à l'école ou au catéchisme. Ces réponses auraient quelque valeur si vous aviez jeté vous-mêmes dans ces jeunes âmes les premières semences de la vérité et de la vertu. Qu'après les avoir instruites selon la mesure de votre temps et de vos forces, vous leur donniez des maîtres, des suppléants de votre insuffisance, pour étendre, compléter, perfectionner leur instruction, vous remplissez en cela le devoir d'un bon père de famille. Mais il ne faut pas oublier que s'il vous est permis d'alléger votre fardeau en le partageant, vous n'en n'êtes pas pour cela déchargés et que vous restez toujours les premiers maîtres, les premiers éducateurs de vos enfants. C'est le vœu sacré de la nature, c'est la loi de la religion, c'est l'ordre de la Providence, c'est la volonté de Dieu, aussi juste qu'aimable. Oui, c'est sur les genoux d'une mère que le petit enfant doit apprendre à bégayer ses premières prières, à louer le Dieu créateur, à bénir le Dieu sauveur, à aimer le Jésus de la crèche, le Jésus du Calvaire, le Jésus du tabernacle. C'est de la bouche d'un père, qu'il doit recueillir les premières leçons de la sagesse. Ces leçons-là ne s'oublient jamais.

« Instruisez donc vos enfants, pères et mères ; mais quand nous disons instruisez-les, nous ne disons pas : chargez leur mémoire des fictions de nos poëtes ou des fables de nos romanciers, faites-en des génies précoces, des prodiges de savoir, qui pour avoir commencé trop tôt à être des hommes finissent par n'être toute leur vie que des enfants ; comme ces plantes élevées en serre chaude, qui s'étiolent et s'épuisent après avoir poussé quelques feuilles et jeté quelques fleurs. Nous ne disons pas : enseignez-leur les arts frivoles qui peuvent bien être un ornement, un brillant accessoire de l'é-ducation, quand la discrétion leur assigne une règle et une limite, mais qui ne sont qu'un abus et un ridicule, dès qu'ils prennent la place d'études plus sérieuses. Nous ne disons pas : apprenez-leur la science du monde, la manière de se présenter avec grâce, l'art d'y briller, d'y plaire et de s'y perdre. Nous ne disons pas : ensei-gnez-leur la science des affaires, la science des chiffres, le secret de faire de l'or, et tous ces calculs de la cupi-dité qu'ils n'apprendront que trop vite et peut-être pour leur malheur. Mais nous disons : enseignez-leur la science véritable, la seule nécessaire, qu'aucune autre ne peut suppléer et qui peut suppléer toutes les autres, la science des croyances et du devoir, la science de Dieu et de l'homme, la science de la religion. Qu'ils étudient les éléments des langues, les règles de la syntaxe et de la méthode, on ne s'y oppose pas, mais qu'ils com-mencent par étudier les rudiments du christianisme et les maximes de cet Évangile qui rend diserte la langue des enfants. Qu'ils connaissent les fables mythologiques du polythéisme, les héros et les déesses de l'antiquité fabu-leuse, les usages et les cérémonies des superstitions païennes, on ne le blâme ni ne l'approuve ; mais qu'ils sachent avant tout les mystères augustes, les pratiques saintes de la religion véritable, et cette histoire des deux Testaments pleine de si belles leçons et riche de si beaux exemples. Qu'ils répètent avec enthousiasme les harangues éloquentes des orateurs de la Grèce et de Rome, on partage leur juste admiration ; mais qu'ils récitent d'abord avec amour les prières du chrétien, et cette oraison sublime que Dieu même nous a apportée du ciel ! Qu'ils s'instruisent à fond des lois divines, avant d'ouvrir le code des lois humaines. Qu'ils mesurent les cieux avec le compas de Newton, qu'ils analysent la nature dans le creuset de Lavoisier, mais qu'ils apprennent à lire le nom de Dieu sur l'aile de l'insecte perdu dans la poussière, comme sur le front du soleil roulant dans l'immensité. Les sciences humaines ne sont accessibles qu'au petit nombre, la science de la religion est nécessaire à tous.

« Encore une fois instruisez vos enfants, mais pour les instruire avec fruit soyez instruits vous-mêmes. Ici se présente un second désordre non moins déplorable que le premier. Au défaut de réflexion sur la grandeur du ministère qu'ils ont à remplir, se joint chez la plupart des parents une profonde ignorance en matière de religion. Nous disons chez la plupart, sans excepter même les savants et les lettrés : car tel sait tout, commerce, industrie, jurisprudence, qui souvent n'a pas la plus légère teinture de l'*unique nécessaire*. Et comment enseigneraient-ils ce qu'ils ne savent pas eux-mêmes ?....

« Par quels termes assez forts déplorerons-nous cet oubli presque général de la vérité religieuse, qui passe de l'individu dans la famille et de la famille dans la société tout entière ? Où allons-nous, et quel avenir se prépare si les hommes vivent et meurent sans connaître le principe et le but de l'existence humaine, si la prière commune, les observances saintes, les sages entretiens, ne nourrissent plus au foyer domestique le culte du devoir ; si les enfants n'apprennent le nom de Dieu que

par les blasphèmes de leurs pères, et la religion que par
le mépris de ses lois......

« Et qu'on ne me dise pas dans un certain monde qu'à
défaut de religion on inculque aux enfants des préceptes
de morale, qu'on leur suggère des sentiments d'honneur.
Ah! croyez-moi, vous n'avancerez à rien avecvos phrases.
Eh ! quelle morale, je vous prie, sans responsabilité ?
Quelle morale qui ne soit liée au dogme et qui n'en tire
toute sa force, toute sa vertu ? Eh ! de quelle morale
voulez-vous donc me parler? De la morale de l'Évangile
sans doute ? et en effet elle est assez belle et assez pure.
Mais pouvez-vous la séparer de la foi qui lui donne sa
sanction ? Ne voyez-vous pas qu'elle perd sa grâce,
sa persuasion, son efficacité, dès que vous la dépouillez
de son caractère divin, qu'elle n'est plus alors que la
parole de l'homme ?..... Et vos principes d'honneur
seront-ils plus efficaces ? L'honneur ! ce mot est beau,
il sonne admirablement dans le discours, il fait effet sur
le théâtre. Mais en présence d'une tentation délicate,
d'une passion violente, à quoi vous servira-t-il si les
saintes terreurs de la conscience ne répriment le cœur,
ou n'enchaînent le bras ? Aussi, voyez le fruit de ces
grands principes ! Jamais on n'a tant parlé de morale et
d'honneur que de nos jours. Les petits enfants en rai-
sonnent dans les écoles et sur les places publiques ; jamais on n'a écrit sur l'éducation plus de pages philosophiques, mais aussi doit-on convenir que jamais on n'a
fait un usage plus sobre de la religion dans la composition de ces systèmes. Eh bien ! philosophes, moralistes,
économistes, encyclopédistes , éclectiques , rationa-
listes, venez, considérez la génération nouvelle, qu'en
dites-vous ? Vous ne vouliez pas qu'on parlât de Dieu à

un jeune homme avant sa dix-huitième année, et à
quinze ans il outrage, il brave son père ; le monstre !
Il va plus loin, il ose porter une main parricide sur le
sein qui l'a nourri ! cela n'est-il pas dans l'ordre ? Vous
vouliez qu'il se choisît lui-même sa religion, et il a
choisi le culte du plaisir, il s'est fait une idole de la
liberté et de l'indépendance. De quoi vous plaignez-
vous ? Cela n'est-il pas dans l'ordre ? Vous avez voulu
avant tout une jeunesse pensante et vous avez une jeunesse pensante et réfléchissante qui, à force de penser
et de réfléchir, s'est avisée que tout pouvoir est une
usurpation, tout devoir une servitude ; et même une
jeunesse agissante, une jeune France, une jeune Italie,
une jeune Suisse, une jeune Allemagne, une jeune
Europe qui à force d'agir et de remuer finiront si on
les laisse faire par bouleverser le monde. Tout cela
encore une fois n'est-il pas dans l'ordre ? Et maintenant
la religion est-elle nécessaire, est-elle la première base
de toute éducation, le premier besoin de la famille
comme de la société ? De la religion donc, pères et
mères ; sans elle point de vertu solide, point de science
digne d'estime, point de bonheur réel. Mais à l'instruction religieuse il faut joindre la correction paternelle.

« Après l'obligation d'instruire, rien n'est en effet plus
expressément recommandé dans nos livres saints aux
pères et mères de famille que de faire sentir à la jeunesse
le frein de la discipline et de ne pas laisser mollir dans
leurs mains le nerf de l'autorité.

« Grâce à l'indulgence introduite dans nos lois par l'af-
faiblissement de nos mœurs, la puissance paternelle, à
peu près désarmée, n'est plus aujourd'hui cette magistrature révérée qui savait réprimander avec force et

condescendre avec dignité ; cette royauté patriarcale qui dispense avec mesure les encouragements et le blâme, et dont le seul regard commande et fait respecter ses ordres ; ce sacerdoce auguste qui montre à l'enfant, dans les auteurs de ses jours, les représentants de la divinité pour récompenser et punir. Le contre-coup des révolutions qui ont ébranlé l'État a retenti dans la famille. Une philosophie ou niaise ou perfide en persuadant aux rois que le peuple est toujours bon, même dans ses fureurs, a fait entendre aux pères que la jeunesse est toujours bonne, même dans ses écarts les plus répréhensibles ; et les enfants comme les peuples, qui ne sont aussi que des enfants, ont exploité au profit de leurs passions ces doctrines commodes qui mettent les droits à la place des devoirs. Aussi le sceptre s'est brisé dans les mains du chef de famille, comme dans celles des chefs des nations. Le dogme de l'égalité a passé de la société publique dans la société privée. L'enfant à peine sorti des langes marche dans sa liberté, traitant de puissance à puissance avec ses parents. Le sans-gêne des manières et du langage, la familiarité du *tu* et du *toi*, tout signale non plus seulement un changement dans l'ordre politique, mais le renversement même de l'ordre naturel ; tout annonce un déplacement des trois personnes domestiques : le père, la mère et l'enfant. Le père, qu'on me passe cette expression, fraternise avec son fils, la mère avec sa fille, et je n'oserais pas même affirmer que dans plus d'une famille le principe de la souveraineté du peuple ne reçoit pas tous les jours une rigoureuse application.

« De là ce relâchement de l'ancienne discipline, qui va s'affaiblissant tous les jours davantage par la mollesse des pères et les prétentions des enfants, les premiers reculant de concessions en concessions, les autres s'avançant d'exigences en exigences. De là chez les parents cette habitude de laisser aller et de laisser faire, qui aime mieux fermer les yeux sur des défauts, jeter un voile sur des vices, que de les réprimer par une réprimande qui coûterait un sacrifice à la paresse ; de là cette fausse sensibilité qui craint d'adresser un reproche, de faire couler une larme.

« On l'a dit souvent, mais on ne saurait trop le redire : Dans la poursuite de la vertu, le *précepte est long, le chemin le plus court est celui de l'exemple* (Sénèque). Si cette maxime est vraie à l'égard de tous les hommes, combien plus à l'égard de cet âge curieux, soupçonneux, naturellement imitateur, dont toute l'âme est pour ainsi parler dans les yeux ? Des exemples, point de mauvais exemples, beaucoup de bons exemples ; c'est le livre des enfants. Mais les plus efficaces, ils les attendent de vous, pères et mères, de vous, que la Providence a placés auprès d'eux, comme leurs anges visibles ; de vous, dont toutes les actions sont revêtues à leurs yeux d'un caractère, d'une autorité sacrés. Soyez donc ce livre intelligible et toujours ouvert, ce tableau parlant, cette prédication vivante, où ils puissent étudier leurs devoirs sans le secours de longs raisonnements. Qu'ils sachent que vous ne leur imposez aucune obligation, que vous n'exigez d'eux aucun sacrifice, auxquels vous ne vous soumettiez vous-mêmes les premiers. Que votre constante fidélité aux lois de Dieu et de son Église soit comme une morale en action qui serve de règle à leur conduite. Et de quel droit les chargeriez-vous de fardeaux que vous ne toucheriez pas même du bout du doigt ? Je sais bien qu'ils doivent toujours vous écouter, alors même que vos œuvres contrediraient vos paroles ; nous ne prétendons pas les excuser, mais gardez-vous aussi de vous flatter, et ne présumez pas de la puissance des mots, au point de croire que vous leur ferez goûter des leçons qui n'auraient point la sanction de vos exemples. La crainte leur imposera silence, mais ils se riront en secret des leçons et des maîtres.....

« Quels fruits pouvez-vous donc vous promettre, pères et mères, de vos leçons toujours démenties par vos œuvres, ou de vos conseils toujours contredits par vos exemples ? Quelle route voulez-vous que suivent vos enfants, placés entre vos moralités et vos scandales ? En croiront-ils ce qu'ils entendent plutôt que ce qu'ils voient ? Regarderont-ils comme bonnes pour eux des règles de conduite que vous n'estimez pas bonnes pour vous-mêmes ? Hélas ! même en les élevant dans une atmosphère toute d'édification, on ne réussit pas toujours à les fixer dans le bien. Ce que l'exemple ne fait pas toujours, des mots le feront-ils ? Après que vous avez saisi leur imagination du spectacle d'une vie toute païenne, que sont les enseignements chrétiens qu'un vain bruit qui frappe l'air ? Quand vous ne feriez qu'embarrasser leur conscience, troubler leur lumière intérieure, leur rendre la vertu douteuse, ce serait déjà un immense malheur. Mais ils iront plus loin. Ils s'accoutumeront à ne voir dans vos leçons que des formules sans conséquences, de vains discours qu'on donne à l'usage, sans application à la conduite de la vie. La sagesse elle-même ne sera plus à leurs yeux qu'un stérile appareil de sentences, et ils se croiront quittes envers la vertu quand ils en auront parlé comme vous le langage. »

Voilà ce que produit trop souvent la première éducation de la famille, bien qu'il y ait d'honorables exceptions. Et malheureusement, ce mal une fois commencé avant l'entrée au collége est bien difficile à réparer à cause de la force des premières impressions sur l'enfance et de l'entraînement des premières habitudes. Il peut cependant se corriger jusqu'à un certain point par une seconde éducation fortement chrétienne, mais avec quel travail, quelle peine, quelle patience! et, là encore plus souvent qu'on ne le pense, l'esprit irréligieux des parents, ou leur indifférence, leur légèreté, et par-dessus tout cela leur folle tendresse, leur affection charnelle vient entraver, gâter, quelquefois détruire l'œuvre de l'éducation chrétienne. Quand ils n'ont pas de foi, ils prennent très-légèrement tout ce qui s'y rapporte, et les enfants qui le savent, et qui après tout ne se croient pas obligés de valoir mieux et de faire plus que leurs parents, sont portés à ne pas regarder comme très-importants des devoirs que leurs pères ne remplissent pas, et des pratiques religieuses dont ils se dispensent, et qui servent parfois de matière à leurs plaisanteries. Ils en concluent tout naturellement que ces choses sont bonnes pour les enfants, pour le temps du collége, et qu'une fois échappés à la discipline et devenus grands à leur tour ils seront dispensés de rendre à Dieu ce qui lui est dû, d'accomplir ses commandements et ceux de l'Église et de le servir. Les parents ne voient pas qu'en affaiblissant dans le cœur de leurs enfants la foi religieuse par leurs exemples, sinon par leurs paroles, ils invalident eux-mêmes leur autorité, et en détruisent la base et la sanction. Car si la puissance paternelle n'est pas une délégation divine, elle n'a plus rien de sacré, elle ne peut plus être que l'effet de la force ou de la convention ; elle ne croit plus en elle-même si elle ne croit plus en Dieu, en sa dérivation de Dieu ; et de là la conscience de sa faiblesse. C'est pourquoi elle est si molle aujourd'hui, si incertaine, si capricieuse, si lâche, si découragée ! Elle n'ose plus imposer fermement aux enfants parce qu'infidèle à Dieu, elle sent au fond qu'elle n'en a plus le droit, et alors n'ayant point le courage de commander elle veut persuader ; elle prétend gagner par la douceur ce qu'elle ne peut plus obtenir par son droit, et les parents ne sachant plus, n'osant plus être les supérieurs de leurs enfants, veulent s'en faire les amis. Ils se mettent à les raisonner au lieu de leur ordonner, et comme il arrive toujours dans l'échange des opinions humaines, et dans le conflit des raisons, chacun juge en raison de ce qu'il désire, et tout le monde croit avoir raison. De là, avec l'indiscipline, l'anarchie dans la famille. Le père, à bout de voie, tempête ou laisse aller ; la mère pleure, et l'enfant laisse crier et pleurer et finit toujours par obtenir ce qu'il veut. J'en appelle à tous ceux qui ont aujourd'hui la pénible charge d'élever la jeunesse. N'est-ce pas en définitive les enfants qui sont les maîtres ? et les parents ne finissent-ils pas par faire ce que veulent les enfants, quand ils ne commencent pas par là ? Où est donc alors la sanction de l'autorité de l'instituteur ? Il n'a de droit sur les enfants que par la délégation des parents ; c'est eux qui ont le dernier mot à dire, qui jugent en dernier ressort ; et si ce mot est toujours une faiblesse, si ce ressort n'a aucune énergie, comment l'instituteur conduira-t-il des enfants, et pourra-t-il les maintenir ou les redresser avec quelque succès quand il n'a ni appui, ni garantie, et que la faiblesse des parents est toujours prête à le désavouer ? C'est une position excessivement pénible pour un homme consciencieux, qui voit avant tout le salut des âmes qu'il a entre les mains ; très-facile du reste pour l'homme du monde qui fait de l'éducation un métier, et qui, bien résolu à ne pas se brouiller avec les familles, les sert comme elles veulent l'être, et leur en donne pour leur argent.

On rencontre ces difficultés même avec des parents chrétiens qui n'ont pas le courage de leur foi, et chez lesquels la nature est plus forte que la grâce. D'un côté ils peuvent à peine prendre sur eux d'entendre ce qui est défavorable à leurs enfants, d'envisager sérieusement leurs défauts, leurs vices, tels que le maître consciencieux les leur présente ; puis de blâmer à leur tour et surtout de punir par tous les moyens qui sont en leur pouvoir. Quand ils le font, c'est presque toujours à moitié, avec des ménagements, et comme adoucissant d'une main la blessure qu'ils font de l'autre. Ils ont toujours peur que leur sévérité n'affaiblisse l'affection dans le cœur de leurs enfants et que la punition ne détourne d'eux leur amour, et c'est une grande illusion de la nature qui colore ainsi sa lâcheté. D'un autre côté l'avenir temporel de leurs fils, leur position dans le monde les préoccupent souvent plus que leur avenir éternel, et ils s'inquiètent moins d'en faire des hommes solides dans le bien, convenablement instruits dans tout ce qui forme l'homme et développe l'humanité, en un mot de véritables hommes et de bons chrétiens, que de les préparer le plus tôt possible, et avec le moins de peines et de frais qu'il se pourra, à la position qu'ils occuperont dans le monde, et aux fonctions qu'ils y rempliront. Ils sont presque tous pressés de voir leurs enfants avancer dans les études, c'est-à-dire enjamber des classes pour en avoir plus tôt fini avec l'éducation et surtout avec les embarras, et les sacrifices qu'elle leur impose. C'est très-naturel sans doute, trop naturel pour des chrétiens, qui doivent mesurer toutes choses au poids de l'éternité, et se préoccuper surtout de la seule chose nécessaire. Les enfants, on le comprend, partagent et secondent singulièrement cet empressement des parents. A un certain âge, quand les passions commencent à naître, ils ne demandent qu'à sortir du collége dont la discipline les gêne, et à rentrer dans leurs familles, où ils croient pouvoir faire tout ce qu'ils voudront. Ils poussent donc toujours leurs parents à aller au plus pressé, et ils promettent monts et merveilles pour abréger le temps de ce qu'ils appellent leur esclavage. Au milieu de tout cela, avec toutes les prétentions plus ou moins exigeantes des parents et de leurs enfants, l'instituteur doit donner une instruction solide, fonder dans les âmes une éducation chrétienne, développer l'esprit et former le cœur, c'est-à-dire faire ce qu'il y a de plus grave, de plus important, comme délégué de personnes qui ne l'appuient pas, qui ne s'en soucient guère et ne seront au fond satisfaites que par un résultat beaucoup moins relevé, mais plus positif et surtout plus prochain.

Telle est la triste position de l'éducation publique et chrétienne aujourd'hui, en raison des dispositions et des exigences des familles; et à cause de l'esprit même qui les anime. Il est évident qu'en de telles conjonctures on ne peut faire en général que de la mauvaise besogne, et c'est pourquoi l'éducation va s'affaiblissant chaque jour, et avec l'éducation la chose publique, qui lui demande vainement de nos jours des hommes forts, capables et dévoués, qu'elle ne sait ou ne peut plus former.

XXXI

RÉSUMÉ. — REMÈDES. — CONCLUSION.

Nous avons été entraîné à écrire ces pages comme
malgré nous. Nous voulions aussi répondre à cette question que tout le monde se fait aujourd'hui : Où allons-
nous? Que deviendra la société ? Nous l'avons considérée attentivement pour constater le mal qui la dévore,
et nous l'avons trouvée bien malade, plus malade qu'on
ne le croit communément, parce qu'elle est attaquée au
cœur même et dans la source de sa vie, c'est-à-dire
dans sa foi, dans ses croyances, dans son attachement
aux grands principes qui seuls fondent et maintiennent
la famille, la nation et la civilisation. Nous avons reconnu que le principal remède à une situation aussi désespérée est dans l'éducation, mais que l'éducation étant
elle-même dévoyée, pervertie, il fallait commencer par
guérir le remède, et redresser l'instrument de la gué-
rison. Nous avons donc été amené à rechercher les
causes principales du vice de l'éducation en France, depuis le commencement de ce siècle, et nous en avons
signalé quatre, dont nous avons exposé l'origine, l'ac-

tion et les résultats. Il nous reste maintenant à indiquer comment on pourrait combattre ces causes morbides, ou les remèdes qu'on devrait opposer au développement et au progrès du mal dans l'éducation.

Ces quatre causes, dont l'exposition a fait tout le cours de cet ouvrage, sont : 1° la sécularisation de l'éducation qui en cessant d'être chrétienne est devenue gouvernementale, et au lieu de former des hommes pour Dieu et l'éternité, sous prétexte de faire des citoyens, des Français, des hommes de leur pays et de leur temps, n'a tendu au fond qu'à une chose, à savoir, préparer et façonner pour un homme, pour une famille, pour une dynastie, pour un parti, des partisans et des instruments ; donc perversion de l'éducation dans sa tendance et dans son but, ou l'éducation subordonnée à la politique.

2° L'organisation vicieuse, soit par la composition des matières et l'ordonnance des programmes, soit par le mode d'exécution de l'examen qui termine et doit résumer toute la scolarité de l'enseignement secondaire ; en sorte que cet examen étant devenu et le but nécessaire et le terme des études, il a influé immensément sur leur direction, comme la fin influe sur les moyens.

3° L'engouement pour les écoles spéciales du gouvernement, et les conditions de l'examen, et par conséquent de la préparation qui s'y rapporte.

4° L'éducation domestique, ou l'éducation première, que les enfants reçoivent dans leur famille avant d'entrer dans les établissements publics, et qui est telle aujourd'hui, sauf les exceptions, qu'elle a déjà porté une atteinte grave à la foi et à l'innocence des enfants.

A ces quatre grandes causes des vices de l'éducation,

quels remèdes opposer ? Comment au moins en affaiblir l'action, si on ne peut la détruire entièrement ?

A la première cause du mal, le remède qu'on doit opposer est clairement indiqué ; il est bien simple et nous l'avons dans la main, si nous voulons sérieusement l'appliquer, c'est la liberté. Puisque les gouvernements ont successivement envahi l'éducation, pour y faire dominer leur pensée, et par leur pensée leur intérêt, en sorte qu'elle est devenue gouvernementale, c'est-à-dire impérialiste, légitimiste, universitaire pure, comme elle deviendrait maintenant encore pure universitaire, ou socialiste et communiste, suivant le parti qui tiendrait le timon des affaires, il s'agit tout simplement de la soustraire à l'action du gouvernement, tout en laissant à l'autorité la surveillance qui lui appartient sur l'éducation comme sur tout le reste. En d'autres termes il s'agit d'abandonner la maxime de *l'État enseignant*, principe de tous les despotismes politiques dans l'instruction publique ; et tout en conservant, si l'on veut, l'Université comme corporation officielle, il faudrait encourager et protéger toute autre corporation laïque ou religieuse qui donnerait au pays l'éducation en concurrence de l'Université. Donc la libre concurrence, sans privilége s'il est possible, sous la surveillance générale de l'État ; mais point d'éducation d'État, pas plus que de religion d'État. L'une est aussi inconséquente que l'autre sous un régime de liberté, avec un gouvernement constitutionnel. Il doit être aussi loisible aux familles de choisir les instituteurs de leurs enfants, qu'aux individus de choisir leur religion et leur culte, sans que l'État ait à s'en mêler et pourvu qu'on ne fasse rien contre l'ordre public et contre ses lois. Il est clair que dans un tel état de choses,

l'État n'ayant plus la haute main sur tous les établissements d'instruction publique et ne les administrant plus,
il ne peut plus les diriger à son gré et les modifier en
raison de ses vues, de son intérêt et de sa puissance.
Et quand même il exercerait encore une grande influence
par les établissements officiels qui dépendent de lui,
établissements qui devraient cesser peu à peu sous un
vrai régime de liberté, et pour que la concurrence se
fît à armes égales, cependant, comme toutes les maisons
libres lui échapperaient et travailleraient dans un autre
sens, ou même contre lui, son action serait toujours
restreinte et ne pourrait dominer toute l'éducation du
pays. Parmi les maisons libres, beaucoup sans doute et
surtout les laïques poursuivraient des buts particuliers
en instruisant la jeunesse, et ces buts seraient déterminés souvent par des intérêts de parti ou de personnes,
mais il y aurait certainement un grand nombre d'établissements qui tendraient au vrai but de l'éducation, savoir : former de bons citoyens en formant de vrais chrétiens. Nous avons même la conviction que la majorité
travaillerait dans cette vue et tendrait à cette fin, parce
que dans les circonstances actuelles le clergé par sa
constitution et sa hiérarchie pourrait seul former des
établissements solides et durables, dont la fondation et
le maintien réclament toutes les forces de l'association ;
et le clergé pourrait mieux que personne s'associer par
l'autorité épiscopale qui le conduit et par le désintéressement qui l'anime. Par la seule force des choses, après
quelque temps, la plupart des maisons libres seront
ecclésiastiques et ainsi l'éducation du plus grand nombre
des Français redeviendra chrétienne et catholique. On
voit par là que la loi nouvelle nous laisse encore loin du

but désiré ; car tout en faisant quelques concessions de liberté, dont il faut profiter avec ardeur, elle laisse subsister, elle consolide même le principe du despotisme dans l'éducation, l'État enseignant ; et tout en voulant ou en paraissant vouloir affaiblir l'action de l'Université, en la balançant ou croyant la balancer et la neutraliser par les autres forces de la société, le clergé, la magistrature et les conseils généraux, cependant au fond et dans le fait elle augmente son empire en multipliant ses bras, ses instruments, son intervention qu'elle étend partout comme les mailles serrées d'un réseau administratif qui enveloppe et étreint la France entière. La loi nouvelle ne contient donc pas le remède direct et spécifique au mal que nous signalons, elle le fortifie même d'un côté en même temps qu'elle l'attaque de l'autre ; elle le fortifie en admettant l'enseignement de l'État qu'elle identifie avec l'Université dont elle maintient et étend à beaucoup d'égards la suprématie ; elle l'attaque en donnant la facilité d'établir des maisons libres et par là elle paraît briser le monopole en droit. Mais en fait, la concurrence est tellement difficile, tellement onéreuse aux établissements libres en face des maisons officielles richement subventionnées et puissamment protégées qu'il n'y a réellement que le simulacre de la liberté ; car avec de telles conditions de concurrence, il est évident que si des maisons rivales de l'Université peuvent s'établir elles ne pourront pas ou pourront bien difficilement se soutenir. C'est donc vraiment une loi de Janus, une loi à deux faces qui regardent chacune d'un côté opposé et dans deux mondes : masque de liberté par devant, au frontispice même de la loi, et c'est cette face qui répond aux réclamations de l'époque ; face de despotisme par derrière, ou maintien, renforcement même de la puissance de l'État et de l'Université, qui sont tout un, pour satisfaire aux vieilles maximes gouvernementales auxquelles on croit attaché le salut de l'État, et pour ne pas heurter tous les intérêts qui vivent depuis près de cinquante ans du régime universitaire. C'est une loi fausse, une loi menteuse, non pas sans doute dans l'intention de tous ceux qui ont contribué à la faire, mais en elle-même, par son essence, par les intérêts contradictoires qu'on a voulu concilier, et par la position fausse et mixte de son origine dont elle est la fidèle expression.

Quant à la seconde cause du mal, il est urgent de changer au plus tôt le programme du baccalauréat ès lettres, et le mode de l'examen, si l'on veut éviter la décadence des études classiques, et ramener l'instruction aux bonnes humanités, à la saine littérature, et à cette culture des lettres, qui dégrossit l'homme, le polit, le civilise, en même temps qu'elle l'instruit et développe admirablement son esprit. Si l'on continue encore quelques années dans la voie ouverte aujourd'hui, les générations nouvelles deviendront barbares, et on ne saura bientôt plus ni penser ni écrire. Déjà maintenant nous sentons une grande disette sous ce rapport ; et en général parmi les hommes encore jeunes, qui sont aux affaires, on en trouve très-peu, comme on le voit dans les assemblées délibérantes, qui sachent rédiger avec clarté, avec fermeté, et surtout avec élégance, un rapport ou un projet. On sait aujourd'hui beaucoup de choses superficiellement, c'est-à-dire plus de mémoire qu'avec intelligence, et alors quand il s'agit, non pas seulement de parler, ce qui se fait encore assez facilement, par l'entrain de la conversation ou de la discussion, et parce que en parlant on n'y met pas une grande rigueur, une sévère exactitude ; mais quand il s'agit d'écrire sur une matière quelconque, un peu sérieuse, il se trouve peu d'hommes capables de bien faire. Il y a sous ce rapport une décadence visible, une diminution effrayante depuis vingt-cinq ans, et il n'y a qu'à comparer les assemblées actuelles, avec celles de la Restauration, pour en être frappé et attristé. Nous l'attribuons en grande partie à la dégénération des études littéraires, amenée par l'organisation actuelle du baccalauréat, et cela se comprend facilement, en examinant la chose à fond quoiqu'au premier abord cette cause paraisse bien minime pour produire un si grand effet. Il en est du corps social comme de tout corps vivant ; il ne faut qu'un léger désordre, qui va toujours s'aggravant s'il est négligé, pour produire une maladie mortelle. Or, comme dans cet examen on a multiplié les matières outre mesure, il suit que la nécessité de savoir tant de choses ou trop de choses empêche de savoir bien ce qu'on sait, et qu'ainsi la préparation ne pouvant pas être sérieusement intellectuelle, on apprend par la mémoire et non pas par l'intelligence, et dès lors on apprend beaucoup de choses qu'on ne comprend pas, c'est-à-dire qu'on ne les sait pas. On a donc singulièrement affaibli la connaissance en l'étendant trop, comme le métal ductile qu'on amincit en le laminant et qui perd sa consistance en gagnant de l'étendue. Ensuite, par la multiplicité même des matières on a été amené à dresser des programmes numérotés, à réduire toute la science en un certain nombre de questions, et alors sont venus les manuels qui donnent juste la réponse à chaque question, tellement que la plupart des candidats, n'apprennent plus que dans les manuels, et croient tout fait quand ils se sont mis dans la mémoire les réponses plus ou moins pertinentes sur la série des questions posées. Ils abandonnent les véritables enseignements, les cours qui doivent les instruire sérieusement, pour de misérables ouvrages qui ne sont au fond que des sacs de recettes. Avec cela ils parviennent à passer leurs examens et cela leur suffit ; mais avec cela aussi ils ne savent plus rien après l'examen et ils s'en inquiètent peu parce qu'ils sont débarrassés des épreuves. Mais la société devrait s'en inquiéter dans l'intérêt de son avenir, car si cela continue elle n'aura plus dans les fonctions publiques et dans toutes les professions libérales que des hommes superficiels, ignorants et incapables.

Donc, deux choses à faire sous ce rapport : la première, c'est de diminuer les matières de l'examen, et de le rendre plus solide en le rendant plus concentré ; qu'on interroge seulement sur les parties essentielles de l'enseignement secondaire et qu'on laisse les accessoires, et qu'on réduise aussi l'étendue des matières en chaque chose, spécialement en histoire et en mathématiques.

La seconde, c'est d'abandonner les programmes détaillés d'examens, ou les questionnaires, afin de dérouter les faiseurs et les appreneurs de manuels. C'est surtout pour la philosophie et l'histoire que les manuels sont le plus consultés et qu'il est le plus facile de donner une réponse directe à la question. Qu'on exige seulement que les élèves répondent sur un cours de philosophie, logique, morale ou métaphysique, et sur l'une des trois grandes sections de l'histoire : ancienne, moyen âge et moderne, et il y aura encore assez à apprendre pour les candidats, et l'examinateur pourra les presser davantage et s'assurer mieux de ce qu'ils savent. L'examen sera plus intelligent et par conséquent plus efficace ; car le but après tout est de voir si les jeunes gens savent quelque chose, comment ils le savent et surtout s'ils sont capables de savoir, et nullement de constater qu'ils ont une encyclopédie dans la tête.

Pour remédier à la troisième cause de notre mauvais système d'instruction, il serait urgent de modifier au plus tôt les conditions d'examen pour les écoles spéciales du gouvernement. Quant à l'engouement qui porte tout le monde aujourd'hui vers ces écoles, comme il a sa cause dans cette triste disposition à chercher à vivre aux dépens du public par une place, les parents ne destinant leurs enfants à ces écoles que pour en être débarrassés plus tôt et n'avoir plus à s'occuper de leur position, il est bien difficile de le combattre directement. L'expérience seule des mécomptes éprouvés plus tard dans cette voie pourra le diminuer ou le faire tomber. Mais ce qu'on peut faire, c'est de retarder l'âge d'admission, afin que la jeunesse ait le temps d'achever les études classiques, et que tout en faisant un artilleur, un ingénieur, un officier de cavalerie ou d'infanterie ou un marin, on ait au moins des chances de faire un homme. Et comment voulez-vous compléter l'instruction et l'éducation d'un homme avec des mathématiques et de la physique exclusivement, sans littérature, sans histoire, sans instruction religieuse supérieure. Voilà cependant ce qui se fait aujourd'hui, et nous en voyons tous les jours les déplorables effets. Nous avons plus que jamais des hommes incomplets, sachant toutes sortes de choses excepté la plus importante, et connaissant toute la nature, le monde entier, excepté Dieu et eux-mêmes : c'est-à-dire les sciences qui sont le fondement de toutes les autres et qui seules peuvent donner du fond, de la solidité, des principes à la vie privée et sociale de l'homme. Puis aussi que les matières de l'examen soient modifiées et qu'on demande aux candidats un peu moins de mathématiques et de sciences physiques, lesquelles après tout ne font que l'homme du métier, et un peu plus des sciences morales et des études littéraires qui font l'homme de tous les temps, de toutes les circonstances, et qui lui donnent de la moralité et de la dignité. Tout le monde y gagnerait, les individus, les familles, et le pays.

Et enfin, quant à la dernière cause de perversion de l'éducation publique, à savoir, l'éducation de la famille qui la précède et qui doit la préparer, c'est un mal trop grave et trop général pour que nous puissions en indiquer les remèdes en passant et comme incidemment. Il est évident que l'éducation domestique est vicieuse, parce qu'elle n'est pas chrétienne, et elle ne l'est pas, elle ne peut pas l'être, tant que les familles ne le sont pas. Qu'elles le deviennent et le mal sera guéri ; car des parents chrétiens élèvent leurs enfants chrétiennement. La question est donc de ramener à la foi chrétienne le grand nombre de familles qui l'ont abandonnée. C'est la question que nous nous sommes posée au commencement de cet ouvrage, et comme nous sommes convaincu, ainsi que nous l'avons annoncé au début, que le remède principal à un mal aussi général et aussi déplorable est dans l'éducation publique, et que c'est là surtout, par la formation des générations nouvelles, que l'on pourra rétablir dans les cœurs la foi chrétienne et son heureuse influence, nous concluons qu'il faut agir sur les enfants et sur la jeunesse par l'instruction chrétiennement dirigée, et par toutes les ressources de la religion, en dépit de leur éducation qui est souvent vicieuse, et de neutraliser, de détruire s'il est possible par un enseignement secondaire animé de l'esprit catholique, les préjugés, les préventions, les dispositions fâcheuses et les mauvais principes que les enfants ont déjà pu recevoir dans leur famille. Qu'il y ait ensuite des moyens généraux pour améliorer les populations, les moraliser et les ramener aux sentiments et à la pratique religieuse, cela n'est pas douteux. Dieu a changé le monde païen par la parole de douze pauvres pêcheurs, et il a fait sortir de cet abîme d'immoralité ce qu'il y a de plus pur et de plus parfait, la vertu chrétienne, et la fleur de cette vertu, la charité qui embaume encore la terre de ses parfums et la nourrit de ses fruits. Son bras n'est pas raccourci, la vertu de l'Évangile n'est pas épuisée, et son Église n'est pas morte. Il sort encore du corps de Jésus-Christ toujours vivant au milieu de nous, la vertu qui guérit les maladies les plus invétérées et qui déconcerte tous les remèdes humains. Mais il faut que l'impuissance de tout ce que l'homme peut faire soit bien constatée ; il faut que l'homme et sa raison et son orgueil soient aux abois et se renoncent eux-mêmes. Alors, quand cette confession d'impuissance sera complète, et que désabusés, désespérés de nous-mêmes et de toutes les ressources de ce monde, et n'espérant plus qu'en Dieu, nous crierons vers lui du fond de notre cœur contrit et humilié, alors seulement Dieu nous répondra, Dieu agira ; il montrera par un signe, par sa seule présence, en face de la tempête et du vent déchaînés, que les élé ments du monde moral lui obéissent comme ceux du monde physique, et avec le calme fait par la main divine sur les flots du monde, l'ordre se rétablira.

FIN.

TABLE DES MATIÈRES

FIN DE LA TABLE.

124. — ABBEVILLE. — TYP. ET STÉR. GUSTAVE RETAUX.